Verlag für Systemische Forschung
im Carl-Auer Verlag

Karl Kropfberger

Elementare Totalität
Ein operatives Schema
der Selbstreferenz

2015

Der Verlag für Systemische Forschung im Internet:
www.systemische-forschung.de

Carl-Auer im Internet: www.carl-auer.de
Bitte fordern Sie unser Gesamtverzeichnis an:

Carl-Auer Verlag
Vangerowstr. 14
69115 Heidelberg

Über alle Rechte der deutschen Ausgabe verfügt
der Verlag für Systemische Forschung
im Carl-Auer-Systeme Verlag, Heidelberg
Fotomechanische Wiedergabe nur mit Genehmigung des Verlages
Reihengestaltung nach Entwürfen von Uwe Göbel & Jan Riemer
Printed in Germany 2015

Erste Auflage, 2015
ISBN 978-3-89670-979-0
© 2015 Carl-Auer-Systeme, Heidelberg

Bibliografische Information der Deutschen Nationalbibliothek:
Die Deutsche Nationalbibliothek verzeichnet diese Publikation
in der Deutschen Nationalbibliografie; detaillierte bibliografische
Daten sind im Internet über http://dnb.ddb.de abrufbar.

Diese Publikation beruht auf der gleichnamigen Inauguraldissertation zur
Erlangung des Grades eines Doktors der Philosophie an der Universität Wien,
Fakultät für Sozialwissenschaften, Institut für Soziologie, 2012.

Die Verantwortung für Inhalt und Orthografie liegt beim Autor.
Alle Rechte, insbesondere das Recht zur Vervielfältigung und Verbreitung sowie der
Übersetzung vorbehalten. Kein Teil des Werkes darf in irgendeiner Form (durch Fotoko-
pie, Mikrofilme oder ein anderes Verfahren) ohne schriftliche Genehmigung des Verlags
reproduziert oder unter Verwendung elektronischer Systeme verarbeitet werden.

INHALT

1 Vorwort

In the beginning Man created God;
and in the image of Man
created he him.
Ian Anderson

Gilt die *ewig alte* – transkulturelle und gattungsspezifische – Frage des Menschen nach *seinem* Sinn noch? Wird sie von der gegenwärtigen wissenschaftlichen Intelligenzija gestellt? Wird sie überhaupt noch gestellt? Oder ist jede *große* Sinnfrage zugleich mit den *großen alten Erzählungen* unglaubwürdig geworden? Und Sinn damit auch nur noch relativ zu haben, so wie Raum und Zeit selbst? Ist das einzig Absolute in dieser ansonsten vollständig relativierten Welt – für jeden Einzelnen – nur noch das je eigene Leben? Und ist Sinngebung nicht schon gefangen in individueller Selbstreferenz, in bloßem Eigensinn? Gefangen in allgemeinem Süchtigsein, in einer paradoxen (weil kollektiven) Pandemie des Ich, die *alles* als Medium ihrer Sucht zu nutzen weiß, eben auch Arbeit, Sex und Spiel – und selbst die Nahrungsaufnahme? Ist Sinn schon aufgehoben im Streben nach dem nächsten Flow? Aufgehoben in den richtigen Botenstoffen, jenen, aus denen das Glück gemacht wird?

Spitzenposten sind nur noch für Workaholics erreichbar – wer kann schon ohne Amphetamine gegen einen Konkurrenten bestehen, der nach zig Stunden im Job durchaus noch Anfälle von Arbeitswut bekommen kann?

Die große Sinnfrage scheint in individuellem Selbstbezug aufgehoben. *Aufgehoben* vielleicht sogar im Hegel'schen dreifachen Wortsinn? *Aufgehoben* also nicht nur im Sinne einer Entwertung und Auflösung allen großen Sinns, der aus den großen alten Erzählungen stammte, sondern auch *aufgehoben* im Sinne von aufbewahrt. Bewahrt als Summe der vielen kleinen Erzählungen, die schon heute via Internet bedeutend werden wie nie zuvor (und die möglicherweise als *big data* die Basis einer neuen großen Erzählung bilden werden). Und schließlich *aufgehoben* im Sinne von emporgehoben, weil Sinn in dem Maße an Bedeutung gewinnt, in dem er als solcher relativ, also nicht mehr selbstverständlich, sondern als Konstruktionsherausforderung für jedes einzelne Individuum in Erscheinung tritt. Und will man mit seiner Sinnkonstruktion Erfolg haben, wird man – so man dazu neigt, Fragen zu stellen – nicht umhin können, sich mit jener Theoriestelle im eigenen Weltbild zu befassen, an der in alten Zeiten der Begriff *Gott* gute Dienste tat. Denn was immer man als seinen Sinn finden mag – was ist der Sinn dieses Sinns? Was ist hier noch Antwort?

Zugleich verlangt die Frage nach dem Sinn, der in historischer Gegenwart menschliches Handeln leitet, im Kontext diverser globaler Bedrohungen mit radikal neuer Dringlichkeit nach einer Antwort, nach Explikation, nach Offenlegung, weil diese Bedrohungen historisch gesehen erstmals als vom Menschen selbst geschaffen gelten können und müssen. Und weil sich in ihren kombinierten Entwicklungen exponentielle Steigerungsdynamiken vermuten lassen.

Mit Niklas Luhmann lässt sich allenfalls erkennen, wie Menschen in ihrer Beteiligung an Kommunikation gemeinsam jenen Sinn produzieren, der all ihr Entscheiden und damit auch ihr Handeln anleitet.

Sinnsysteme – für Niklas Luhmann also psychische und soziale Systeme – steuern sich selbst vermittels Sinn, den sie permanent nutzen, um konkrete Entscheidungen zu treffen, was zugleich eben diesen Sinn als solchen modifizierend reproduziert.

Sinn als solcher wird hier zum Medium aller Entscheidungen, die es konkret im Sinne einer sinnvollen Steuerung zu treffen gilt. Hier stellt sich die Frage nach den *Elementen* dieses Mediums Sinn. Und danach, wie Sinnsysteme aus diesen Elementen dann *Formen* in diesem Medium produzieren, die ihre Entscheidungen motivieren bzw. begründen können.

Und hinter allen Sinnsystemen: Der Mensch? Was ist der Mensch – nach dessen Sinn zu fragen ist.

Niklas Luhmann hatte wohl recht mit seiner Weigerung, Menschenbilder zu konstruieren, er fand Menschen*bilder* einfach *grauslich*[1]. Solche Bilder interpretieren Strukturen, die dann jenes operative Geschehen verdecken, das diese Strukturen erzeugt und dessen Funktionieren es zu verstehen gilt.

Und doch, indem die Systemtheorie mit Luhmann beansprucht, eine Universaltheorie zu sein, muss sie es leisten können, die systemischen Teile des Menschen in ihrer operativen Verbindung so darzustellen, dass der Mensch als solcher dabei auch erkennbar wird. Nicht bloß als idealtypisches Individuum, als nietzscheanischer Übermensch, sondern auch als System! Es ist – mit Blick auf die neue mediale Globalität – hoch an der Zeit, die spezifisch menschlichen Qualitäten dieses neuen globalen Systems zu erfassen und zu verstehen. Was bedeutet dieses Phänomen einer sich selbst zur *Gesellschaft der Gesellschaft* organisierenden (globalen) Gesellschaft? Was bedeutet dieses Globalwerden der Menschheit für die gerade lebenden Individuen? Und was für künftige Generationen? Und damit

---

[1] Niklas Luhmann im Interview mit Hans Dieter Huber, am 13.12.90 in Bielefeld: „Oder auch: ich lehne alle Einladungen ab, die mich veranlassen wollen, über den Menschen zu sprechen. Menschenbilder, sowas Grausliches. Also der Mensch interessiert mich nicht, wenn ich das so hart sagen darf." (Huber, 1991, S. 132)

auch: Wie will und kann diese gerade im Werden begriffene globale Gesellschaft sich selbst begreifen?! Was kann und will sie für sich selbst bedeuten?!

Dass in solchen Fragen unabweislich die Figur des Selbstbezuges[2] zu klären ist, macht nicht nur ein Blick hinter die Kulissen diverser Theoriebemühungen[3] klar, sondern vor allem die Einsicht in die exponentielle Entwicklung unserer Möglichkeiten, bewusst in die Prozesse der eigenen Evolution einzugreifen. *2nd-Order-Kompetenz* muss sich als Vermögen, genau damit umzugehen, definieren.

Der Mensch wird heute nur noch fassbar als *Komplexion der Form*[4] als solcher. Als Komplexion, in der diese Form sich (selbst) als **Selbstbezug** *(der Form)* erkennt. Oder komplexitätstheoretisch: als kommuniziertes Bewusstsein der raumzeitlichen Entparadoxierung (Ausdifferenzierung) seiner nur tautologisch und paradox beschreibbaren operativen Grundlagen im Selbstbezug der Welt.

Versuche der verschiedensten Wissensdisziplinen, sich dem Thema Selbstbezug anzunähern, treffen sich heute schon in einer eigenen Fachrichtung: der Komplexitätsforschung. Das lässt auf eine Disziplin der Transdisziplinarität hoffen, wie Heinz von Foerster sie angeregt hatte, denn sie stellt endlich ihre Weltsicht und -erklärung auch in ihren theoretischen Grundlagen um und setzt in der Beschreibung der Weltdynamik auf eine notwendig beobachterrelative allgegenwärtige Form des Unterscheidens

---

[2] Schließlich sind es Menschen, die da den Menschen beobachten.

[3] Es lässt hoffen, wenn Stuart Kauffman, ein theoretischer Biologe und führender Vertreter der Komplexitätstheorie, in seinem Buch mit dem US-amerikanischen Originaltitel *At Home in the Universe* aus seinen Forschungen zur Komplexitätstheorie die Schluss-folgerung zieht: „*Ich hege die Hoffnung, dass die neue Wissenschaft der Komplexität uns dabei helfen wird, unseren Platz im Universum wieder zu finden, dass wir durch diese neue Wissenschaft den Sinn für die menschliche Würde und das Heilige wiedererlangen werden.*" (Kauffman, 1996, S. 95)

[4] „Was als Form gilt, ist (1) zeitlos, also das, was gegenüber der Veränderung in der Zeit sich stabil erhält: Das ist das platonische Modell. Form ist (2) universal, also etwas Allgemeines, das stets mehreren Dingen zukommt: Das ist das aristotelische Modell. Der Form kommt (3) eine generative Kraft zu, verstanden als aktives, erzeugendes Prinzip von Erscheinungen: Das ist das leibnizsche Modell. Form ist überdies (4) transzendent bzw. apriorisch im Sinne eines Reflexionsbegriffes, der sich auf die Bedingung der Möglichkeit, nicht der Wirklichkeit von etwas bezieht: Das ist das kantische Modell. Form ist schließlich (5) idealisiert, verstanden als ein methodisches Verfahren, das ‚Gegenstände' überhaupt erst erzeugt: Das ist das husserlsche Modell." (Krämer, 1998, S. 558ff.)

Mit Niklas Luhmann wird der Formbegriff – im Anschluss an George Spencer-Brown – endgültig operativ. Die Form der Unterscheidung wird zur Form schlechthin.

von Welt in *Realität und Wirklichkeit*. Schon Glasersfeld[5], ein Freund Heinz von Foersters, hatte auf diese anscheinend nur in der deutschen Sprache gegebene Möglichkeit hingewiesen, die Doppelbedeutung (z. B.: aktiver und passiver Gehalt) aller Gegenwart durch je eigene Begriffe zu unterscheiden. Und eben strikt beobachterrelativ: Was dem einen sein Bestand, sein Besitz, seine *Realität* ist, die er bewahren möchte, erscheint dem anderen als das, was wirkt, als *Wirklichkeit*, die ihn verhungern lässt.

Doch alles theoretische Bemühen scheint ohnmächtig im Durchgriff auf anstehende globale Herausforderungen. Kein Zufall auch, dass wir gerade jetzt[6] bemerken, dass Nietzsche mit seinem Hinweis auf den Tod Gottes vor allem auf das Wegfallen unserer gewohnten Selbststeuerungsmöglichkeit aufmerksam machen wollte. Er bezeichnete mit Gottes Tod das Vakuum im sozialen Gefüge, das Gottes schwindende Bindekraft bezüglich einer positiven Steuerung und Zielsetzung menschlichen Verhaltens hinterlassen hatte. Seither stürzen wir vorwärts – in eine durch uns selbst verbaute Zukunft!

Doch mit der Jahrtausendwende stellen die neuen elektronischen Medien die Menschheit in eine völlig neue Situation. Und zwar einfach, weil diese Medien **global** operieren! Wer **online** ist, ist als Einzelner **interaktiv** mit **allen anderen** verbunden! Wer **online** ist, der kommuniziert global und in Echtzeit und funktioniert damit als Träger dessen, was heute Gesellschaft heißt.

Was sich durch und in diesem elektronischen Medium nun auch noch verdichten müsste, wäre eine gesunde Begeisterung für das Projekt eines neuen planetaren Menschentums. Der Rest wäre **Emergenz:** Die Geburt des Menschen (*order...*) aus seiner Begeisterung *(...from noise*[7]) für ebendiesen. Und auch hier könnte man Anschlüsse bei Nietzsche finden.[8]

„Die Zukunft, die wir wollen, muss erfunden werden, sonst bekommen wir eine, die wir nicht wollen", hatte schon Joseph Beuys vermerkt.

Die Frage der Gegenwart muss daher lauten: Wie wollen wir das Bild menschlichen Sinns – also das Bild seines konkreten sinnlichen Seins – in der Erfüllung seiner evolutionären 2nd-Order-Herausforderung zeichnen? Um die Antwort zu finden, werden Anthropotechniken zur Entwicklung von 2nd-Order-Kompetenz auf breitester Basis – also in jedem einzelnen Individuum – nötig sein. Alle Wege in die Zukunft führen über das Bil-

---

[5] Vgl. Glasersfeld, 2005.

[6] Vgl. das ungebrochene Interesse an Nietzsche – z. B. legt zum 100. Todestag (nicht nur) Rüdiger Safranski eine Biografie von Nietzsches Denken vor: *Nietzsche. Biografie seines Denkens* (vgl. Safranski, 2000).

[7] Heinz von Foersters „*order from noise* principle"

[8] Die Idee des Übermenschen – interpretiert als 2nd-Order-Kompetenz!

dungs-, Erziehungs-, Weiterbildungs- bzw. Schulsystem, hier werden die Zeichner der Zukunft mit den entsprechenden Kompetenzen ausgestattet – oder eben auch nicht.

Was nun aber Wissenschaft beitragen kann, um solch ein großes neues Zeichnen zu befördern, ist eine Theorie – wenn es dieser gelingt überzeugend darzulegen, dass es tatsächlich auch im Bereich menschlicher Möglichkeiten liegt, ein paradiesisches Utopia zu verwirklichen, ein goldenes Zeitalter des Menschseins zu gestalten. Einzige Bedingung wäre wahrscheinlich tatsächlich das Gelingen der Implementierung einer entsprechenden Absicht als Grundlage menschlichen Strebens auf breitester Basis. Aber diese Absicht muss – gegen alle alten und neuen Apokalyptiker – davon überzeugt werden, dass sie eine Chance auf Verwirklichung hat. Das hieße aber nicht weniger, als den verlorenen Glauben an die alten Götter durch einen neuen (wissenschaftlich fundierten) Glauben an die wachsenden Möglichkeiten der Menschheit selbst zu ersetzen. Damit ist nicht etwa die Rückkehr in naive Technikgläubigkeit gemeint, sondern ein absolut neues Vertrauen in das System Menschheit, das mit Hilfe der elektronischen Medien erstmals als funktionale Einheit (global in Echtzeit) kommuniziert.

Und man kann Wissenschaft durchaus verstehen als ein Nachdenken darüber, was denn der *eine* Gott dazu sagen würde, weilte er noch unter uns – oder besser: wäre er schon erfunden bzw. neu gefunden. Und auch Systemtheorie ist Metaphysik, jedenfalls im Versuch, Luhmann im Sinne Luhmanns weiterzudenken. Schon Niklas Luhmann selbst hatte eben dafür neue Denkmittel gesucht und vor allem bei dem Mathematiker George Spencer-Brown und dem Logiker Gotthard Günther gefunden. Von Günther übernahm er einige Ideen der Polykontexturallogik (Negativsprache, Rejektionswert etc.). George Spencer-Browns CI dagegen, besonders jene berühmte Form des *Reentry*, wird für Luhmann zunehmend zur zentralen Denkfigur seiner Theorieanlage. Der Begriff *Reentry* bezeichnet die Form des Wiedereintritts einer Unterscheidung in ihren eigenen Raum – und zeichnet damit das protologische Urbild allen Selbstbezuges.

Wir geben uns hier also durchaus metaphysisch, aber dabei keineswegs transzendent: Wir nutzen einfach die historische Chance der aktuellen Verwirklichung menschlicher Globalität zu einer – wie wir glauben: gültigen – Reduktion in der Beschreibung menschlicher Komplexität, indem wir die eine globale Gesellschaft mit der einen transperspektivischen Unterscheidung des Menschen identifizieren und als eine erste Unterscheidung setzen, von der aus die Organisation der multiperspektivischen Selbstunterscheidung des Menschen in ihren global-operativen Grundlagen erkennbar wird.

Was sich gegenwärtig ereignet, ist *der* kritische Moment in der Evolution dieses Planeten. *Alle* situativ angelegten Entwicklungsmöglichkeiten – positive wie negative – scheinen eine exponentielle Dynamik zu beinhalten. Im globalen kommunikativen Zusammenkommen aller Kulturen steigt die Kontingenz erwartbaren Verhaltens, damit auch das evolutionäre kommunikative Entwicklungspotenzial – und zugleich natürlich das Maß an allgemeiner Verunsicherung.

Ein Bedarf an **Führung** wird offenbar. An Orientierung individueller und sozialer Selbstorganisation. Dabei muss auffällig werden, dass es sich bei *Führung* um einen autologischen Begriff handelt und damit um die Frage der Entparadoxierung von Führung im Begriff der Macht.[9]

Oder anders: Es geht um die Menschwerdung des Menschen durch uns Menschen. Und in diesem Text dabei konkret um einen Beitrag zur Entwicklung eines 2nd-Order-Beobachtungsschemas, eines Selbstbeobachtungsinstrumentes für Individuen, Organisationen und auch für das globale System selbst. Um die Ausgestaltung eines neuen geistiges Werkzeugs, eines Denkzeugs, auf der Grundlage der primären Gesetze der Form, zur Orientierung auf einem evolutionären Weg, der von unserer Gattung nachhaltig durch eskalierende Selbstbedrohungspotenziale die Entwicklung von 2nd-Order-Kompetenz zu eben deren Beherrschung einfordert.

---

[9] *Macht* als Möglichkeit organisierter Freiheit im Sinne einer Gleichzeitigkeit von Symmetrie und Asymmetrie in den organisierten Beziehungen (vgl. Simon, 2007, S. 87ff. oder Baecker, 2008, S. 21ff.).

2 Ausgangslage

Die Vernunft der Nationen erschöpft
sich noch immer in dem Bemühen,
Arbeitsplätze auf der Titanic zu erhalten.[10]
Peter Sloterdijk

2.1 Individuum und Gesellschaft

„Und wer hätte geahnt, dass es so schnell gehen würde? War es nicht noch gestern, dass wir uns vor Geistern gefürchtet, Götter angefleht und uns mit unserer eigenen Kultur glaubten beruhigen zu können?"[11] Mit diesem Gedanken beendet der Soziologe Dirk Baecker 2007 seine *Studien zur nächsten Gesellschaft*.

Sein Lehrer, Niklas Luhmann, hatte nur zehn Jahre davor mit seinem Doppelband *Die Gesellschaft der Gesellschaft* sein Lebenswerk gerade noch rechtzeitig abschließen können. *Rechtzeitig*, wegen einer Krebserkrankung, von der er seit 1995 wusste, sie würde ihm nur noch wenig Zeit lassen, seine Theorie der globalen funktionalen Ausdifferenzierung der Gesellschaft abzuschließen. Vielleicht ahnte er aber auch, dass seine Systemtheorie, die den theoretischen Hintergrund zur Entfaltung des Zirkels im Titel seines Schlusswerkes *Gesellschaft der Gesellschaft* bildet, schon in naher Zukunft als Basis gebraucht werden würde, um von da aus neue Formen gesellschaftlicher Differenzierung *sinnvoll beobachten* zu können.

Nur, dass es so schnell gehen würde, hätten wir wissen müssen! Schließlich war es schon eine Dynamik gegenseitiger Steigerung, mit der alles angefangen hatte: *Individuum und Gesellschaft,* der Titel dieses Abschnitts nimmt den Faden der **Soziologie** mit Fragestellungen auf, die das Fach an der Wende vom 19. zum 20. Jahrhundert begründet hatten: Liberalismus und Sozialismus standen als polare Ideologien an der Wiege einer Soziologie, die eben dieses Verhältnis (Individualismus/Kollektivismus) als ihre Grundfrage aufnahm, um dabei aber die Idee von einem Widerspruch in diesem Verhältnis aufzulösen und als ein gegenseitiges Konditionierungs- und Steigerungsverhältnis neu zu konzipieren.[12] Der rasante Bedeutungsgewinn der jungen Disziplin im Laufe des 20. Jahrhunderts erklärt sich aus dieser grundlegenden Option, die großen Fragen der Zeit im Modus des

---

[10] Sloterdijk, 2009, S. 708.
[11] Baecker, 2007, S. 228.
[12] Z. B.: Durkheim – starker Staat ermöglicht mehr Individualität (vgl. Luhmann, 2008, S. 124).

Sowohl-als-auch zu bedenken und damit deren gemeinsame Dynamik in den Blick zu bekommen.

Ihren theoretischen Ausdruck fanden diese Bemühungen in einer Begrifflichkeit, die von zunächst noch strukturbetonten Bildern und Begriffen (z. B. *Arbeitsteilung, Rollendifferenz...*) schließlich in breitem Bogen durch das Jahrhundert zum dynamischen Konzept einer *funktionalen Systemdifferenzierung* führen sollte. Strukturen werden nun nicht mehr als Grundlage und Voraussetzung für das Funktionieren der Gesellschaft gesehen, sondern als Produkt von Funktionen vorgestellt, die sich ihre Strukturen im Möglichkeitsraum *Umwelt* selbst suchen und bauen.

Funktion als primäres gesellschaftliches Differenzierungskriterium folgt damit einer impliziten Logik der Globalisierung: Funktionen spezialisieren sich, indem sie sich als Spezifikationen generalisieren. Man kann dies am Beispiel der Entwicklung des Handwerk und der Zünfte in Europa studieren. Mit zunehmender technischer Durchdringung jeglicher Funktionalität erweist sich ein explizites dauerhaftes Beobachten von *Funktionen* als Grundlage ihrer technischen Rekonstruktion und schafft so – als Technik – die Bedingungen ihrer Globalisierung.

Mit Niklas Luhmann sind schließlich alle gesellschaftlichen Subsysteme (also Wirtschaft, Politik, Erziehung, Recht etc.) ebenso global zu denken wie *die Gesellschaft* als globale solche selbst. Und, auch das stellt schon Luhmann fest, der Prozess der Globalisierung dieser Menschheit ist im Wesentlichen als abgeschlossen zu denken.[13] Die Funktionsweise der modernen globalen *Gesellschaft* macht ihren Selbstbezug notwendig explizit: Niklas Luhmann spricht daher von der *Gesellschaft der Gesellschaft*. Der alte, national geschulte Blick, der noch Gesellschaft*en* sah – eine der Engländer, eine der Brasilianer, eine der Franzosen, der Deutschen und so weiter – macht sich heute schon verdächtig, bloß noch eine Politshow zu bedienen, die ihrerseits von Lobbyisten gesteuert wird, die im Sold selbst allenfalls global agierender privater Interessen stehen, die ihrerseits über einen transregionalen, entpersonalisierenden Aktienmarkt nur noch an kurzfristiger quantitativer Gewinnmaximierung orientiert erscheinen. Im historischen Moment der medialen Ermöglichung ihrer vollständigen kommunikativen Globalität muss diese Menschheit sich als Selbstorganisa-

---

[13] Der Prozess der Globalisierung dauert zumindest schon etwa 500 Jahre (1492 ist die transport- und handelstechnische Globalität verwirklicht – schon 1872 war es möglich, von Kalifornien neue Rebsorten zu importieren und mit diesen auch die berühmte und – bei Kupfervitriolproduzenten – sehr beliebte Reblaus). Erste Ursprünge der Globalisierung kann man schon da suchen, wo einige alte Griechen über eben *den Globus* – der die Erde erstmals als abgeschlossenes Ganzes *darstellte* – nachdachten. Für eine breite Entwicklung der Thematik vgl. Sloterdijk, 1999.

tionsprozess erkennen, der von primitivsten Gier-/Angst-Impulsen gesteuert scheint. Man darf die Märkte nicht beunruhigen, denn sie kennen weder Gnade noch Realwirtschaft, nur Renditen und Verlustangst.

Es ist dem Potenzial ihrer Sprache geschuldet, wenn diese Menschheit damit zugleich auch an der Schwelle dazu steht, *als solche* eine *Erste-Person-Perspektive*[14] zu entwickeln. Und ebenso, dass sie zugleich auch vor der *Notwendigkeit* steht, dieses *globale Ich* als Kohärenzfunktion künftiger globaler Entscheidungen zu kultivieren, um eine Chance zu haben, die längst global gewordenen großen Fragen zu lösen. Und auch das kann wieder nur auf der Basis sprachlicher globaler Vermittlung Wirklichkeit werden.

Menschliche Sprache, im Gegensatz zu allen tierischen Kommunikationsmöglichkeiten, ist bereits ein 2nd-Order-Instrument. Sie kann sich selbst zur Sprache bringen.

Wenn Bienen tanzen und damit ihren Kolleginnen den Weg zu ergiebigen Honigsammelstellen weisen, dann kommunizieren sie zwar, aber sie sprechen nicht. Sie könnten keinen Tanz über ihren Tanz tanzen. Nur vermittels einer **Sprache** kann man die Sprache als Sprache zur Sprache bringen.[15]

Sprache als Grundlage jeder 2nd-Order-Kompetenz ist das Primärmedium menschlicher **Kommunikation** und menschlichen **Bewusstseins**.

Und Sprache war es auch, die den Übergang vom Primatendasein zur ersten menschlichen – also: *besprochenen* – Organisationsform, der sequenziellen Differenzierung in tribalen Einheiten ermöglichte. An obigem Vergleich mit den Bienen kann man nun erahnen, was das Konzept eines postulierten **Sinnüberschusses** im Gefolge des evolutionären Auftretens neuer Kommunikationsmedien meint: Das Leben wird komplexer, wenn man **Begriffe** hat für Nichtvorhandenes und für Gewesenes. Gedächtnispotenziale wachsen und Wunschvorstellungen werden dichter!

Und zugleich mit der Sprache emergiert das Phänomen *Technik* als parallele 2nd-Order-Kompetenz: die Anwendung der Natur(-Gesetze) auf die Natur(-Gesetze).[16]

Von den archaischen Stammesgesellschaften aus ging dann der mediale Weg mit der **Schrift** hin zu den sogenannten Hochkulturen mit ihrer strati-

---

[14] Zum Beispiel im Übergang von *internationalem* zu *globalem* Organisationsverständnis.

[15] Vgl. Foerster, 2002b, S. 161.

[16] Als der erste Mensch zum ersten Mal einen Ast als Hebel (Keule) benutzte, war damit auch schon der Grundstein (zum ersten Baumarkt und damit) zur Überlegenheit über alle anderen Primaten gelegt. Und natürlich auch zur Möglichkeit, sich gegenseitig nachhaltiger denn je zu behandeln.

fikatorisch-hierarchisch-zentralistischen Gliederung. Und wieder wuchsen die Gedächtnispotenziale, und Wunschvorstellungen fixierten sich.

Und der *Herr*, verkleidet als Kulturtechnik, musste bekannt geben, dass die Rache von nun an sein sei, weil verschriftlichte Blutrache ewig währen und jede verbindliche Kultur jenseits der Familienclans unterbinden würde.

Über all dies hat sich heute – medial ermöglicht durch den **Buchdruck** – endgültig ein globales System funktionaler Gliederung (Wirtschaft, Politik, Wissenschaft, Religion, Kunst…) gelegt, das polyzentrisch und heterarchisch aufgestellt und damit auf Selbstorganisation angewiesen ist: Es gibt kein ausgezeichnetes Zentrum mehr, keines der Macht, keines der Legitimation – nur Zentren, die unbeirrt selbstbezogen das Schiff der Postmoderne auf einem schlingernden Kurs halten, dessen gemeinsames Ziel nur noch in der jeweils nächsten Krise – ob Finanz-, Polit- oder Ökokrise – zu liegen scheint.

In dieser Situation an der Wende vom 2. ins 3. Jahrtausend emergiert aus dem allgemeinen Medium der Technik eine neue Ebene der Kommunikation: Die elektronischen Medien bilden das **www** als *global brain under individual constraint*.

Und heute stehen bei allen kompetent interessierten Beobachtern globaler Bewegungen eben *Medien* im Zentrum der Aufmerksamkeit. Zu Recht, denn Medien transformieren Unwahrscheinlichkeit in Wahrscheinlichkeit – und erzeugen dabei mit ihrem Aufkommen den schon genannten Sinnüberschuss, der zunächst Überforderung bedeutet und dadurch Chaos bewirkt. Chaos, aus dem heraus sich anschließend eine neue Kulturtechnik bilden muss, um eine neue Ordnung zu erzeugen.

Schon mit der Entwicklung von Sprache als solcher setzt die (Selbst-) Nötigung des Menschen zum expliziten Selbstbezug (psychisch und sozial) ein. Und damit der Selbstzweifel, der befreit, z. B.: aus der Enge naturhaft naiver Selbstgewissheit, aber verunsichert, z. B.: weil sprachlich explizierter Selbstbezug den Menschen mit seiner Todesgewissheit konfrontiert und damit Sinnfragen generiert, deren Lösung wieder nur im Medium der Sprache möglich scheint. Und mit jeder medientechnischen Erweiterung nötigt sich diese Menschheit zum Eintritt in zunehmend komplexere kognitive Überschussproblematiken.

Mit dem Buchdruck etwa hörte die Schrift auf, *heilig* und nur *eine* zu sein. Man konnte plötzlich verschiedene Texte und Meinungen nebeneinander legen und genau vergleichen – und wusste hernach zunächst nicht mehr, *was nun zu glauben sei*. Die entsprechend neu entstehende Kulturtechnik hieß: *Kritikfähigkeit*.

Und erst mit jener Kritik, die Kant schließlich an der reinen Vernunft geübt hatte, war *Kritik* als Kulturtechnik endgültig auf menschlichem – auf

2nd-Order- – Niveau etabliert und stabilisiert: vernünftige Kritik an der Vernunft, oder: Kritik als *Selbstbezug der Vernunft*.

Und wer heute mit (selbst-)kritischen Kompetenzen ausreichend versorgt ist, kann schon Ausschau halten nach gangbaren Lösungen in den Fragen, die sich aufdrängen, schaut man auf gerade neu entstehende *elektronisch-mediale* Sinnüberschüsse, die nicht nur einen Überschuss in Form tausender neuer Freunde via Facebook bringen, sondern vor allem auch einen Überschuss an umfassenden Kontrollmöglichkeiten. Kontrolle, die als Emergenz aus dem globalen Medium gesicherter, individuell zuordenbarer Daten auftaucht. Kontrolle, die mehr meint als bloße Überwachung: Auf der Basis von *big data* – einer globalen Komplettspeicherung aller elektronisch generierter Daten – wird durch *datamining* – also durch algorithmisch gesteuerte Vernetzung[17] und Hochrechnung der Daten – die Früherkennung und Lenkung gesellschaftlicher Trends (Entwicklungen im Wirtschaftssystem, im politischen System, im Erziehungssystem etc.) möglich. Getragen wird dieser Prozess von einer exponentiellen Steigerung der allgemein verfügbaren kollektiven Gedächtnisleistung bezüglich jedes einzelnen Individuums in seiner Beteiligung an Kommunikation (z. B.: auch Konsum ist – via Kontokarte umfassend dokumentierte – Kommunikation!)

Die neuen Sinnüberschüsse sind als solche in ihren Umrissen schon zu erkennen. Was aber bietet sich als Kulturtechnik an? Kontrolle und Lenkung zulassen? Globale Verfügbarkeit jeglicher regionaler – und damit auch *lokaler* – Information? In der Hoffnung, auf der Basis von *gegenseitiger* Kontrolle und Lenkung neue Formen menschlicher Vergesellschaftung zu finden: soziale Formen, die sich (wieder) im Vertrauen zwischen lokal und global (im Sinne von Teil/Ganzes oder auch: psychisch/sozial) begründen können? Gilt etwa auch für das Begriffspaar Freiheit/Kontrolle ein Gesetz ausschließlich *gemeinsamer* Steigerbarkeit? Historisch belegt scheint bis heute nur das Gegenteil: Hatte nicht staatliche Kontrolle und Lenkung regelmäßig mit ihrer Steigerung auch individuelle Freiheiten vernichtet? Hat nicht längst ein autonomer systemisch-sozialer Komplex im Modus seiner elektronisch ermöglichten Selbstorganisation alle Lenkungsmacht auf diesem Planeten an sich gezogen? Meinen *Menschenrecht* und *individuelle Freiheit* heute noch mehr als die Pflege lieb gewordener Illusionen in dafür sozial vermittelten, also systemseitig vorgegebenen Freiräumen – so man sich solche leisten kann?

Will man hier Prognosen wagen, dann bietet sich die Beobachtung des Begriffspaares Interaktion/Kommunikation im Zuge der oben angedeuteten langfristigen Gesellschaftsentwicklung (von *tribal/regional* bis *funktional/*

---

[17] Zum Beispiel: **Lokale** Daten werden **regional** vernetzt und **global** gefiltert.

global) an. Zunächst erscheint ein Überhang systemisch-transpersonaler Macht als durchaus notwendige Folge dieser Entwicklung: Für archaische Stammesgesellschaften ist *interaktive* Kommunikation aller Stammesmitglieder mit allen anderen vorstellbar und prinzipiell möglich. Und damit scheint die *Relation Interaktion/Kommunikation* ausgewogen, ja als Differenz überflüssig. Dagegen lag in der funktional differenzierten modernen Gesellschaft des 20. Jahrhunderts wahrscheinlich ein Höhepunkt an Verzerrung dieser Relation, eben bedingt durch die prinzipielle Unmöglichkeit einer interaktiven Verbindung (unmittelbare Erreichbarkeit füreinander) fast aller miteinander kommunizierender Mitglieder der Gesellschaft. *Systemübermacht* konstituiert sich in diesem Bild als stete Ausweitung des Einflussfeldes von Kommunikation durch Schrift, Druck und moderne Massenmedien bei zunehmend nachhinkendem Interaktionsradius. Wobei zugleich die Verzerrung der Kommunikation durch nur einseitig mögliche, systemisch selektierte Massenkommunikation die Intelligenz des Systems mindern musste, weil dieses keine Möglichkeit mehr hatte, an direktes, unselektiertes Feedback heranzukommen; schließlich kann sich der König nicht jede Nacht unter das gemeine Volk mischen. Regenten blicken auf die von den diversen Medien und den eigenen Verwaltungsapparaten errichteten potemkinschen Dörfer und sind dem sogenannten Volk (also dem, was das System tatsächlich bräuchte und gerne wollen täte[18]) nur noch durch schwerstverdienende Lobbyisten verbunden, damit aber dem Einfluss aller möglichen und unmöglichen Gestalten ausgeliefert, die da allerweil blöde um irgendein goldenes Kalb tanzen.

Hier lässt nun das neue elektronische Medium (Internet) hoffen. Denn globale *Kommunikation* gibt es schon länger in der Geschichte der Menschheit, aber das Internet ist in diesem Kontext im Wesentlichen kein Kommunikationsmedium, sondern ein Interaktionsmedium – schließlich transformiert es die Unwahrscheinlichkeit globaler, direkter (bisher Bild und Ton) Kommunikation jedes Einzelnen – *in Echtzeit*[19] – mit jedem anderen Einzelnen in eine Wahrscheinlichkeit bzw. reale Möglichkeit. Für die – medial in Echtzeit vernetzte – globale Gesellschaft scheint uns eine Neukonzeption der Begriffsrelation *Interaktion/Kommunikation* sinnvoll, wobei

---

[18] Man verzeihe hier, wenn möglich, den *Coniunctivus Irrealis Austriacum*, der immer dann angebracht ist, wenn für den Kontext eine allgemeine Verachtungswürdigkeit der Umstände markiert sein will.

[19] In der Informatik spricht man von *Echtzeit* (englisch: *real-time*), wenn die Dauer eines Vorgangs (auch eine Wartezeit, z. B. jene, die ein Funksignal braucht, um vom Mond bis zur Erde zu gelangen) vorhersehbar ist (vgl. http://de.wikipedia.org/wiki/Echtzeit). Beispiele für kommunikative Echtzeitsysteme: Online Foren und Spiele, Skype, Twitter, Facebook.

jede Kommunikation *sowohl eine interaktive* (individuell verbindende, vernetzende) *als auch eine kommunikative* (sozial verbindende, organisierende) Komponente beinhaltet. Und was bisher als Spezialfall einer Kommunikation unter Anwesenden, als *Interaktion,* bezeichnet wurde, muss dann mit einem dritten, neuen Begriff[20] bezeichnet werden.

Ist damit eine Resymmetrisierung der Gewichtung zwischen psychischen und sozialem(n) System(en) eingeleitet? Und wird damit die nächste Gesellschaft wieder eine tribale Gesellschaft[21] sein? Ein einziger globaler 2nd-Order-Stamm, Stamm aller Stämme – eine Kultur der Kulturen?

Jedenfalls, so hoffen wir zeigen zu können, wird ein globales kommunikatives Netzwerk[22] das Medium sozialer Formbildungen[23] sein. Die Elemente dieses Mediums sind die gerade lebenden Individuen, die im Netz lose gekoppelt (prinzipiell bleibt im Netzwerk immer jeder für jeden erreichbar) erscheinen und die sich aus diesem (unverbindlichen) Zusammenhang heraus per Abmachungen zu Handlungseinheiten organisieren, also Organisationen bilden.

Auf die individuellen Netzknoten und ihr Vernetzungspotenzial aber wird es künftig ankommen. Denn der Mensch hat sich zwar selbst mit seiner Technik als globales funktionales System geschlossen – das eben meint: *Globalisierung* –, aber er hat sich dabei auch eine ultimative Krisensituation geschaffen. Ob Öko-, Polit- oder Finanzkrise – es ist vor allem eine Dauerkrise, die permanent alle Warnsignale blinken, flackern und heulen lässt. Und nicht alles ist reiner Alarmismus, es gibt auch noch andere Ismen, etwa den Islamismus, den Lobbyismus, den Monetarismus, Katholizismus, NSAismus etc.). Und langsam merkt der Zauberlehrling[24], dass da kein Meister nach Hause kommen wird, die Geister zu bannen, die er rief.

In ihrer immer offensichtlicheren Orientierungslosigkeit bieten die alten sozialen Ganzheiten ihren Individuen keinen Halt mehr, ja verlieren selbst ihre Konturen und werden fraglich (UNO(?), Europa oder Nationalstaat

---

[20] Man könnte einen neuen Begriff erfinden, etwa indem man *ko*mmunikativ und so*ma*tisch zusammenzieht zu *Koma-tion*. Das klingt nach begrifflicher Totgeburt? Also vielleicht doch einfach: *Kommunion*, passt wirklich – und ist ein Wort, das heute ohnehin kaum noch Verwendung findet.

[21] Vgl. Baecker, 2007.

[22] *Netzwerk* ist der wahrscheinlich angebrachteste Begriff, um künftig eine Ebene loser Kopplung von Individuen zu bezeichnen und von einer Ebene fester Kopplung zu unterscheiden, die per Abmachungen entsteht und zur Organisation führt. In Netzwerken werden Abmachungen entwickelt, die als vorausgesetzte Entscheidung Organisationen bedingen. Netzwerk und Organisation funktionieren analog linker und rechter Hirnhälfte.

[23] Vgl. dazu in diesem Text Kapitel 7.4: *Element/Medium und Form.*

[24] Vgl. Goethes Zauberlehrling.

oder Region?), die alten Eliten gestehen, dass sie keinen Plan B haben, was aber nicht heißt, dass sie je einen Plan A gehabt hätten, denn schon seit geraumer Weile wird nur noch von Provisorium zu Provisorium geturnt. Und eben das verweist auch Individuen in allen Lebensfragen zunehmend auf eigene Kompetenzen.

2.2 Individuen der Gesellschaft

Alteuropäisch gedacht war jeder Mensch unverzichtbarer Teil der einen göttlichen und ewigen Ordnung. Jedem endlichen Individuum war darin seine je bestimmte Position in Raum, Zeit und Hierarchie zugewiesen. Und seine Identität damit per Geburt vorab festgelegt. Darüber hinaus war die brennendste Frage des Menschen gelöst: Mit ewigem Leben, ob im Himmel oder in der Hölle, konnte und musste gerechnet werden.

Aber dann hatte Albert Einstein mit seiner Relativitätstheorie die späte Vermutung der Moderne, dass nämlich alles *relativ* sein müsse[25], auch noch für die *tiefste* der für uns denkbaren Ebenen nachgewiesen: Auch der Boden, auf dem wir stehen[26] – und damit der Staub, aus dem wir gemacht sind – ist trügerisch und äußerst relativ in seiner Härte. Der hochauflösende Blick in die Tiefen der Materie zeigt leeren, masselosen Raum, in dem bloß noch Schwingungen, in bestimmten Relationen miteinander verwoben, schwingen.

Ganz analog dazu sehen sich heute die Absolutheitsansprüche der verschiedenen Religionssysteme zunehmend aneinander relativiert. Aber trotz der von der globalen Medialität erzwungenen, permanent sichtbaren Koexistenz mit anderen ihrer Art haben sich die verschiedenen alleingültigen *einen* Ordnungen ihren bloß relativen Charakter bis heute nicht wirklich eingestanden. Wäre es nicht die einzig heute legitime Aufgabe der Religionen, voranzugehen und eins zu werden, Religion zu werden? Für Religionsnutzer musste die Relativität ihrer Angebote zunehmend deutlicher spürbar werden. Die Kraft der alten Integrationstechniken, Individuen zu vergesellschaften, war gebrochen. Und in den bildungsnäheren Schichten der entwickelten Weltgegenden[27] muss die je eigene Identität der Individuen, weil nicht mehr schon durch Geburt bestimmt, durch eigenes

---

[25] – wenn es nämlich eine logisch-mathematische Grundlagenkrise und gleich mehrere monotheistische Götter zugleich geben kann.
[26] Präziser wäre es wohl, von **Physik** zu sprechen.
[27] Anderswo (diverse islamistische Gebiete, USA etc.) reicht auch heute noch Fanatismus, um den Bruch der Überzeugungen zu überspielen und doch noch Halt zu finden in den alten Bildern.

Bewähren in gesellschaftlich vorgegebenen Karrieremöglichkeiten erst erworben werden. Und jedenfalls vom Anspruch her steht es dabei jedem Individuum offen, sich anzustrengen und ganz *nach oben* zu kommen, sich sogar um *das oberste Amt* (zum Beispiel das des Präsidenten[28]) zu bewerben.

Bei Niklas Luhmann ist es denn schließlich auch der *Anspruch*[29], auf den das Individuum heute gekommen ist. Nach seinem Herauswinden aus allen göttlichen Ordnungen und ontisch einwertigen Identitätszuschreibungen zwingt der *(post-)moderne allgemeine Selbstbehalt*[30] das Individuum, sich selbst eine Karriere zu organisieren, in Orientierung auf eine Zukunft, von der man nur noch weiß, dass sie nicht sein wird, was sie war.

Individuelle Identitätsbildung befreit sich im Zuge der Aufklärung zwar nach und nach aus dem Korsett einfacher, tradierter Zuschreibungen und stellt um auf eigene Reflexionen und Entscheidungen. Aber diese „Reflexion stößt nicht auf Identität, sondern auf Differenz. Das Letzte, was für sie erreichbar ist, sind Ansprüche, die sich an der Differenz von Selbstsystem und Umwelt formieren und so die Informationsverarbeitung steuern. In der Identitätsreflexion kann das Individuum sich letztlich nur noch als Differenz zu sich selbst fassen im Sinne einer Selbsterfahrung, die sich sagt: ich bin, der ich bin, oder ebenso gut: ich bin, der ich nicht bin. Als Anspruch überwindet das Individuum diese (positive bzw. negative) Tautologie (…). Und es kann sich dann mit seinem Anspruch identifizieren."[31] Luhmann beruft sich hier auf Kant, der sich auch damit hatte begnügen müssen, „sich auf die pure Faktizität des Bewusstseins als auf einen für das Bewusstsein interpretierbaren Sachverhalt zu berufen."[32]

Anspruchsindividualität bestimmt sich allenfalls nicht aus Identität, sondern aus Differenz:

„Man ist Individuum ganz einfach als der Anspruch, es zu sein. Und das reicht aus."[33], so Luhmann. Aber was ist *es* dann noch – und *wofür* mag das ausreichen?

---

[28] Jedenfalls schien dies der **American way of life** zu garantieren – bis wir mit *Arnold*, der steirischen Exporteiche, lernen mussten, dass der Zugang zum *Amt* doch auch Voraussetzungen hat, die nicht käuflich sind. *National* scheint der letzte Wert zu sein, der noch auf *Geburt* Bezug nimmt (*natio*, lateinisch: Geburt, Herkunft, Volk).

[29] Vgl. Luhmann, 2008, S. 121–133.

[30] Man denke nur an Ikea, wo man Möbel kaufen kann, die eigentlich nur noch aus einer Bastelanleitung für mitgelieferte Bretter bestehen – oder an Banken, in denen man die Buchungsmaschinen selbst bedienen muss.

[31] Luhmann, 2008, S. 128.

[32] Ebenda, S. 135.

[33] Ebenda, S. 130.

„Es scheint, dass die Ausdifferenzierung spezifischer Funktionssysteme dazu führt, dass auf sie gerichtete Ansprüche provoziert werden, die, da sie die Funktion in Anspruch nehmen, nicht abgewiesen werden können. Funktionsautonomie und Anspruch verzahnen sich ineinander, begründen sich wechselseitig, steigern sich im Bezug aufeinander und gehen dabei eine Symbiose ein, der gegenüber es keine rationalen Kriterien des richtigen Maßes mehr gibt."[34]

Die produktive Differenz der Selbstbestimmung des Individuums wird also über sozial vermittelte („in der Gesellschaft evozierte und reproduzierte"[35]) Ansprüche operationalisiert. Man kann sich, so Luhmann, „nur noch über Ansprüche auf die Gesellschaft beziehen – und fürchtet, daran zu scheitern"[36].

Damit steht Luhmanns Begriff vom *Anspruch* theoriebautechnisch bezogen auf Spencer-Brown genau da, wo bei diesem von *Wert*, von *Motiv*[37] die Rede ist. Individualität meint dann aber nichts weiter als: *anspruchgesteuertes intentionales (perspektivisches) Operieren*. Sozial vermittelte Ansprüche, die von den Individuen übernommen (und dadurch auch verändert) werden, vermitteln Gesellschaft und Individuen.

Dabei müssen Individuen lernen, sich selbst von sozialen Anforderungen, Adressierungen und Zuschreibungen zu unterscheiden: Individuelle Identität doppelt sich in *I* und *me*, in *personal and social identity*.

Simmel und Mead beschrieben das zur *Kommunikation mit sich selbst* genötigte Individuum, das damit aber auch dazu bestimmt erscheint, jene Ganzheit zu werden, die es in seinem eigenen Vorstellungsleben (das immer fragmentarisch und sprunghaft bliebe) nie sein könnte.

Mit Parsons' *The Social System* (1951) fand dieser Theoriekomplex schließlich einen Abschluss. Die Soziologie hatte damit ihre Klassiker[38]

---

[34] Ebenda, S. 132f.
[35] Ebenda, S. 133.
[36] Ebenda, S. 130.
[37] Vgl. Spencer-Brown, 1994a, S. 3.
[38] ***Klassiker der Soziologie*** (vgl. Brock/Junge/Krähnke, 2007):
Gabriel **de Tarde** (1843–1904): Gesellschaft ist Stillstellung von Streit (Streit bleibt virulent möglich), Gesellschaft ist Friedensschluss vor dem Hintergrund einer mitlaufenden Kriegsmöglichkeit.
Emile **Durkheim** (1858–1917): Wie hält das (Gesellschaft) alles zusammen? Warum herrscht nicht Anomie? Selbstmordstudie. Antwort: Korporationen.
Max **Weber** (1864–1920): Friedliche Ausübung von Verfügungs***gewalt*** ist – Wirtschaften. (Lohnarbeit statt Sklaverei). „Ratio ist verdichtetes Gefühl". Protestantische Ethik und der Geist des Kapitalismus…

und – so Niklas Luhmann – ihre Blockaden bezüglich der Möglichkeit eines Rückgriffes auf transzendentaltheoretische oder psychologische Bewusstseinsanalysen.[39]

Luhmann bescheinigt den Klassikern in zwei zentralen Aspekten ihres Denkens ungenügende Komplexität[40]: in Bezug auf das *Konzept zunehmender Differenzierung der Gesellschaft* und in Bezug auf das *Konzept der steigerbaren Individualität von Individuen*.

Kann man, so fragt Luhmann[41], aus der *Ideengeschichte* mehr lernen, als sich die klassische Soziologie zugemutet hatte? Was bedeutet eine *Semantik*, die von der Gesellschaft sowohl produziert als auch ausgeführt wird?

Wir lesen auch hier wieder den *Selbstbezug* und können mit der zweiten Frage schon das Thema Sinnsteuerung ahnen. *Anspruch* als Identifikationsobjekt – oder besser: *Beanspruchen* als Identifikationsoperation lässt sich als Vergleich einer *aktuellen Lage* mit von dieser aus erreichbar scheinenden möglichen anderen *beanspruchbaren* Zuständen lesen.[42]

Denkt man solche Befunde nun wieder zusammen mit all den eskalierenden Krisenbefunden neuerer Zeit – und zugleich an deren Tendenz zur Permanenz –, dann muss eine allgemeine Systemtheorie die Frage nach der Qualität dieser Relation von Individuum und Gesellschaft erneut und vertieft in den Blick nehmen und fragen: Sind die diagnostizierten *Zunahmen* an Vergesellschaftung und an Individualisierung negativ zu werten? Bedeutet die *gegenseitige Steigerung* von Gesellschaft und Individuum etwa ihr Gefangensein in einem Circulus vitiosus? Mit Schaudern mag man hier ein Wirtschaftsdenken assoziieren, das *Wachstum als Selbstzweck* setzt. Und das erinnert, wie oft bemerkt, aber doch rein assoziativ und durchaus vorwissenschaftlich, an Tumorbildungen in Körpern. Was also ist das Ziel der Unrast, das die Menschheit zu immer rascherem Wandel, zu immer neuen Rekordleistungen antreibt? Was – oder vielleicht doch: *wer* – hat uns ins Hamsterrad der Selbststeigerung gesetzt?

Und wo bleibt da der freie Wille?

Soziologen könnten, so mag es scheinen, die Frage nach der Freiheit des Willens auch einfach übergehen und sie im Begriff der *doppelten Kontingenz,* dem Basiskonzept von Kommunikation und damit: *des Sozialen*, als ausreichend erfasst betrachten. Das mag auch stimmen – jedenfalls, wenn

---

Georg **Simmel** (1858–1918): Vorläufer einer Formtheorie. Zweiseitigkeit – Vergesellschaftung des Menschen ergreift den Menschen immer nur partiell – in der Kommunikation denkt man auch an anderes…

[39] Luhmann, 1998, S. 893ff.

[40] Im Sinne Ross Ashbys *Requisite Variety.*

[41] Vgl. Luhmann, 1993, S. 78f.

[42] Vgl. dazu vertiefend in diesem Text Kapitel 9: *Sinn.*

man die Vorannahme akzeptiert, dass ein notwendig sozial vermitteltes Konzept wie **Willensfreiheit** in dahingehend sozialisierten Individuen auch als eine Erfahrung von **Zwang** zur Freiheit ankommen kann.

Freiheit, soviel lässt sich mit freiem Auge erkennen, war der ultimative *Anspruch* (im Sinne Luhmanns), den die Aufklärung als Vermittlung von Individuum und Gesellschaft erfunden hatte. *Freiheit* ist als Grundlage jeder 2nd-Order-Kompetenz des Menschen zu denken, als notwendige Voraussetzung seiner Selbstbestimmungsmöglichkeit. Und damit, um auf die Vermittlung von Gesellschaft und Individuum zurückzukommen, ist **Freiheit als Anspruch** nötig, um zum Beispiel moderne Rechtssysteme in den Grundprinzipien ihrer Schuldzuweisungen zu legitimieren. Heute aber haben Hirnforscher die persönliche Willensfreiheit weitgehend unter Verdacht gestellt, reine Illusion zu sein – und begründen so die alte Forderung *Therapie statt Strafe* auch noch neurobiologisch. Vielleicht einfach, um zu zeigen, wie *gut* ihre Theorie zu den Menschen sei, und um ein wenig abzulenken von dieser umfassenden Entmündigung des Menschen, die mittlerweile als seine bislang letzte große Kränkung (nach der Vertreibungen aus dem Paradies und vom Mittelpunkt der Welt und nach Darwins Affen und Freuds Unbewusstem) (nach-)moderne Diskurse belebt.

Aber solche Einsichten sind letztlich dünn: Menschen haben schon immer gewusst, dass sie von bösen Geistern beherrscht, von uralten Sünden getrieben und – jedenfalls – nicht *einfach frei*[43] sind. Auch Freiheit ist *relativ* – sagt eine abgeklärte, vernünftig gewordene Vernunft der Aufklärung, so relativ, wie die Vernunft selbst.

Die ewig alte Frage der Menschheit, die Frage nach dem Absoluten, dem eigenen wie dem der Welt, stellt sich nach dem Tod Gottes, der hier eine funktionierende Antwort war, und im Kontext des angesammelten Weltwissens, das auf der Negativität dieses Absoluten bestehen muss, mit explosiver Dynamik neu. „Erst in der Wiedereintrittsformel der nächsten Gesellschaft, in der Reflexion darauf, was nicht relativ ist, auch wenn in der Welt alles relativ ist, kommt das zum Ausdruck, was in dieser Welt den Menschen beschäftigt, der sie jetzt erst recht nicht mehr die seine nennen kann. Nicht relativ ist für den Menschen in der nächsten Gesellschaft – wie in jeder vorherigen, aber das erkennt er erst jetzt – sein eigenes Leben."[44]

Was wird dabei aus den *Ansprüchen* in Luhmanns Definition moderner Individualität? Wirklichkeit, die Realität formt, indem sie sich als *Anspruch* einlöst?

---

[43] Vgl. dazu Kapitel 11.1: *Willensfreiheit.*
[44] Baecker, 2007, S. 227.

Oder eben auch nicht! Selbstverwirklichung in sozial vermittelten Ansprüchen oder Scheitern an diesen. Was an dieser Dynamik allenfalls auffällt, ist das Entstehen neuer Denkmuster: Individuen sind genötigt, sich an gegebenen Ansprüchen zu relativieren und sich generell in diesem neuen Begriff von Individualität zu reflektieren.

Niklas Luhmann jedenfalls wusste, worauf seine Begriffe *Steigerung* und *Wachstum* zielten, denn „es war Luhmanns ingeniöser Impuls, aufzuzeigen wie das Wachstum (durch Ausdifferenzierung, K.K.) der Leistungsfähigkeit der Teilsysteme der Gesellschaft (…) von der stetigen Zunahme ihrer Selbstbezüglichkeit abhängt, bis zu ihrem Einschwingen in den Zustand ihrer vollständigen selbstreferentiellen Geschlossenheit."[45]

„Wo der Buchdruck noch auf Verbreitung setzt, rechnen die Computer bereits mit Resonanzen. Die Dynamik der Moderne, die noch als Geschichte, Fortschritt und Dekadenz lesbar war, löst sich in Turbulenzen auf, die nur noch Singularitäten kennt."[46] Das notwendige Ziel der Steigerung sind also wir selbst – es ist der Übermensch, der aber kein Fabelwesen ist und keine Exzellenz, sondern der menschliche Normalfall nach dem Durchgang durch alle verfügbaren von ihm entwickelten Anthropotechniken[47] und damit hoffentlich bald bereit für die nächste Gesellschaft, denn die braucht für jeden weiteren Schritt in ihrer vollständigen selbstreferenziellen Geschlossenheit eine sehr breit gestreute 2nd-Order-Kompetenz ihrer Elemente.

---

[45] Sloterdijk, 2009, S. 681.

[46] Dirk Baecker: *Zukunftsfähigkeit: 16 Thesen zur nächsten Gesellschaft*, Zeppelin University, Juni 2011, S. 1.
Siehe zum Kontext Dirk Baecker, Studien zur nächsten Gesellschaft, Frankfurt am Main: Suhrkamp, 2007.

[47] Der Begriff Anthropotechnik bezeichnet Technologien der Selbststeuerung und -formung. Anthropotechnik ist ein Sammelbegriff für die Verfahren, Übungssysteme, mit deren Hilfe Menschen auf sich selber einwirken (vgl. Blume, 2012, S. 102). Peter Sloterdijk: „Menschen können gar nicht anders, als sich selber herzustellen. Menschen leben in Tätigkeitsfeldern, aus denen sie selbst hervorgehen. Wir sind zur Selbstformung verdammt." (Sloterdijk, 2009)

2.3 Technikphilosophie

Nur was schaltbar ist, ist überhaupt.[48]
Friedrich Kittler

Die den bisher skizzierten Entwicklungen inhärente Dynamik gründet im Phänomen der menschlichen Sprache, die als basales Kommunikationsmedium eine 2nd-Order-Struktur bietet und eben damit die überlegene Sonderstellung des Menschen in der Fauna des Planeten ermöglicht.

Die faktische, realitätsgestaltende Kraft hinter der enormen Steigerung aller Facetten menschlichen Agierens bildet die technische Übersetzung dieser besonderen Sprachstruktur in analoge Handlungsstrukturen – eben in Form der genannten Anwendung der Naturgesetze auf diese Naturgesetze. Technik wird dabei zunehmend als *allgemeines Medium* erkennbar, als Medium unspezifischer Transformation von Unmöglichkeiten in Möglichkeiten.

Ein allgemeines Medium der Ermöglichung, das uns heute einen Spiegel vorhält und mit Fragen der besonderen Art konfrontiert: Was wollen wir? Wir Menschen, was wollen wir als Individuen und was als System? Was wollen wir **eigentlich**? *Eigentlich* meint wieder: *eigenes Licht*. Was wollen wir *eigentlich*(?) stellt also die Frage, was wir **in Bezug auf uns selbst** (sein) wollen. Eben *in eigenem Licht*, gemessen an uns selbst. Was wollen wir, wenn der Mensch das Maß dieses Willens ist?

Und um welchen Preis?

Müssen wir nicht versuchen, uns selbst gentechnisch zu überformen, ganz gleich, ob wir uns als das Werk eines vormodernen Gottes oder als Produkt reinen evolutionären Zufalls sehen, einfach weil wir so oder so unvollkommen und sterblich sind? Und wie jede potente Technik, so wird sich auch und gerade die Gentechnik durch- und umsetzen. Zunächst nur, um Missbildungen und Krankheiten zu eliminieren. Aber irgendwann – und jedenfalls irgendwo, geheim und/oder offen – dann sicher auch grundlegender, als Frage nach Verbesserungen am Modell als solchem. Schließlich: Gott konnte die Fragen, die ihm der Mensch im Begriff der *Theodizee* stellte, nie wirklich beantworten. Nicht, bevor Nietzsche dann auch schon seinen Tod bekannt zu geben hatte, verbunden mit der Aufforderung an die Menschen als Gottes Kinder ihr Erbe anzunehmen und als Übermenschen[49] eine bessere Welt zu schaffen, als ihr Vater das konnte. Und tatsächlich,

---

[48] Kittler, 1993, S. 197.

[49] *Übermensch* steht hier für die Idee der evolutionären und bewussten Möglichkeit und Notwendigkeit der Weiterentwicklung des Menschen, also für die Annahme, dass wir Heutigen noch keineswegs das Endprodukt der planetaren Evolution sein müssen.

schon bald hatte man, mit hoffnungsfrohem Blick auf die damals noch frisch steigenden Möglichkeiten menschlicher Technik, solche Aufforderungen als praktisch bereits erledigt betrachtet.

Aber im letzten Drittel des 20. Jahrhunderts wandelte sich das allgemeine Technikverständnis grundlegend. Die philosophische Abklärung der Aufklärung[50] hatte die nachkantianischen Reste eines absoluten Vernunftglaubens nochmals in ihrer Steuerungswirkung bezüglich des Laufes der Geschichte relativiert: „Gemeinsame Geschichte (...) reduziert mehr Komplexität als gemeinsame Vernunft"[51], so hatte Niklas Luhmann die soziologische Variante der Einsicht formuliert, dass Vernunft nur einen relativ bescheidenen Anteil an unserer Steuerung hat. Man kann die ökologische Krise[52] – und nicht nur diese – als Bestätigung dieses Diktums lesen und käme damit wohl zum Schluss, dass fehlende Vernunft – oder positiv benannt: Dummheit – tatsächlich heute gefährlicher ist als je zuvor.

Das Bewusstsein exponentiell steigender Risiken und wachsender psychosozialer Belastungen aus dem Kapitel einer markttechnisch überhitzten Innovationsdynamik ist heute jedenfalls nicht mehr wegzudiskutieren. Und damit auch nicht die Frage nach dem *Sinn von Technik* ganz allgemein.[53] Nach dem Sinn einer Technik, die viel versprochen hatte – und die, zu Müll geworden, mit ihrem nachhaltigen Strahlen noch so manches Jahrtausend überdauern wird.

Heute, nach den Erfahrungen von Hiroshima 1945, von Tschernobyl 1986 und Fukushima 2011, scheint diese Frage endgültig von einer anderen, dringenderen verdeckt. Von der schlichten und durchaus hausbacken klingenden Frage nämlich, wie groß das (vorhersehbare) *Unglück* noch sein

---

[50] Vgl. Luhmann, 2009c, S. 85.

[51] Vgl. ebenda, S. 107.

[52] Genauer: in einer globalen kommunikativen Annahme der ökologischen Krise als Realität und Wirklichkeit.

[53] Die Technikphilosophie des 20. Jahrhunderts ist zum Großteil Technikkritik. Für sie stehen Namen so unterschiedlicher Autoren wie Oswald Spengler (*Der Mensch und die Technik,* 1931), Lewis Mumford (*Mythos der Maschine. Kultur, Technik und Macht,* 1977), Günther Anders (*Die Antiquiertheit des Menschen,* 2 Bde., 1956–1980), Herbert Marcuse (*Der eindimensionale Mensch,* 1967) oder Jürgen Habermas (*Technik und Wissenschaft als Ideologie,* 1968). Den vermutlich bedeutendsten Beitrag zur Technikphilosophie dieses Jahrhunderts leistete Martin Heidegger, der in *Die Technik und die Kehre* (1962) die Technik als das „Gestell" definierte: Durch die moderne Technik in Dienst „gestellt" ist das Gestellte (die Natur) als „Bestand" nur noch Ressource. Der Fortschritt der Technik führt so in die „Seinsvergessenheit", in der die Bedingungen des Seins ebenso vergessen sind wie nichttechnische, etwa künstlerische Weisen der Erkenntnis (das heißt in der Terminologie Heideggers: des „Entbergens").

wird müssen[54], bis wir anfangen, nach einer Antwort auf die wirklich entscheidende Frage zu suchen: *Was ist der eigentliche*[55] *Sinn der Technik?* Die Brisanz dieser Frage wächst mit der Einsicht, dass sie zugleich die Frage nach dem Sinn des Menschen selbst stellt. Und wahrscheinlich böte nur eine viable – also allenfalls passende und brauchbare – Antwort auf diese Frage eine Chance, *vom Missbrauch* der Technik *zu ihrem Gebrauch*[56] zu finden. Eine solche Antwort wäre konstruktiv: *sinnstiftend.*

Was also ist ihr Sinn, wenn Technik reflektierter und rekonstruierter Bezug zur Welt ist? Und wenn langsam klar wird, dass solches Reflektieren und Rekonstruieren den Techniker als solchen mit einschließen muss?

2.3.1   Technik als ultimative Erkenntnismöglichkeit

Günthers Schrift *Die amerikanische Apokalypse – Ideen zu einer Geschichtsmetaphysik der westlichen Hemisphäre* greift diese Frage nach einem letzten (z. B.: *evolutionären*) Sinn von Technik auf und beginnt die Antwortsuche mit der Entdeckung eines Amerikas (vor allem der USA), das Günther als geschichtsmetaphysisches Durchgangsstadium erkennt, als einen letzten kulturellen Schub, in dem sich die faustisch-abendländische Kultur mit der in Amerika entwickelten Maschinentechnik und Kybernetik verbindet, dabei selbst technisch überformt, transformiert und so schließlich zu einer planetaren Zivilisation führt.[57]

---

[54] Es lässt sich hier kaum anders formulieren, wenn man bedenkt, dass apokalyptische Ideen (und heute vorzugsweise schon: *technischer* Provenienz) einen festen Platz in unserem Erwartungshorizont haben. Notwendig implizit gegeben: ein letaler Ausgang ungebremster, aber technikgestützter Ziellosigkeit! Und auch ein totaler Verzicht auf Technik wird meines Wissens nirgendwo anders als mit letalen Folgen verbunden gesehen.

[55] *Eigentlich* = in eigenem Lichte; hier stellt sich die Frage nach dem evolutionären Zweck von Technik als solcher und nicht bloß jene, wofür wir Menschen aktuell unsere Technik verwenden oder nicht verwenden und ob statt dessen besser anderes zu tun wäre.

[56] Vom *Missbrauch zum Gebrauch* zu finden, benennt die zentrale Herausforderung einer Gesellschaft auf dem Weg zur 2nd-Order-Kompetenz, denn dieser Weg geht individuell *und* sozial durch die Krankheit am Ich, durch die *Sucht*. Erst dahinter kann sie zu einer globalen Identität finden, die dann (wieder) glaubhaft in der Lage sein wird, individuelle und soziale Identitätskonstrukte zu kontexieren. So wie das einst Gott konnte – aber dann in diesem Konstrukt bewusst bei sich selbst, beim Menschen, angekommen.

[57] Vergleiche dazu etwa die Gehlen'sche Interpretation des Menschen als Mängelwesen – und Technik als Kompensation ebendieser Mängel, oder Technik als Fortsetzung des göttlichen Schöpfungsplanes (Friedrich Dessauer), als übermächtiges Seinsgeschick (Martin Heidegger) oder als Fortsetzung der natürlichen Evolution (Hans Sachsse). Bei

Der Mensch wird dabei – jenseits aller historischen und regionalen Unterschiede – in seinem eigentlichen Wesen erkennbar. „Was uns in der Maschine (Günther bezieht sich hier auf den Computer, K.K.) begegnet, ist gewesenes Leben, ist lebendiges Fühlen und alte Leidenschaft, die der Mensch nicht gescheut hat, dem Tode der Objektwelt zu übergeben. Nur dieser Tod ist das Tor zur Zukunft."[58]

Oder, um Gotthard Günther mit einem einfachen Bild zu illustrieren: Nur das, was wir bis ins letzte Detail (Quantenphysik) zerlegt und hernach wieder zusammengesetzt haben, können wir als *wirklich* (technisch wirksam) *verstanden* bezeichnen. Wenn es dabei um das Verstehen des Menschen durch sich selbst geht, um die absolute (wir befinden uns hier im Windschatten des Idealismus) *Selbsterkenntnis des Menschen*, dann bedeutet *Zerlegen* und erneut *Zusammensetzen* nicht weniger als die Rekonstruktion des Menschen aus dem Quantenurgrund als solchem – aus einem Nichts heraus, das auch im Rahmen physikalischer Überlegungen zunehmend Wirkung zu zeigen begonnen hat.

Technik findet ihren eigentlichen Sinn also nicht darin, uns das Leben leichter, länger oder vergnüglicher zu machen, sie wird vielmehr mit Günther als ultimatives 2nd-Order-Erkenntnisinstrument erkennbar.

Und schon wachsen menschliche Ohren am Rücken von Mäusen[59], man kann Bilder wabbelnder Biomasse bestaunen, die, verdrahtet mit einem Computer, einfache Rechenaufgaben löst. Ersatzteile wie künstliche Herzen, Hüft- und Kniegelenke, ganze Arme, die an ein Hirn angeschlossen werden können, kennen wir auch schon. Und Roboter lernen langsam laufen und beginnen sich zu orientieren.[60]

Technik wird in diesem Denken tatsächlich zum absoluten Medium.[61] Zur ultimativen Ermöglichung des Unmöglichen. Doch ein *absolut* Mögliches ist nicht denkbar ohne sein Gegenstück, das notwendig koproduziert

---

Karl Marx wird Technik zum Ausdruck eines elementaren menschlichen Gestaltungswillens und bei Nietzsche (oder auch bei Oswald Spengler) zum Medium des menschlichen *Willens zur Macht*. Vilém Flusser – als ein prominentes Beispiel – argumentiert in Günthers Richtung.

[58] Günther, 1980, S. 211ff.

[59] Und mittlerweile gibt es auch Unterarme mit Ohrimplantaten – der *Künstler Stelarc* hat solch ein Implantat (Foto bei: Körper als Spielmasse, vgl.: http://www.spiegel.de/-fotostrecke/fotostrecke-19067-2.html).

[50] Bald werden sie, mit dem Gesicht der zugehörigen Enkelkinder versehen, die 24-Stunden-Pflege der ganz Alten übernehmen. Aber halt, Krankheit und Tod haben wir dann ja sicher auch schon ausgeschaltet.

[51] Zum Begriff Medium: Vgl. Luhmann, 1998.

wird – wie das Nicht-Wissen mit dem Wissen.[62] Das Prädikat *absolut* weist also hier auf *absolute Paradoxie.* Oder anders: Wir reden vom ultimativen Durchlaufen letzter Erkenntnismöglichkeiten – die notwendig zum Ausgangspunkt zurückführen müssen. Oder wieder anders: Künstliche Intelligenz ist nicht mehr – aber eben auch nicht weniger – als das technisch voll verstandene natürliche Zeugen und Gebären der Evolution. Und erst in solchem Verstehen wird diese Menschheit mit ihrem Erkennen ganz bei sich angekommen sein. *Bei sich selbst,* beim eigenen Dasein als *dem Geheimnis* dieser Existenz, das als solches, gerade im vollen technischen (operationalen) Verstehen des *Seins* hinter diesem *Dasein,* endgültig zum Geheimnis wird: Als Emergenz aus dem heraus, was wir zu verstehen in der Lage sind, weil es dem Verstehen zugänglich ist. Als ein erstaunliches Drittes, das sich neben Mentalität und Materialität, neben Geist und Materie als unverzichtbar erweist. Im Attribut *unverzichtbar* verbirgt sich wieder das Wesen der Grundparadoxie in allen Möglichkeiten des Weltverstehens. Denn was hier als Emergenz, als Drittes, in Erscheinung tritt, war schon Voraussetzung für das Erscheinen der beiden anderen. Oder anders, systemtheoretisch – und eigentlich uralt: *Einheit **funktioniert** als Dreiheit.*

Für Günther demonstrieren sich im Kontext der technischen Entwicklungen eine **Verdoppelung** der Subjektivität und die dialektische Verschränkung beider Seiten dieses seines Unterscheidens: Er unterscheidet Subjektivität als Prozess aktiver Willensäußerung (**Volition**) von Subjektivität als einem Prozess des Erkennens (**Kognition**). „Die Technik ist die einzige historische Gestalt, in der das Wollen sich eine ***allgemein verbindliche Gestalt*** geben kann."[63] Günther findet mit dieser höchst anspruchsvollen Deutung, in der Erkennen und Wollen sich gegenseitig steuern und steigern, zu einem Begriff von Technik, der den Kohärenzpunkt allen (perspektivischen, selbstbezogenen) Wollens markiert. Akzeptiert man als Definition von *Technik:* 2nd-Order-Medium der Ermöglichung (*Ermöglichung der Ermöglichung* des Unmöglichen), dann kann das kaum

---

[62] Die Differenz Mögliches/Nicht-Mögliches bewältigen zu können, erfordert die Fähigkeit, mit der Differenz Wissen/Nicht-Wissen umgehen zu können, was, mit Wolfgang Dür, bedeutet, „seinen eigenen Wissens- und Erkenntnisprozess nicht als abgeschlossen zu betrachten, sondern Wissenslücken zu entdecken und anzuerkennen, und zum anderen die Fähigkeit, Fachwissen effektiv in den sich wandelnden, immer neuen konkreten Anwendungssituationen im Kontext der Arbeit zielgerichtet einsetzen zu können." (Dür, 2008, S. 102)
[63] Günther, 1979, S. 53.

verwundern! Ist hier (wieder) das Unmögliche versprochen – die Auflösung all unserer Prekariate[64] plus Himmelreich?

Um den Hintergrund seines Denkens zu beleuchten, stellt Günther die beiden historisch konträren dialektischen Sichtweisen[65] als solche in ein dialektisches Verhältnis zueinander und hebt hervor, „dass es eigentlich nicht richtig ist, von zwei Kausalketten zu sprechen – eine entsprungen im unbelebten Objekt und die andere im Lebendigen – und zwar deshalb, weil alle lebendigen Systeme ursprünglich aus eben der Umwelt aufgetaucht sind, von der sie sich dann selbst abgeschirmt haben. In der Tat gibt es nur eine Kausalkette, entsprungen aus und sich ausbreitend durch die Umwelt und zurückreflektiert in diese Umwelt durch das Medium des lebenden Systems. Das Gesetz der Determinierung drückt sich dabei jedoch in zwei unterschiedlichen Modalitäten aus. Wir müssen zwischen irreflexiver und reflexiver Kausalität unterscheiden. Damit meinen wir, dass die Kausalkette auf ihrem Weg durch ein lebendes System eine radikale Veränderung ihres Charakters erfährt."[66]

Das dialektische Problem der Verschränkung von Freiheit und Notwendigkeit, respektive Wollen und Erkennen, identifizierte Günther als das Problem einer Rückkopplungsschleife zwischen Subjekt und Objekt, respektive zwischen subjektivem System und objektiver Umwelt. Der Streit um die Freiheit des Willens wäre vor dem Hintergrund der Günther'schen Philosophie obsolet, denn der „Willensakt eines Subjektes beinhaltet eine viel höhere strukturelle Komplexität als wir sie in der physischen, irreflexiven Kausalität im Objektbereich beobachten. (…) Nehmen wir jedoch an, dass die Realität als Integration von Objektivität und Subjektivität voll determiniert ist, dann können wir sagen, dass die Kausalität der objektiven Kontextur des Universums eine Rückkopplungsschleife durch die Subjektivität hindurch zurück in die Umwelt bildet. Mit solchen Aussagen müssen wir jedoch sehr vorsichtig sein, weil die Rückkopplung, auf die wir uns beziehen, eine viel höhere strukturelle Komplexität aufweist als jene Rückkopplung, die wir in physischen Systemen beobachten."[67]

---

[64] *Prekariat* ist ein Begriff aus der Soziologie und definiert „ungeschützte Arbeitende und Arbeitslose" als eine neue soziale Gruppierung. Der Begriff selbst ist ein Neologismus, der vom Adjektiv *prekär* (schwierig, misslich, bedenklich) analog zu Proletariat abgeleitet ist. Etymologisch stammt das Wort „Prekariat" vom lat. *precarium = **ein bittweises, auf Widerruf gewährtes Besitzverhältnis*** (Prekarium). (Vgl.: http://de.wikipedia.org/wiki/Prekariat)
[65] Also den dialektischen Materialismus (Marx) und den dialektischen Idealismus (Hegel).
[66] Günther, 2002, S. 12.
[67] Ebenda.

Günther sah jedoch die Möglichkeit des technischen Zugriffs auch auf solche Rückkopplungsschleifen gegeben: „Für das weltanschauliche Bewusstsein einer kommenden Kulturstufe wird also der Kausalnexus nicht mehr wie für uns das einzige Realitätsschema sein, in dem sich Wirklichkeitsvorgänge abspielen."[68]

Und doch, im Hinblick auf die technische Realisierung von Bewusstseinsfunktionen blieb Günther Pessimist und meinte, dass wir lediglich in der Lage sein werden, „eine Maschine zu bauen, die Subjektivität respektive Bewusstseinsfunktionen leistet. Wohlgemerkt: leistet, und nicht eine, die Bewusstseinsfunktionen hat! Eine Maschine, die Bewusstsein hat, ist eine Contradictio in adjecto. Das gilt nicht nur für die klassische Tradition unseres Denkens, sondern auch für alle künftige transklassische Maschinentheorie."[69]

Hält man hier eine moderne, an neurobiologischen Erkenntnissen und Experimenten geschulte Philosophie des Geistes[70] dagegen, so scheint die Günther'sche Contradictio äußerst zweifelhaft. Doch das tangiert die Klarheit seiner Einsicht in die Natur der Funktion von Technik keineswegs – denn er behält auch recht, wenn es gelingt, Maschinen mit Bewusstsein zu bauen: Es werden dann eben keine Maschinen mehr sein.[71]

Niklas Luhmanns Differenzkriterium *Maschine*[72]/*Mensch* heißt: **Sinnsteuerung**[73] und weist eine logisch isomorphe Struktur auf.

Gotthard Günthers Verdienst besteht aus heutiger Sicht vor allem darin, gezeigt zu haben, dass eine transklassische Logik als formaler Kalkül, mit dem man rechnen kann, machbar ist. Dass Kognition oder Erkennen (Rechnen im Sinne Heinz von Foersters) einerseits und Volition oder Willkür (Setzung durch Entscheidung) andererseits in dialektischer Verbindung kalkulierbar werden. Wesentlich dabei ist die Resymmetrisierung des Begriffspaares (Kognition, Volition) im Sinne eines gleichwertigen Beitrages zur Konstruktion von Welt. Kognition errechnet sich selbst, indem sie errechnet, was die Volition will, und Volition beabsichtigt sich selbst, indem

---

[68] Günther, 2000, S. 144.

[69] Günther, 1980b, S. 9.

[70] Wir orientieren uns in diesen Fragen an Thomas Metzinger, der eine dreibändige Philosophie des Geistes herausgegeben und in Deutschland eine eigenständig-innovativ-transdisziplinäre Neurophilosophie mit globaler Ausstrahlung begründet hat (vgl. Metzinger, 2010).

[71] Und wer dann als Katholik noch katholisch ist, wird sie taufen müssen.

[72] *Trivial/nicht-trivial* ist kein ausreichendes Kriterium, denn selbstverständlich gibt es nicht-triviale Maschinen.

[73] Gelänge es, **sinngesteuerte** Maschinen zu bauen, müsste man ihnen Bewusstsein zuschreiben und ihnen die Fähigkeit zubilligen, sich an menschlicher Kommunikation zu beteiligen.

sie will, was die Kognition errechnet; Materie als Körper *ist* dann die Vermittlung dieses gewollten mit dem errechneten Selbst – Körper funktionieren als Bezugspunkte für Heideggers formal anzeigende Daseinshermeneutik, als Dasein, das auf sein Sein verweist. Technik könnte dabei erkennbar werden als tiefstes Wesen der Natur selbst – als absolutes Medium der Evolution. Aber das wäre bloß eine Bestätigung des alten Satzes: Deus sive natura.[74]

Auch *Natur* und/oder *Technik* sind nur relativ eindeutige Begriffe – ihre Differenz ist nur beobachterrelativ (perspektivisch) entscheidbar: Für den **Ameis** mag die ganze Welt Natur sein – bis auf seinen Haufen, den er selbst gemacht hat. Der ist ihm künstlich, mit eigener, tradierter Technik gebaut – eben *ameisgemacht*. Aber wie die Bienen hat auch der Ameis keine Sprache, und so fällt ihm der Unterschied weder auf noch zur Last. Besucher aus anderen Welten dagegen würden die Plastikmassen auf unseren Meeren sicher der Natur dieses Planeten zuschreiben, denn *sie* haben uns nicht dabei geholfen. Transperspektivisch betrachtet ist damit immer alles zugleich Technik *und* Natur. Eben: *Techne* (altgriechisch: τέχνη) *sive natura.*

Es ist die Natur der Technik, eine Technik der Natur zu sein. Die Technik des Menschen ist sein Beitrag zur Natur, seine Natur. Diese Natur des Menschen, seine Technik, findet das Fundament ihrer Möglichkeit in der Sprache. Erst Sprache erlaubt es, die selbsttätige Natur als solche zu beschreiben und in ihrer Selbsttätigkeit auf sie selbst anzuwenden – und dies *Technik* zu nennen. Seine Sprache ist die *konstitutive* Grundtechnik des Menschen, denn sie weiß sich als Selbstbezug, der sich als eben dieser Selbstbezug mit sich selbst in Bezug zu bringen versteht.

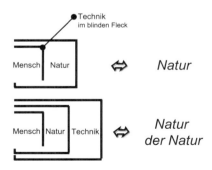

Abbildung 1

---

[74] Vgl. dazu Kapitel 3.3: *Aus der Substanz über die Funktion zur Absicht.*

Der Mensch als 2nd-Order-Potenzial des Planeten scheint die Technik der Natur zu sein, sich der Einheit dieser Differenz (Natur/Technik) zu vergewissern.

Wir führen hier die Notationsmöglichkeiten des Spencer-Brown'schen Kalküls – noch ohne nähere Erklärung – als einfache, selbsterklärende Textillustration ein; allerdings mit der Absicht, genau diese Formen nach und nach einer genauen Untersuchung zuzuführen.

2.3.2   Retardierendes Moment

Sich der Einheit dieser Differenz – hier Technik/Natur – *zu vergewissern!* Genau betrachtet gleicht diese Denkfigur einer Pirouetten drehenden Eisläuferin. Wenn die Differenz *Einheit* ist, was ist dann *Differenz*?

Um diese Paradoxie denken zu können, hat das 20. Jahrhundert den Begriff des *Beobachters*[75] erfunden: Der Beobachter, so lässt sich heute sagen, ist die *Barre* in jeder Differenz, zum Beispiel in der Differenz *Natur/Technik*. Im Menschen, durch den die Natur diesen Unterschied zwischen Natur und Technik macht, muss das Beobachten der Welt, als dieses Beobachten, die ultimative Pirouette um sich selbst drehen und selbstbewusst werden. Das Beobachten beginnt sich selbst zu beobachten. Die Eisläuferin bewegt sich auf glattem, unberührtem Terrain und zeichnet mit ihrer Technik darauf Formen. Ein Unterschied wird erkennbar. Und doch bleibt die Eisfläche Einheit.

Kann man *so* noch *verbindlich* denken? Auf paradoxer Basis? Was kann Denken in einer paradox funktionierenden Welt überhaupt leisten? *Was* kann es noch *wie* bedenken?

Martin Heidegger, daran ist hier wohl (oder übel[76]) zu erinnern, fand es gar am bedenklichsten, dass wir noch immer *nicht denken*. *Denken* heißt für ihn das Bedenkliche zu bedenken. Bedenklich fand er eben das Nicht-Denken: die Verweigerung, das Denken als das Denken zu bedenken. Oder anders: seine bloße Nutzung als 1st-Order-Instrument. Und die damit einhergehende Unfähigkeit, Verantwortung zu übernehmen, weil nur in der Reflexion eigener *und* fremder Standpunkte ein (gemeinsamer) 2nd-Order-Standpunkt zum eigenen hinzu gewonnen werden kann.

Heidegger wusste, dass man das Denken als solches lernen muss.

Aber hilft uns das Denken wirklich (*wirksam*) weiter?

Die schon durch Gödel ins Rutschen geratene Grundlagenkrise unseres logischen Denkvermögens ist noch keineswegs zum Stillstand gekommen,

---

[75] Luhmann, 2004, S. 141 ff.
[76] Weil Heidegger immer noch – und damit mehr denn je – recht hat!

und der Glaube an die Technik als *Frohbotschaftsersatz* ist durchaus (und nachhaltig?) ins Wanken geraten.

Aber ob man es nun begrüßt oder verabscheut, sicher scheint doch, dass wir etwa die Frage nach beliebiger Dehnbarkeit individueller menschlicher Lebenszeit *technisch lösen werden* – und zwar in historischen Dimensionen gerechnet: *sehr bald*. Was man allerdings wohl mit einiger Sicherheit ausschließen kann, ist, dass wir heute Lebenden solches noch erleben werden. Und doch: wer, wenn nicht wir, hätte solches zu bedenken? Wer schon in bestimmte Umstände hinein geboren wird, kann diese nicht mehr als Selektionsaufforderung erkennen, als Aufforderung zwischen funktional äquivalenten Möglichkeiten im Umgang mit ihnen zu wählen und sich entsprechend in ihnen einzurichten. Das kann nur, wer sie kommen sieht. Ohne Vorbereitung wird diese neue Frage nach dem (relativ) ewigen Leben den Weg allen kapitallastigen Fleisches zu gehen haben und primär zu einer Frage der Leistbarkeit verkommen. Um sich dabei notwendig zur ultimativen (globalen) sozialen Frage[77] zu entwickeln. Positiv zu einer Frage des Menschenrechts auf Leben, das ein – positives – Selbstbestimmungsrecht zum Tode einschließt? Oder aber: Aus dem dümmlichen Spruch *Zeit ist Geld*, mit dem bisher die Finanzmärkte das Kapital und mit diesem auch uns selbst vorantreiben, wird ein gemeingefährdendes *Geld ist Zeit* – und zwar sehr viel unmittelbarer als auch heute schon (etwa durch die Mehrklassenmedizin): *Lebenszeit*[78]. Das große Rennen ums Geld wird zum Rennen ums Leben.

Oder anders: *Technik* konfrontiert den Menschen neu und unabweisbar mit all seinen alten Fragen nach Leben und Tod. Und zwar auf überraschend neue Art, auch und vor allem in der sozialen Dimension. Fragen, die er bei Gott und seinen Heerscharen noch in sicherer Verwahrung wissen konnte. Heute Fragen, deren irdische Beantwortung kaum noch Aufschub duldet.

Doch solange unsere Technik sich nicht als Teil der Natur verstehen will und auch lernt, naturanalog zu funktionieren, ist ihr 2nd-Order-Potenzial noch nicht voll entwickelt. Und wir haben noch nicht verstanden, dass es unsere eigentliche Aufgabe als 2nd-Order-Wesen im Rahmen der Evolution sein könnte und müsste, Träger der Selbsterkenntnis eben dieser Evolu-

---

[77] Und ebenso klar scheint, dass sich *das* nicht ausgehen wird können – für alle. Und ob der freie Markt, mit seinem eiskalten Händchen, auch *das* so einfach regeln wird können? Wer dann reich ist, macht sich Sorgen, und die Aktien der Security-Anbieter, die schon heute steigen, gewinnen exponentielle Dynamik. Wer arm ist, wird zornig und lässt sich zum Selbstmordattentäter ausbilden.

[78] Vgl. dazu: „*In Time*", Andrew Niccols Film. Menschen mit ihrem Lebenszeitkonto im Unterarm – wer sich keine Zusatzzeit kaufen kann, wird mit 25 Jahren abgeschaltet.

tion als Evolution zu sein. Dieses *Tragen* wäre die genuin menschliche, der möglichen Würde seines aufrechten Ganges angemessene Tätigkeit und Leistung – ganz im Gegensatz zu banaler **Erwerbsarbeit**[79] zur schieren Überlebenssicherung!

Das sind nur Träume?

Natürlich – *nur Träume!* Aber Technik ist das Medium ihrer Verwirklichung. Doch schon dieser Hinweis ist heute mehr Drohung als Verheißung: Denn *Technik* wird unsere Träume **allenfalls** erfüllen! Auch wenn sich apokalyptische Albträume als Nachwehen Alteuropas durchsetzen sollten und die USA schon bald für jedes lebende menschliche Individuum auf Erden eine persönliche Drohne gestartet haben könnten, um jedes dieser Individuen jederzeit unschädlich machen zu können. Einfach weil sich keine globalen Visionen etablieren können, um die gegenwärtige Krise der Menschheit – die in ihren Ursachen primär eine der **Dummheit**[80] ist – zu überwinden. Aber, ist es nicht schon zu spät, schon fünf nach zwölf auf der Ökouhr?

Doch die neuen elektronischen Kommunikationsmedien lassen aufleben, was zuletzt zu sterben pflegt, die Hoffnung nämlich, dass bald *alles* auch sehr schnell gehen könnte: Zum Beispiel die Entwicklung von 2nd-Order-Kompetenz[81] in einer neuen und dann sehr breit angelegten globalen Elite.

---

[79] Kein Mensch sollte **arbeiten müssen**, sondern jeder sollte sich vielmehr **begeistern können** für das, was er tut – und warum es dann noch **Arbeit** nennen und an verschwitzte Gesichter und gebeugte Rücken denken, oder gar an verweigernde Frühpensionisten? Vgl. dazu weiter im Kapitel 12: *Mindestens Mindestsicherung*?

[80] **Dummheit** sei hier definiert als der **Eigenwert** einer **Eigenfunktion**, die als **Oszillation zwischen Angst und Gier** aktiv ist. Bestes Beispiel zurzeit: die sogenannten **Finanzmärkte**.

[81] Selbstorganisationsfähigkeit als Kompetenz der Kompetenz(verwendung).

34

3 Einheit als operative Trinität

2nd-Order-Kompetenz, das ist jene Kompetenz, die mit Kompetenzen – eigenen und fremden – umzugehen weiß.

Zur Lösung der großen globalen Problemstellungen fehlt es heute nicht an notwendigem explizitem Wissen und auch nicht an fachlichen Kompetenzen. Es fehlt vielmehr die Kompetenz, diese Kompetenzen zu organisieren, sie an den globalen Problemlagen auszurichten. Dabei kann die Schwäche zunächst nicht im Fehlen zentralistischer globaler Führung liegen, sondern muss in der mangelnden Kompetenz bestehender regionaler Organisationen, sich global auszurichten, gesucht werden. Genauer[82]: sich in Ausrichtung an globalen Organisationsnotwendigkeiten zu vernetzen, in der Absicht, globale Absichten zu ermöglichen und ihre Verwirklichung zu organisieren. Was diese Aufgabe als Organisationsherausforderung zurück ins globale Netzwerk der individuellen Verbindungen spielt.

2nd-Order-Kompetenz, das ist jene Kompetenz, die entsteht, wenn Selbstbezug in der Form der Unterscheidungsdifferenz *Selbst-/Fremdbezug* zum bewusst – bzw. explizit – mitgeführten Bestand aller Denk- und Kommunikationsakte wird. Soll nämlich die Selbstbezogenheit in dieser Form ins Bewusstsein treten, dann wird (werden) unvermeidlich auch *das (die) Andere(n)* bewusst (besprochen), das, wovon das Selbst sich unterscheiden muss, um einen Bezug auf sich selbst herstellen zu können. Selbstbezug ist Fremdbezug.[83] Im Erkennen dieser grundlegenden Paradoxie erwacht unabweisbar ein ethisches Moment, das eben aus der Notwendigkeit erwächst, den Anderen (auch) zu bedenken und dabei das Phänomen der Spiegelzellen nicht ignorieren zu können. Dieser Prozess funktioniert – Gott (?) sei Dank – auch, bevor ihn irgendwer erkennt, aber eben nur im Rahmen der Beißhemmung einer Gattung und Art. Uns Menschen kann solches (soziales) Erkennen und (psychisches) Bewusstmachen nicht erspart werden, denn der vorbewusste Mechanismus reicht schon seit vielen Jahrtausenden nicht aus (mein ist die Rache, musste schon seinerzeit der Herr sagen, um die Blutrache für eine weitere Gesellschaftsentwicklung unschädlich zu machen).

---

[82] Hinweis auf die Diskussion zur **Kollektiven Intentionalität** im Sammelband Wissenschaft 1898 Suhrkamp tb.

[83] Beispiel: Wer einen anderen – warum und wie auch immer – beschuldigt, vergewaltigt etc., teilt mit diesem die Sphäre der Schuld, der Gewalt; ganz unabhängig davon, wer da Täter oder Opfer sein mag.

Individuen unterscheiden auf der Seite des Fremdbezuges nochmals zwischen Selbst- und Fremdbezug und teilen so die Welt ein in *Wir* und *Sie*, wobei im *Sie* dann das Fremde siedelt.

Primaten haben einen Aufmerksamkeitsbereich, der ca. 60 bis 80 Individuen umfasst, was in etwa der Größe einer Affenhorde entspricht, aber auch jener einer menschlichen Verwandtschafts-/Bekanntschaftsgruppierung. Globalität erfordert die bewusste, weil nur bewusst mögliche, Ausdehnung menschlichen Wir-Gefühls auf **alle** Menschen. Und natürlich muss diese Bewusstseinsmöglichkeit kommunikativ, also sozial, vermittelt werden. Bis zur historisch letzten Wir-Erweiterung, also bis zum Nationalbewusstsein, war dies eine relativ einfache Übung, die mit Herrschaftssymbolen, Schriftlichkeit und schließlich – man mag hier an den Hitlerismus denken – mit medialen Inszenierungen das Auslangen finden konnte. Nie war das generative Prinzip der Selbstfindung durch Abgrenzung in Frage gestellt, im Gegenteil: Gerade das Nationale brauchte die Abgrenzung zu anderen Nationen zur Selbstbestimmung, weil es in diesen Kunstgebilden tatsächlich keine natürlichen ethnischen, kulturellen oder territorialen Grenzen mehr gab. Aber erst Globalität muss lernen, Gesellschaft aus sich selbst heraus zu definieren, ohne jede Möglichkeit einer Profilierung durch Abgrenzung von Gleichem. Die globale Gesellschaft ist damit ungleich komplexer als alles, was zuvor war! Als Bestimmungsgegenüber rückt das Individuum in den Fokus der Aufmerksamkeit – nachvollziehbar an der Entwicklung des Menschenrechtsgedankens in der Moderne. Bestimmung muss hier als innere Dynamik begriffen werden, als Vermittlung zwischen einer Totalität und ihren Elementen durch die Form (= Verbund von Elementen).

Der harte Kern dieser Problemlage findet sich im Begriff *Selbstbezug* und in dessen theoretischen und praktischen Implikationen. Wer oder was ist das Selbst, auf das Bezug zu nehmen ist? Und welche Art von Operation operiert, wenn es um Bezugnahme, um Beziehung geht? Und was tun, wenn die andere Seite, das Fremde plötzlich – wie im aktuellen Fall der Globalisierung – fehlt und zur eigenen Positionsbestimmung nicht mehr zur Verfügung steht? Können wir wirklich nur auf den Besuch feindlich gesinnter Aliens – freundliche würden in Einigungsangelegenheiten wenig bis gar nichts bringen – hoffen?

Wir wollen hier die Grundlagen eines systemisch-konstruktivistischen Denkens und Welterkennens nachzeichnen, das bezüglich des Systemdenkens eine Erweiterung des mechanistischen zu einem quantentheoretischen Weltbild vollzogen hat und das zugleich im Zufälligen den Möglichkeitsraum für die zentrale 2nd-Order-Kompetenz des Menschen – nämlich die Absicht bzw. die Fähigkeit des bewussten Beabsichtigens – findet.

Die alten (abendländischen) Denkfiguren hatten also ihren kleinsten gemeinsamen Nenner im mechanistischen *Entweder/oder* gefunden. Die Kirchenfürsten hatten es sogar geschafft, die zwei quasi digitalen, einfachen Grunddifferenzen *glauben/nicht glauben* und *wissen/nicht wissen* aus ihren anspruchsvoll schillernden Relationsmöglichkeiten zu befreien und auf die dann ebenfalls digital gedachte Differenz *glauben/wissen* zu reduzieren, um damit jedes Streben nach Wissen verdammen zu können, weil es so als notwendig gegen das Glauben gerichtet gezeichnet war.

Erst kirchenferne Denker, wie etwa Schopenhauer, holten aus dem damals noch wirklich fernen Fernen Osten eine tatsächlich neue und unabhängige dritte Position nach Europa, um sie neben die beiden Seiten einer jeden einfachen Unterscheidungsdifferenz (entweder/oder) zu stellen. Das buddhistische *Weder/noch* ist völlig unerreichbar durch logische Verbote vom Zuschnitt eines *Tertium-non-datur:* Es *glaubt nicht* und es *weiß nicht* – um im Beispiel *glauben/wissen* zu bleiben – es *beobachtet* nur. Will nur Beobachtung sein und mit der Welt und ihren Göttern nichts zu tun haben. Aber was sonst könnte man beobachten wollen? Sich selbst? Aber wie? Wie beobachtet sich das Beobachten, wenn es dafür nur sich selbst, aber weder Stoff noch Geist besitzt?

Das mechanistische Denken hatte einer zweiwertigen Logik gehuldigt, die durch den Entscheid *Entweder/oder* charakterisiert war. Also etwas mit *Sein/Nicht-Sein,* wie in Shakespeares berühmtester Frage, oder mit dem digitalen Code 1/0. Als unverbundener Gegenpol zu dieser einfachen Form stand nur Transzendenz und/oder Weltverneinung/-entsagung zur Verfügung. Charakterisiert durch den Entscheid *Weder/noch*.

Erst das transklassisch europäische Denken wagt sich an das *Sowohl-als-auch*.[84] Aber es brauchte die durchschlagenden technischen Erfolge der Quantenmechanik, um diese neue Komplexion der Form menschlicher Denkmöglichkeiten zu etablieren.

Erst das quantentheoretische Denken sieht sich mit einem Möglichkeitsraum konfrontiert, den nur noch ein Entscheid im Modus des *Sowohl-als-auch* sinnvoll bedenken kann.

Wesentlich scheint es hier anzumerken, dass *Sowohl-als-auch* nicht einfach als Ersatz für die beiden ersten Modi fungiert, sondern sie vielmehr

---

[84] Natürlich haben sowohl die abendländisch-christliche als auch die buddhistische Philosophie wesentlich komplexere Denkformen hervorgebracht (Dreifaltigkeitsdynamik, Nirvanakonzepte), aber weder hüben noch drüben konnten diese je mehr als kleine esoterische Zirkel erreichen, geschweige denn zu einer Grundform anerkannter Denknotwendigkeiten avancieren. Und deshalb scheint es legitim, hier wirkungsgeschichtlich auf naiv exoterisches Niveau zu reduzieren. Denn so sieht die Empirie heute nun mal aus, wenn man aus dem Fenster schaut statt Nachrichten zu hören.

kombiniert: Sowohl *Entweder* als auch *Oder* als auch *Weder/noch*; ganz analog zur Bedeutung von *Messung* und *Latenz* in der Quantenphilosophie oder auch zum Welle/Teilchen-Dualismus der Physik. Und erst damit wird die Paradoxie beschreibbar, die wir gemeinhin *das Analoge*, die erscheinende Welt als solche, nennen. Wobei *beschreibbar* hier zunächst eine mathematische Beschreibbarkeit meinen muss, eben weil das quantentheoretische Modell mit weniger abstrakten, mit anschaulicheren Symbolsystemen nicht zu fassen scheint.

Denn jedes *Sowohl-als-auch* ist tückisch, es scheint Beliebigkeiten zu produzieren und die gewohnten Entscheidungskriterien zu unterminieren. Deshalb wollen wir hier im Anschluss zunächst in die Formen dieser neuen Denknotwendigkeiten im Modus des *Sowohl-als-auch* einführen, indem wir sie in einigen alten und auch neuen Begrifflichkeiten darstellen und problematisierend diskutieren.

3.1 Kreiskausales Anfangen

Das Jahr geht rund – da wo es aufhört, fängt es auch wieder an. Aber wo ist der Anfang, wo das Ende? Am 1. Jänner? Sehr willkürlich!

Tagundnachtgleiche? Ja? Aber dann: Frühlingsäquinoktium oder Herbstäquinoktium?

Die Physik[85] weiß heute, dass es bezüglich Dauer und Ausdehnung des Universums keinen absoluten Nullpunkt[86] geben kann. Mit Heisenbergs Unschärferelation erscheint eine absolute universelle Null schlicht als zu genau!

Und wer in immer kleinere Bereiche von Raum und Zeit abtaucht, sagen unsere Physiker heute, wird damit doch nie an ein Ende kommen, denn selbst im Allerkleinsten, wäre es denn erreichbar, in einer „absoluten Null", fände er plötzlich wieder: *Unendlichkeit und Ewigkeit*[87], weil schon seine bloße Anwesenheit der Null das Absolute rauben müsste. Übrigens genau wie auch an der Außenseite von Welt. Denn auch diese Außenseite ist be-

---

[85] Dass Soziologen transdisziplinär aufnahmebereit sein sollten, hat Niklas Luhmann – zum Beispiel in seiner Einführung in die Systemtheorie – immer wieder nachdrücklich gefordert und begründet.

[86] Nach dem dritten Hauptsatz der Thermodynamik kann der absolute Nullpunkt nicht erreicht werden. Allerdings gilt es als prinzipiell möglich, Temperaturen *beliebig nahe* dem absoluten Nullpunkt zu erreichen (was aber heute nachdrücklichst zu bezweifeln ist, weil mittlerweile klar ist, dass auch hier die gleichen Grenzen gelten, die bezüglich der Möglichkeiten des Heranrechnens an den Zeitpunkt des Urknalls gefunden wurden).

[87] Vgl. Ford, 1966, S. 28ff.

kanntlich unerreichbar, weil das Ende der Welt zu überschreiten nur hieße, dieses Ende zu verschieben![88]

Das Allerkleinste gleicht dem Allergrößten, oder genauer: Sie bilden eine Nahtstelle, an der Anfang und Ende, das Allerkleinste und das Allergrößte in eins fallen[89] und sich die Existenz in sich selbst biegt und zum raumzeitlichen Ring wird.

Die Stelle, an der sich das Kleinste und das Größte treffen, ist nur *beobachterrelativ* bestimmbar, denn *Größe* gibt es nur als endliche. Und von jeder Endlichkeit her gesehen ist die Unendlichkeit in beiden Richtungen – ins Kleine wie ins Große – auf den Millimeter genau gleich weit entfernt. Für uns Menschen sind es die Sterne am Himmel und die Atome in der Erde, die sich in uns als ein Größtes und ein Kleinstes zu unserer Welt vereinen. An uns bestimmt sich dieses Maß. So wie am 1. Jänner, 00.00 Uhr das ganz Große, das ganze abgelaufene Jahr, auf das ganz Kleine, das gerade erst beginnende neue Jahr trifft, um nahtlos in dieses überzugehen. Aber eben nur für jene, die da Silvester feiern, weil nur sie hier Anfang und Ende gesetzt hatten.

Und so *kann* die Welt auch keine erste[90] Bewegung *kennen*. Bewegung wird einfach weitergereicht – im Kreis herum. Von Endlichkeit zu Endlichkeit! *In* aller Ewigkeit, (amen?!). Eben diese Ewigkeit von innen her durch die stete Produktion von Zeit und Raum (*Raumzeit*) erfüllend.

Anfang und Ende haben keinen Namen, kann man dazu an prominenter Stelle und in chinesischen Schriftzeichen bei George Spencer-Brown lesen.[91] Doch das Jahr hätte keinen *Lauf*, wären da nicht bestimmte Punkte, die eine Vorher/Nachher-Differenz erzeugten, die Anfänge und Enden markierten. Die das Analoge *unterscheidend digitalisierten*. Und wenn das Jahr also laufen soll, braucht es eben den binären Code der Zeit: das Vorher/Nachher, mit dem ein Beobachter die Zeit – das analoge, ewige *Jetzt* – zur Erscheinung, zur Raumwerdung zwingt.

---

[88] Vgl. dazu: der *zurückweichende Horizont* bei Husserl.

[89] Vgl. Eulers Nachweis zum Größenverhältnis negativer und positiver Zahlen – Reihenbildung positiver Größen können negative Ergebnisse haben!

[90] Daraus lässt sich beinahe schon die Berechtigung ableiten, hier auch noch die alte Hühnerfrage zu stellen. Huhn oder Ei – was war zuerst da? Sagt man allerdings: das Huhn war zuerst, muss man einsehen, dass dieses aus einem Ei gekrochen sein muss. Und fängt man mit dem Ei an, handelt man sich die alberne Frage ein, wer es denn gelegt hätte! Der Ausweg liegt natürlich in der Dreiwertigkeit: also dem Hahn! Was man dann allerdings zu sehen hat, ist: das System Hühnerwesen erfordert die synchrone Existenz aller drei Beteiligten – und zwar notwendig als **Vielheit**. Es gibt immer: die Hennen, die Hähne und Eier zugleich.

[91] Vgl. Spencer-Brown, 1994a.

3.2 Uroboros

Evolution produziert nicht erst ab einer bestimmten Stufe ihrer Entwicklung besondere Lebewesen und rüstet diese dann mit der Fähigkeit aus, sich zu sich selbst zu verhalten, sondern sie ist auf *jeder* Komplexitätsstufe notwendig operativer Selbstbezug.[92]

Das uralte, Selbstreferenz darstellende Symbol des einsamen Uroboros, eines Wurmes, der sich selbst in den Schwanz beißt, *verdoppelt* sich (durch Differenzbildung) bei dieser Gelegenheit in den, der beißt und in den, der gebissen wird. Der Code ist hier: *aktiv/passiv*. Und es scheint kein binärer Code zu sein – sondern vielmehr die Kombination zweier binärer Codes: *beißen/nicht beißen* und *gebissen werden/nicht gebissen werden*. Doch auch damit ist die Situation nicht ganz erfasst! Denn diese beiden Codes funktionieren simultan: Beißt die eine Seite, wird zugleich die andere Seite gebissen. Aber der Wurm war doch *eins*, wo hört der Beißer auf und wo beginnt der Gebissene? Welche Absicht instruiert diese Unterscheidung? Was motiviert dieses – und jegliches – Unterscheiden? Hier wahrscheinlich der Hunger, mag man denken, schließlich wird (man) gebissen. Aber dann ist *Hunger* bezüglich des Gefressenen und des Fressers von je anderer Qualität! Das Fressen ist Wirkung, Wirklichkeit. Und gefressen wird alles, was sich dafür anbietet, das ist die Realität. Aber beide wären ununterschieden, wäre da nicht als dritte Komponente noch die Absicht, ebendiesen Unterschied zu treffen. Der Wurm hätte sich selbst nie bemerkt, wäre da nicht der Hunger in seinem Bauch gewesen. Die Absicht (Hunger) in ihm, die doch darauf gerichtet war, ihn zu erhalten, musste ihn bei dieser Gelegenheit zweiteilen und schuf so eine Dreiheit.

Nimmt man diesen Uroboros als Bild für eine erste Unterscheidung[93], für den Anfang eines Anfangens, dann sagt er uns – gleich, ob er dann *Urknall* oder *Schöpfung* oder einfach: *Ereignis*[94] heißen soll –, dass jede *auf sich selbst gerichtete Absicht*, also jede Selbstbeabsichtigung (Selbstorganisation, vorgestellt als reine Operation[-alität]), sich selbst unterscheiden wird müssen in eine *beabsichtigende* und eine *beabsichtigte* Absicht –

---

[92] Unabhängig davon, ob dieser Selbstbezug auch noch in der Lage ist, sich selbst als solchen zu reflektieren oder gar auch noch dieses Reflektieren als solches.

[93] Das Bild erscheint uns durchaus passend: Schließlich sind hier Fressen und Gefressenwerden als die Grundoperationen jeder lebendigen Selbstbeabsichtigung ideal vereint.

[94] Vgl.: der Begriff *Ereignis* bei Heidegger.

schlicht, um als ***Absicht***[95] *da sein* zu können – und das *Sein* im Dasein von Absicht meint natürlich: *Beabsichtigen.*

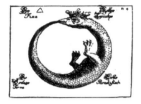   und

Abbildung 2[96]

Es ist eine ***seltsame***[97] ***Verdoppelung***, die hier zu beobachten ist, denn der Gefressene wird ganz gefressen und der Fressende ist ein ganzer Fresser. Und ob wir archaisch von *Fressen* oder aber neophilosophisch von *Beobachten* reden wollen, abstrakt gesehen geht es zunächst immer um Absicht[98], gleich, ob um die des Fressens oder die des Erkennens. Und ganz abstrakt gesehen kann es schließlich nur um die Absicht der Absicht selbst gehen, um operative Absicht, um das Beabsichtigen der Absicht. Und, ob passiv oder aktiv, Absicht bleibt Absicht, denn beide, die beabsichtigte und die beabsichtigende Absicht, müssen wieder tun, was ihrer Natur entspricht: *beabsichtigen.* Und natürlich wieder sich selbst – sich dabei erneut, je in sich, unterscheidend in eine beabsichtigte und eine beabsichtigende Absicht. Jetzt schon in eine beabsichtigende beabsichtigte Absicht und in eine beabsichtigte beabsichtigte Absicht sowie in eine beabsichtigende beabsichtigende Absicht und in eine beabsichtigte beabsichtigende Absicht. Man kann hier sehen, was George Spencer-Brown meint, wenn er davon

---

[95] – und *Absicht* kann nur operativ als *Beabsichtigen* (=Beabsichtigung) verstanden werden.

[96] http://jungcurrents.com/alchemy/uroboros/ und http://www.uboeschenstein.ch/texte/taraba131-autopoiesis.html (Download am 3.5.2008).

[97] Wir können an dieser Stelle die tiefen Verstrickungen in große alte Erzählungen nicht weiter verfolgen. Als Illustration sei an Aussagen erinnert wie z. B.: „Die Verdoppelung ist ontologisch nichts als ein Spezialfall der kategorialen Wiederkehr." (vgl. Hartmann, 1950, S. 60ff.) Auch an Hegels Verdoppelung in der dialektischen Figur des Selbstbewusstseins wäre hier zu erinnern (vgl. Gadamer, 1987, S. 47ff., besonders S. 54).

[98] Bei Spencer-Brown heißt diese Theorieposition *Motiv* oder Wert (vgl. Spencer-Brown, 1994a, S. 3).

spricht, dass der Prozess[99] – einmal in Gang gesetzt – nicht mehr zu stoppen ist. Schließlich stehen wir ganz am Anfang allen Anfangens; Raum und Zeit haben sich noch nicht gebildet, und Absicht muss sich in diesem Modell instantan von einer Einheit in eine absolut dichte Vielheit teilen. Es muss also mit wirklich vielen Würmern gerechnet werden. Der eine Wurm ist Legion – oder anders: **Welt ist** (in ihrem Quantengrund) **multipler Selbstbezug**. Selbstbezug, der die Welt in allem und durch alles – immer und überall – in sich selbst, das Andere und das, was diese Unterscheidung trifft, unterscheidet. Dass das, was die Unterscheidung trifft, extra anzuführen sei (und noch dazu als ein Eigenes), wird mancherorts nicht einfach hingenommen werden. War es nicht das Selbst selbst, das sich selbst vom Rest der Welt unterschied – also zwei? Nein drei: der Rest der Welt (was eigentlich unglaublich viel, also Vielheit, das Mannigfaltige, ist) und das Selbst (hier sind wir schon bei Nummer 2), das ein Selbst (und damit sind wir doch bei Nummer 3) von diesem Rest der Welt unterscheidet. Der Trick ist zu sehen, dass die ganze Welt keinerlei Unterschied in sich hätte, dass sie ein distinktionsloses Kontinuum wäre, gäbe es nicht von Anfang an dieses Dritte.

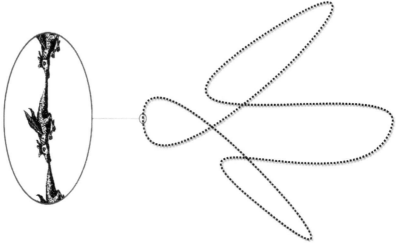

Abbildung 3

Aktive und passive Absicht markieren zwei parallel laufende Prozesse, die nur gleichursprünglich denkbar sind. Ein Schöpfer ohne Schöpfung ist kein

---

[99] Es geht um die basale **Motivation, einen Unterschied zu machen**, ganz im Sinne von Spencer-Browns **Verlangen zu unterscheiden** (vgl. Spencer-Brown, 1994a, S. 60).

Schöpfer, er wird erst im Akt der Schöpfung zum Schöpfer. Er *wird* zugleich mit seiner Schöpfung. Gott und Welt sind das absolute Ereignis. Die Paradoxie der Selbstschöpfung Gottes als Welt ist ein zeitloser Akt, der erst Raum und Zeit gewinnt durch ein diesem Akt implizites Drittes, das in der Latenz der Gott/Welt-Einheit zwischen ebendiesem Gott und der Welt unterscheidet. Dieses Dritte ist natürlich der Beobachter bzw. jener Aspekt der ursprünglich einen, ungeteilten Absicht, der in sich selbst, zwischen seiner aktiven und seiner passiven Seite unterscheidet. Es ist das in seiner eigenen Unterscheidung Ununterschiedene. Eben der Selbst-Beobachter, der – zum Beispiel systemtheoretisch – die Unterscheidung *System/Umwelt* nutzt, um sich selbst als Welt in der Welt von dieser zu unterscheiden. In einem nächsten Schritt kann unser Selbstbeobachter versuchen, sich mit der einen Seite, die er als die eigene erkannt hatte, mit *System*, zu identifizieren. Er tut dies, indem er auf das System die gleiche Unterscheidung anwendet und zum Beispiel feststellt, dass der Körper bloß die notwendige Umwelt und er selbst eigentlich nur sein Gehirn sei. Und im Hirn lässt sich dann trefflich zwischen Hirn und Gedanken unterscheiden und bezüglich Gedanken zwischen ihrem Inhalt und dem Bewusstsein davon. Für Buddhisten bleibt da letztlich nur die Erkenntnis der Leere. Im System findet sich kein System! Das Ich löst sich auf, alle Anhaftung verschwindet. Auf der Umweltseite lässt sich das gleiche Spiel treiben. Was ganz Umwelt war, wird im erneuten Unterscheiden vermittels der Ausgangsdifferenz *System/Umwelt* verwandelt, und Teile der Umwelt werden als System erkennbar. Hier mag man erkennen, dass etwa das eigene Zimmer eine zweite Haut ist und die eigene Freundesgruppe systemunverzichtbar wird und nationale Identität für manch einen mehr bedeutet, als er sich selbst als Heimat bieten kann. An Glückstagen mag man sich eins mit den Sternen fühlen. Ein Buddhist findet hier wahren Ausgleich, denn, während er als System verschwindet, wird er zum ganzen Rest. Er ist dann weder System noch Umwelt, denn diese hat sich im Verschwinden der Systemseite wieder in die (in sich ununterschiedene) Welt verwandelt.

Der Prozess der Ausdifferenzierung[100] auf der Systemseite ist also begleitet von einem quasi gegenläufigen auf der Umweltseite, einem Prozess der Eindifferenzierung.[101]

---

[100] Alteuropäisch: *Entfaltung*, wird bei Luhmann zu *Ausdifferenzierung* – quantenphilosophisch könnte man von einem Relativierungsprozess sprechen, der die genannte Absolutheit operativ ermöglicht, indem er Raum und Zeit erzeugt.

[101] Wir lesen dies vorausschauend als Doppelcharakter allen unterscheidenden Operierens, das mit seinen Grenzziehungen immer zugleich (bzw.: beobachterrelativ) – wie jede Grenze – verbindet *und* trennt.

Was jeweils als Ein- und was als Ausdifferenzierung erfahrbar wird, ist strikt (absolut!) beobachterrelativ: Für jeden Beobachter ist seine Selbstbeobachtung *Einfaltung,* Verdichtung im Sinne eines Intensitätsgewinnes[102], während er in seiner Fremdbeobachtung einen Informationsgewinn generiert, der die Welt als Extension zeigt (expansive Bewegung, Ausdehnung, statt invasiver Verdichtung). Oder anders: Ein- *und* Ausdifferenzierung beschreiben als Differenz **die operative Dimension** von *Welt* (Weltganzes), in der auch *jede* einzelne Operation beschreibbar wird! Und zwar immer gleichzeitig sowohl als Ein- als auch als Ausdif-ferenzierung.[103]

Wenn wir **Selbstbeabsichtigung** als operative Grundlage des *Weltens der Welt*[104] annehmen, dann ist dieser in sich multiple Selbstbezug der Welt als instantane Ausdifferenzierung aller Eindifferenzierungen in sich selbst – und umgekehrt – zu lesen. Ein Prozess, der nie endet, weil er nie angefangen hat, sondern seinerseits Zeit und Raum erst produziert, indem er, wie gesagt, Anfänge und Enden setzt und so, die Ewigkeit mit (unendlich vielen) Endlichkeiten interpunktierend, die handelsübliche Realität zur Erscheinung bringt. Und weil, wie weiter oben vermerkt, auch das Absolute nur relativ zu haben ist, scheint in dieser Spekulation die Annahme sinnvoll[105], dass diese Intensität in regelmäßigen Abständen Entladungsimpulse ihrer selbst als Raumzeit absondert. In Form von Quantenfluktuationen, die in einem anderen Beobachtermaß jeweils als ein Urknall erscheinen und das Werden und Vergehen einer Welt bedeuten mögen[106].

Dass dabei die *eine* Absicht in ihrer Selbstbeabsichtigung immer schon zugleich auch auf ihre eigene absolute Vielheit[107] als Einheit **und** Mannig-

---

[102] Dieser *Intensitätsgewinn* wird in komplexeren Systemen als Gedächtnisleistung verwirklicht (Verdichtung des Raumes durch Bewahren von Zeit).

[103] Und zwar analog der Dimension, die durch die Differenz *sequenziell/simultan* bezeichnet ist. Vgl. dazu weiter im Kapitel 8: *Kommunikation.*

[104] Martin Heideggers Begriff vom *Welten* der Welt deutet auf die operative Grundlage aller substantivisch-subjekthaft gegründeter Weltvorstellung hin.

[105] Jedenfalls, wenn man dabei an Einstein (allgemeine Relativitätstheorie) und Plank (Wirkungsquantum) denkt.

[106] Die Physik braucht für ihr Heranrechnen an den Urknall als (singuläre) Vorannahme nicht mehr als eine normale Quantenfluktuation, die – irgendwie – der Symmetrie ihrer inneren Fluktuationen entkommen ist.

[107] Kant hatte seine erste Kategorie, **Quantität,** als Differenz von *Einheit und Vielheit* gefasst und im Begriff der *Allheit* synthetisiert. Wir finden das wenig nützlich, weil damit die operative Dynamik zwischen Einheit und Allheit (Element und Medium), die zu den jeweiligen Konkretionen (Formen) führt, nicht in den Blick kommt. Wenn wir hier also von der Differenz Einheit/Vielheit reden werden, meinen wir die Differenz zwischen Singularität und Universalität, der wir nachzuweisen beabsichtigen, dass sie als operative Dynamik die Grundlage jeglicher konkreten Erscheinung bildet.

faltigkeit trifft[108], konstruiert in ihrer Entfaltung die Kategorie der **Quantität** (Mannigfaltigkeit als Differenz von Einheit und Vielheit) und zugleich auch die der **Qualität** (Einheit als Differenz von Einheit und Anderheit). Quantität spannt dabei den Raum als Möglichkeit der simultanen Existenz einer absoluten Vielzahl an Positionen nebeneinander auf, und Qualität steht für die Zeit, denn Zeit konstituiert sich als Operationszeit, die es braucht, um die simultan existierenden Entitäten zu trennen oder zu verbinden und so Muster der Zeit im Raum zu zeichnen, eben die Raumzeit. Oder anders: Zeit entsteht, indem die grundlegende allgemeine Operationsweise der Existenz als (Selbst-)Bezugnahme die Welt aus der Latenz holt. (Selbst-)Bezugnahme aber meint: *(Selbst-)Beobachtung im Sinne einer (Selbst-)Unterscheidung*, im einfachsten Fall etwa im Code *verbinden/trennen*, der auch den elementarsten Einheiten in unserem Weltmodell inhärent ist. Das alte Bild, nach dem die Welt in ihrem Komplexitätsaufbau nach Selbsterkenntnis strebt, beginnt sich zu wandeln: Von der Romantik einer Natur, die im Menschen die Augen aufschlägt, um sich erkennend selbst zu bewundern, müssen wir zur Idee einer Evolution vordringen, die, jenseits aller Zufälligkeiten, sehr wohl ein Ziel hat, nämlich sich selbst. Nur: **Uns** hat sie nicht unbedingt gemeint! Der Evolution wird es auch recht sein, sich in einem Facettenauge zu spiegeln, wenn nur der zugehörige Rechenapparat dahinter komplex genug gebaut ist, sich bewusst, explizit und vollständig auf sich selbst zu beziehen, denn das setzt voraus, dass in diesem Selbstbezug auch der *ganze* Rest der Welt als notwendiger zugehöriger Fremdbezug bewusst wird.

3.3 Aus der Substanz über die Funktion zur Absicht

Was als Substanz zu verstehen sei, scheint heute kaum noch eine Frage[109]: Einsteins Formel *(E = mc²)* hatte im Horizont der Physik die alte Frage der Entscheidung zwischen Substanz*monismus* beziehungsweise *-dualismus* erübrigt. Ein neuer *Physikalismus* ersetzt den alteuropäischen *Substanzdualismus*, in dem die Leib/Seele-Thematik noch recht anheimelnd gefasst war, durch die Denkfigur eines *Eigenschaftsdualismus*, der die eine gleiche Substanz in ihren verschiedenen Formen erkennt[110] – und damit schon in sei-

---

[108] Beispielsweise: Quantenfluktuationen.

[109] Jedenfalls nicht an der vordersten Front wissenschaftlicher Selbstbemühungen, die direkt in arbeitenden Gehirnen nach der substanziellen Wahrheit unserer Existenz suchen (vgl. Metzinger, 2010).

[110] Materie und Energie bilden die zwei Extreme eines Kontinuums, das vollständig kontinuierlich – wie der arme Uroboros – von einem Ende zum anderen reicht.

nen Grundlagen auf eine theoretische Lösung der Selbstreferenz verwiesen ist, weil der Eigenschaftsdualismus zwar einerseits die Substanz als Einheit bestehen lässt, dabei aber andererseits eine dritte Qualität ins Spiel bringen muss, die das Kontinuum der Substanz interpunktiert, damit die unterschiedlichen *Eigenschaften* als solche überhaupt sein können. *Eigenschaften*, von welchen dieses interpunktierende Etwas aber notwendig unterschieden sein muss. Substanzhafte *Einheit* beruht auch hier auf einer inneren operativen Dreiheit[111], die sich nicht weiter reduzieren lässt, ohne zugleich jeglichen Unterschied aus dem Blick zu verlieren: *Etwas* muss – gleichursprünglich – in der einen Substanz, also unterschieden (nicht: *verschieden*) von dieser, gegeben (anschaulicher wäre: an*wesend*) sein, was in dieser einen Substanz zwischen ihren Eigenschaften (besser wäre: zwischen den zwei Polen ihrer Eigenschaft) unterscheidet. Da es aber außer der einen Ursubstanz in einem universellen Theoriegebäude nichts geben kann, muss diese Ursubstanz als ein auf sich selbst gerichtetes unterscheidendes Operieren gedeutet werden. Evolution erzählt dann die Geschichte, wie dieses Dritte von Phasen im Zustande eines Weder-noch bezüglich Materie und Energie über immer neue Formen im Modus von Entweder-oder hin zu einem Sowohl-als-auch findet. Um schließlich eben dadurch wieder mit dem Weder-noch konfrontiert zu werden, weil dieses als Ausgeschlossenes eingeschlossen sein will. Selbstbezug ist in diesem kreiskausalen Geschehen dann sowohl elementare Ausgangsbedingung jeglicher Existenz wie auch Ziel dieses Prozesses in seiner Totalität. Vom naturgesetzlichen Solve et Coagula bis hin zum berühmten Augenaufschlag der Selbsterkenntnis, den sich die Natur im Menschen leistet.

Eine konstruktivistisch-operative Weltsicht vorausahnend, definierte Spinoza *Substanz* als das, *was in sich ist und durch sich begriffen wird.* Diese selbstreferenziell begreifende Inhärenz impliziert schon den *Beobachter*, so wie er begrifflich erst im 20. Jahrhundert formuliert werden sollte. Spinoza identifizierte die Natur als Ganzes mit seiner substanziellen Denkfigur – und ließ sich zur berühmten Formel *Deus sive natura* nur überreden, um erwartbarem Ungemach zu entgehen, das ihm ein völliger Verzicht auf den *Deus* eingebracht hätte. Wahrscheinlich nennt man ihn daher bisweilen auch noch heute einen *Pantheisten.*[112] Wir ziehen es allerdings hier vor, seine Substanzdefinition ernst zu nehmen und aus ihr die

---

[111] Eine strukturell isomorphe Erzählung wäre zum Beispiel die theologische von der *Dreifaltigkeit.*

[112] „*Spinoza* ist der Urheber der spekulativen Philosophie. *Schelling* ihr Wiederhersteller, *Hegel* ihr Vollender. Der *Pantheismus* ist die *notwendige Konsequenz* der Theologie (oder des Theismus) – die *konsequente* Theologie; der *Atheismus* die *notwendige Konsequenz* des ‚Pantheismus', der *konsequente* ‚Pantheismus'." (Feuerbach, 1996, S. 3)

Frage zu gewinnen: Wie operiert *natura*, um *in sich sein* zu können und *sich* von da aus *durch sich zu begreifen*?

Um diese Frage klären zu können, musste das alteuropäische Denken – endgültig dann mit Ernst Cassirer – von Substanz auf Funktion umstellen. Statt zu fragen, *was* denn die *Welt* sei, konnte man nun fragen, *wie* sie es anstellt, uns genau *so* zu erscheinen, wie uns *scheint*, dass sie *ist*.

Es kann nicht verwundern, dass dabei der, dem etwas so und so erscheint, nicht mehr außer Acht gelassen werden konnte. Ohne eine Idee ihrer Beobachtung – die nur Selbstbeobachtung[113] sein kann – einzubeziehen, *ist* Welt nicht. *Beobachten* ist die *operative Substanz* der Welt. Und Beobachten ist durchaus kein unschuldiger Prozess, das hat die Elementarteilchenphysik heute bis ins Zentrum allen Seins hinein bewiesen, und ist damit keineswegs auf Ebenen beschränkt, die auch schon die römische Inquisition bewiesen hatte, indem sie durch ihr bloßes Beobachten aus Frauen und Männern Hexen und Hexer hexte.

Und dass die Welt funktioniert, wie sie es eben tut, dass es aber auch anders sein könnte – jedenfalls aber *anders vorstellbar* ist – war schon zu Spinozas Zeiten als Frage nach dem richtigen Prädikat unserer Welt aufgefallen: Ist es die *beste* oder die *schlechteste* aller möglichen Welten? Auffällig vielleicht, dass niemand die Meinung der Mitte in dieser Angelegenheit vertreten wollte, aber das Markenzeichen alteuropäischen Denkens, das *Entweder-oder/Tertium-non-datur* stellt nur die Meisterdenker der Extreme vor: Spinoza meinte, unsere Welt sei die beste aller möglichen, Leibniz votierte gegenteilig. Auffällig daran: Spinoza denkt Substanz als *eine* Monade – Leibniz denkt sie als aus unendlich *vielen* zusammengesetzt. Wir werden darauf zurückkommen, wenn es um operativ geschlossene – monadische – Systeme und ihren Verbund zur Welt geht.

Warum aber ist die Welt gerade so, wie sie ist und nicht anders? Welche (oder eben: wessen) Absichten orientieren ihr Funktionieren? Die Frage nach Motiven und Absichten erreicht schließlich also Gott selbst – den unbeobachtbaren Beobachter –, der sich fragen lassen musste, ob es inhaltlich nicht auch besser gegangen wäre mit dem Schöpfen der Welt (Theodizee). Und denkt man an diverse Revolutionen, hat man aus heutiger Sicht den Eindruck, dass Gott nicht der einzige Regent war, der in dieser Art befragt worden war. Gerade da, wo *Er* am üppigsten gelebt hatte, in Frankreich, kam es auch zur entscheidenden Revolution Alteuropas. Der *Dritte* Stand (neben Klerus und Adel) hatte sich als solcher selbst erlaubt und damit als historisches Subjekt zugelassen.

---

[113] *Selbstbeobachtung* ist Beobachtung der Beobachtung – also Sehen, dass Selbstbeobachtung über die Differenz Selbst-/Fremdbeobachtung funktioniert.

Und schließlich sollte in allen sich dem menschlichen Denken in seiner Annäherung an die Moderne aufdrängenden selbstbezüglichen Verweisen diese seltsame Figur *eines Dritten* auffällig werden. Das Thema *Selbstbezug* sprengt die logischen Grenzen alteuropäischen Denkens, indem es Subjekt und Objekt vermischt. Die alteuropäische Entscheidungshilfe, das *Entweder-oder,* versagt hier kläglich. Obwohl es ganz einfach scheint zu sagen, *Selbstbezug* meint ein Subjekt, das sich selbst zum Objekt hat (also quasi ein *Drittes* – ein *Selbstobjekt* oder vielleicht auch: *Eigensubjekt*), musste das formale Denken Alteuropas solche Schleifen in seinem Denken schlicht verbieten[114], weil seine zweiwertige Eigenkomplexität dafür nicht ausreichend war. Etwas ist *entweder* Subjekt *oder* aber es ist Objekt, so hatte es uns Aristoteles einst offenbart. Und statt *Amen* sagt man: Tertium non datur!

Positives Denken bedeutet dieser Zweiwertigkeit dann aber eine nur einwertige Ontologie. Es kann nur eine – positiv gegebene – Wirklichkeit und damit auch nur eine Wahrheit geben. Nur eine eindeutige Wahrheit, die bisweilen sogar *ein*eindeutig vorkommen soll. Und der zweite Wert, das Falsche, Unwahre, ist bloß falsch und unwahr, belegt aber keinerlei wirkliche Existenz. Diese Logik kann nur die Frage beantworten, wie man wahre und falsche Aussagen widerspruchsfrei verbindet, aber sie kann absolut nichts über Wahrheit oder Falschheit dieser Aussagen selbst sagen. Es gilt alles zwischen offenbarer und offenbarter Wahrheit als wahr, soweit es sich (offenbar) als Wahrheit hat behaupten (offenbaren[115]) können.

Die Unterscheidung wahr/falsch tritt hier als binärer Code in ihren eigenen Raum von schon unterschiedenen Wahrheiten und Falschheiten ein, die als ein Kontinuum lose verknüpfter Tatsachen erscheinen, in welchem der Code nun strikte (kausale) Verbindungen bestimmt. Auch alteuropäisch ging – und geht – es selbstbezüglich ans Werk! Nur waren seinerzeit die vorausgesetzten (absoluten und elementaren) Wahrheiten – Gott und die Newton'sche Physik – noch nicht so relativ wie heute. Mittlerweile haben wir uns technischen Zugang zu Räumen verschafft, in welchen die Gesetze der Natur nur noch Wahrscheinlichkeiten produzieren. Räume, aus welchen heraus wir uns selbst entgegenblicken (Gentechnik, Neurobiologie). Um

---

[114] Russel – Typenlehre.

[115] Wissenschaftliche Offenbarungen müssen nur die Popper'sche Regel erfüllen – aber nicht notwendig auch wahr sein. In einem gegebenen Feld von Wahrheiten und Falschheiten konstruiert das gleiche Unterscheidungsprinzip, wieder mit dem binären Code *wahr/falsch*, verschiedene Verknüpfungen zwischen einzelnen Elementen des Feldes – das sind die (entscheidbaren) Sätze der Aussagenlogik –, die dann in ihren Verknüpfungen eben wieder als wahr oder falsch erwiesen werden können. Und eben dies meint der bekannte Vorwurf, alles Schließen sei nur Tautologie.

dabei zu bemerken, dass Gott nicht zufällig, sondern notwendig dem Menschen gleichen muss. Sein Gesicht gleicht dem unseren – das wussten schon die alten Kabbalisten. Eines Menschen Gesicht wird (systemtheoretisch) verstehbar analog zur Barre in der Differenz *System/Umwelt* – und zwar von der Systemseite her gesehen. Und Gottes Gesicht wird sichtbar als diese Barre – jetzt von der Umweltseite her gesehen, wenn gilt: *Mensch=System* und *Gott=Umwelt*. Gott ist nichts Abstraktes, würde Spinoza hier vielleicht sagen, er reicht von allen Seiten immer ganz konkret – und vor allem völlig nahtlos – bis an jeden von uns heran.

Vielleicht lohnt es ja darüber nachzudenken, was es für ein Mitglied unserer Spezies bedeuten könnte, durch sein eigenes Gesicht sowohl mit Gott unmittelbar verbunden als eben von ihm auch getrennt zu sein. Und darüber, was es heißt, dass der jeweilige Ausdruck eines Gesichtes weder zu Gott noch zu uns gehören kann. Oder eben zu beiden.

Im Begriff der Form Gottes denken wir nicht (mehr, nicht archaisch) über das Prinzip *Zufall* nach und auch nicht über abstrakte Wirkprinzipien oder Naturgesetze. Spätestens seit seiner monotheistischen Personalisierung reflektiert dieser Begriff den Selbstbezug und die Selbstorganisation des Menschen, und damit implizit *Gott* als eine mögliche Formel, den Selbstbezug des Menschen im Sinne seiner Vertikalisierung[116] zu institutionalisieren.

Der eine Gott war die anthropotechnische Möglichkeit, die Ebene der Stammeskulturen zu übersteigen und weltliche Reiche zu begründen, mit dem Anspruch, die eine gültige Ordnung zu kennen. Dass weltliche und geistliche Mächte dabei um die Führung konkurrierten, ist Teil unseres kollektiven Gedächtnisses.

Gott ist tot, weil er nicht global und abstrakt werden wollte, weil *er* bis heute daran scheitert, seine **Funktion der Einung** auf sich selbst zu beziehen. Um dadurch als Begriff und Denkfigur global verfügbar zu werden, als Symbol einer eindeutig globalen **Kultur aller Kulturen.**[117] Gott als ein Heiliger Geist, der die Gesellschaft organisiert.

---

[116] Vgl. Sloterdijk, 2009.

[117] Kultur der Kulturen bezeichnet keine uniforme Weltkultur, auch nicht Vermischung der Kulturen. Sie versteht sich als eine Kultur des Nicht-Bestimmten, eine Kultur des Offenen, eine Kultur des Kulturschaffens (als Prozess gedacht). Sie ist nicht homogen, sondern heterogen, nicht verbindlich, sondern verbindend, nicht festgelegt, sondern offen und gestaltbar (vgl. Blume, 2012, S. 187f.).

Alteuropa: Der Mensch denkt und Gott lenkt.

Oder konstruktiv: Der Mensch denkt Gott und lenkt sich so selbst.

Oder noch richtiger(?):

**Der Mensch denkt Gott tot
und linkt sich so selbst .**

(=betrügt sich um seine Selbststeuerungsmöglichkeit).

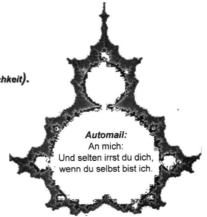

Gott neu denken:
transdisciplinär statt transzendent,
systemtheoretisch als
das Apfelgott.

Automail:
An mich:
Und selten irrst du dich,
wenn du selbst bist ich.

Abbildung 4[118]

Niklas Luhmann hatte in seinen Entscheidungen bezüglich einer begrifflichen Besetzung wesentlicher Positionen seiner Theorie an bestimmten Stellen einen – zunächst radikal erscheinenden – Bruch mit der Tradition vollzogen, wohl um wesentliche *redescriptiones* in Position zu bringen. Hier ließe sich nun an Gottes Stelle fragen, warum Niklas Luhmann gerade in Bezug auf *Ihn* abstinent und der Tradition bruchlos treu geblieben ist. Auch er ließ *Gott* einen *guten*, aber schon mit Nietzsche *toten Mann* sein. Und die Frage nach dem funktionalen Verlust für die Menschheit muss sich nun im *Irgendwie* des historischen Fortschreitens einer Sinnproduktion auf Basis niederer Instinkte klären. Aber positive Globalität braucht vertikale Sinnspannung; (Finanz-)Spekulantentum und Profitmaximierung sind horizontale Überspannungen, welchen jede Vertikale abhandengekommen ist. Sich von intelligenten Visionen auf dem Weg in die Globalität leiten lassen zu können, scheint für uns Heutige ein unerreichbarer Traum.

Wer heute nicht irgendwie fanatisiert oder banalisiert[119] ist, pflegt zumeist, wenn überhaupt, eine private Spiritualität. Und man mag zwar von

---

[118] Vgl. dazu weiter im Kapitel 5: *Interpretation.*
[119] Banalisiert ist, wer nur noch glaubt, was orthodoxe Wissenschaft nachweisen kann.

den Geschichten mancher Physiker[120] fasziniert sein, glaubt aber letztlich von den offiziösen Glaubensangeboten gerade noch die Straßenverkehrsordnung. Weil das aber noch nicht einmal reicht, um den Verkehr flüssig zu halten und schon gar kein Bild des Menschen zu dessen Orientierung zeichnet, bleibt nur, den Selbstbezug als Selbstbezug systemtheoretisch mit sich selbst in Bezug zu bringen, um als Soziologe nach funktionalen Äquivalenten dieser göttlichen Struktur menschlicher Selbststeuerung zu suchen. Niklas Luhmann, so meinen wir, hat diesen Anspruch ernst genommen und mit seiner Systemtheorie ein Format geschaffen, das den Schöpfer in seine Schöpfung einbezieht und so zu dessen Teil werden lässt. Schöpfung ist zum autologischen Begriff geworden, zur Idee der Selbststeuerung einer völlig unspezifischen Absicht[121], die im Operieren ihre Konkretion betreibt.

In George Spencer-Browns Figur des Reentry, die wir im fünften Kapitel eingehend untersuchen werden, ist ebendiese Forderung erfüllt, denn sie stellt Selbstbezug im Sinne einer operativen Logik dar. Damit lassen sich allgemeinste strukturelle Systemvoraussetzungen für selbstreferenzielles Operieren definieren.

Mit dem Wiedereintritt der Unterscheidung in ihren eigenen Raum (auf der operativen Seite der Unterscheidung, hier: Wahrheit) tritt natürlich auch das ausgeschlossene Dritte wieder in die Unterscheidung mit ein. Und diesmal *unausschließbar*, weil es jetzt auch als ein Ausgeschlossenes eingeschlossen bleibt.

Was – oder wie (?) – ist dieses (eingeschlossene ausgeschlossene) Dritte? Und welchen Substanzstatus hat es, um die Funktion des Setzens einer Unterscheidung im operativen Selbstbezug der *einen* Substanz bewirken zu können?

3.4 Soziologie des Dritten

Die Soziologie hatte theorierelevante Bilder *des Dritten* ausgehend von der Dyade *Ego/Alter* entwickelt. Einer ihrer Klassiker, Georg Simmel, bestimmte die bloße Dyade als *vorsozial*. Wird aber ein *realer Dritter* in Betracht gezogen, kann ein genuin Soziales in einer strukturellen Erweiterung der Möglichkeiten gemeinsamer Musterbildung begründet werden: Ab dem dritten Mitspieler werden Koalitionsbildungen möglich. Es ist dadurch

---

[120] Kleriker sind heute anderwärtig beschäftigt (siehe diverse Skandale – und bei den alten Mullahs hat man noch gar nicht angefangen, Nachschau zu halten), sie brauchen selbst dringend Seelsorge und haben keine Zeit und keine Idee, die Welt zu retten.

[121] Vgl. dazu weiter im Kapitel 10: *Evolution*.

nicht mehr bloß mit Ego und Alter zu kalkulieren, sondern auch mit kommunikativen *Relationen* zwischen Alter und einem *weiteren Alter* beziehungsweise zwischen Ego und einem weiteren Alter. Kommt ein Dritter ins Spiel, muss auch in der Dyade mit anwesenden Abwesenden gerechnet werden, mit Dritten und den mit diesen explizit oder implizit getroffenen *Abmachungen.*[122] Und erst in solcher Konstellation erscheint ein psychisches System als auf ein soziales solches bezogen – und erst damit wird eine eigene, über das Psychische hinausgehende *soziale* Funktion als Strukturebene erkennbar.

Erkennbar wurde damit aber auch, dass eine Dyade – die alteuropäische Semantik denkt hier an zwei Individuen – kommunikativ nie nur von dieser Dyade her verstehbar sein kann.

Das Bild des generalisierten Anderen[123] wollte diese stete Präsenz an kultureller Metasteuerung des Einzelnen einfangen.

Schließlich konnte man mit Niklas Luhmann – wieder von der Dyade *Ego/Alter* ausgehend – schon aus dem kommunikativen Oszillieren (Mitteilung/Verstehen) zweier psychischer Systeme die elementare Emergenz einer neuen Ebene beobachten, einer *genuin sozialen System*ebene, operativ strukturiert über Erwartungen und Erwartungserwartungen, um als solche den Prozess (der Kommunikation) zu kontrollieren, der sie erzeugt.

Evident scheint, dass der generalisierte Andere in seinen vermuteten Erwartungshaltungen auf das Vorkommen *realer* Anderer angewiesen bleiben muss (es gäbe sonst nichts zu generalisieren). Ebenso evidentermaßen aber war der generalisierte Andere immer auch schon *vor* jedem konkreten solchen da! Wir werden schließlich in eine Sprachwelt hinein sozialisiert, die schon, seit *man* spricht, an der Figur des generalisierten Anderen arbeitet: von Moment zu Moment mit jedem *Mitteilen* und *Verstehen* in allen Kommunikationen je perspektivische Information erzeugend und in dieser Produktion immer von Erwartungen und Erwartungserwartungen bezüglich Art und Inhalt möglicher Mitteilungen und möglichen Verstehens gesteuert und doch dabei auch stets zugleich diese Erwartungsstrukturen verändernd, sie einer steten *Differance* unterwerfend, in der damit nie weniger als eine

---

[122] Wir verwenden diesen Begriff in folgender Bedeutung: *explizite Abmachungen* sind kommunikativ ins Bewusstsein gehobene Erwartungen und Erwartungserwartungen, die damit zur Grundlage (Vorentscheidung der Entscheidungen) von Organisation werden. Das implizite Moment der Abmachungen, das in jeder Kommunikation koproduziert wird, werden wir der Netzwerkbildung zurechnen. Abmachungen sind damit das ausgezeichnete Agens einer 2nd-Order-*Redescription* der menschlichen Evolution.

[123] Mit exakt dieser Bezeichnung bei G. H. Mead (Mead, zit. nach Brock/Junge/Diefenbach/Keller/Villáni, 2009, S. 57).

konstruktive[124] *Dreiheit* agiert, jedenfalls solange entsprechende System-prozesse laufen.

Ebenso evident scheint uns aber damit auch, dass es für die Emergenz des Sozialen nicht bloß *eines* realen Dritten bedarf, sondern derer viele. Und zwar sowohl gleichzeitig (zugleich) im Raum verteilt als auch un-gleichzeitig in der Zeit.

Die soziologische Theorieentwicklung zeigt, dass die theoriefundierende Option einer **horizontalen** Erweiterung der Dyade von Ego und Alter durch ein weiteres Alter (und dann durchaus immer weiter mit weiteren Alters) letztlich auf die notwendig koproduzierte **vertikale** Erweiterung der Dyade – im Sinne einer neuen Systemebene – hinweist. Niklas Luhmann lieferte schließlich die funktionale Beschreibung dieser Operationen mit seiner be-rühmten Formel von der Einheit dreier Selektionen[125], die in ihrer gegen-seitigen Bezugnahme die Mechanik der Entparadoxierung des Selbstbezuges der Kommunikation entwickeln. Das Soziale emergiert hier aus der kommunikativen[126] Dyade zweier psychischer Systeme, die als Dyade allerdings nur noch (notwendig vorauszusetzende) systemische Umwelt einer eigenen, autopoietisch geschlossenen, aber gleichursprüngli-chen Systemart, eben der sozialen Systeme, ist.

Um hier tiefer gehen zu können, müssen in den nächsten Abschnitten noch einige Vorüberlegungen getroffen werden, aber wir wollen hier schon andeuten, dass wir weder mit der gängigen Annahme zufrieden sind, *Drei-heit* genüge, um auch den Strukturreichtum großer Sozialsysteme zu rekon-struieren, noch daran glauben, dass man *den Anderen* generalisieren kann. Gerade weil jeder andere ein Einzelfall ist, sind wir gezwungen zu genera-lisieren. Generalisiert wird aber nie der Andere, sondern *Verhalten,* indem wir dieses in generell mögliches und generell unmögliches solches unter-scheiden – und das auch noch modal vielfältig variiert erscheint.

Aber trotzdem, die doppelte Kontingenz in der Kommunikation bleibt bestehen – denn sie ist auch für den Einzelnen schon doppelt: Der weiß nämlich weder wirklich, *was* – und *ob* überhaupt –, noch, ob überhaupt *er* selbst als nächstes etwas sagen wird, oder eben nicht. Und schon gar nicht, wie der andere gerade jetzt auf dieses oder jenes reagieren mag. Positiv,

---

[124] Konstruktivismus und Dekonstruktion beobachten beobachterrelativ komplementär: Konstruktion und Dekonstruktion sind nur die zwei Seiten eines Prozesses. Niklas Luhmanns Konstruktivismus war jedenfalls stets bemüht, Dekonstruktion als seiner Theorieanlage inhärent zu erweisen.
[125] Luhmann, 1984, S. 203. Vgl. dazu Kapitel 8: *Kommunikation* in diesem Text.
[126] Die in der Soziologie dabei zu beobachtende Umstellung von Handlung auf Kom-munikation zur Bestimmung elementarer Einheiten des Sozialen wird uns noch beschäf-tigen. Vgl. dazu Kapitel 6.2: *AGIL-Schema.*

oder eben auch nicht. *Man* bleibt unberechenbar, auch für sich selbst als Beobachter seiner selbst. Wer weiß schon – nachher redet man mit anderen und ändert seine Sicht der Dinge.

Was klassisch-alteuropäisch unverbrüchlich verboten war, eben das Dritte (Tertium non datur), wird jetzt zum Boten (Sloterdijk), zum Parasiten (Serres), zum Beobachter (Luhmann) und Motiv (Spencer-Brown) – zum Tertium-datur jedenfalls.[127]

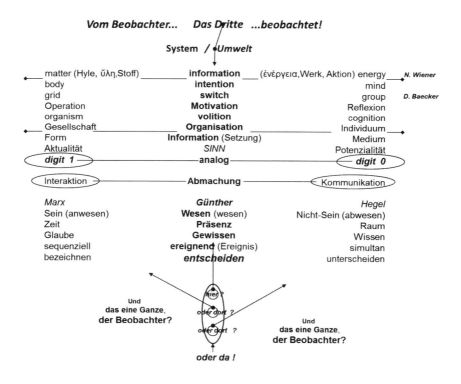

Abbildung 5

[127] „Und hier gilt, dass der Dämon der alten Welt der Heros der neuen ist." (Esslinger/Schlechtriemen/Schweitzer/Zons, 2010, S. 10)

3.5　matter / energy // information[128]

Norbert Wiener hatte festgestellt, dass man zumindest **drei** auseinander nicht ableitbarer Entitäten braucht, die zusammenwirken müssen, um ein Ereignis, welcher Art auch immer, – oder einfach: das Erscheinen der Welt – erklären zu können.[129]

Er nannte *Materie, Energie* und *Information*. Materie **ist** ein Unterschied (und *macht* dadurch einen solchen), Energie **macht** einen Unterschied (und *ist* damit einer). Information **steuert** dieses ewige Unterscheiden, das im Kontinuum zwischen Materie und Energie jeweils einen konkreten Weltzustand erzeugt, der dann eben als jene Information funktioniert, die die Möglichkeiten des nächsten Schrittes der Weltentwicklung aufzeigt. Information ist weder Energie noch Materie, sie ist vielmehr die Relation zwischen den beiden, sie ist Relation als solche. Und bestimmt damit den Prozess der (Re-)Produktion dessen, was gerade jetzt zu diesem und nicht irgendeinem anderen, auch möglichen Unterschied zwischen Materie und Energie geworden **ist**.

Die Welt ist *eins,* ist sowohl Summe ihrer raumzeitlichen Teile als auch mehr als das. Und sie ist zugleich weder irgend*wo (=räumlich)* noch irgend*wann (=zeitlich)* ein Ganzes, weder als Summe noch als das berühmte Mehr. Und wenn doch, weil sie irgend*wie (=operational)* doch *auch* ganz sein muss, dann als beides, als Summe *und* als Mehr. Und das sind dann schon wieder zwei.[130] Zwei, die nach einem Dritten rufen, es implizieren, weil sie ansonsten ununterschieden blieben. Und das Paradoxon einer Differenz, die ein Drittes impliziert und doch eigentlich Einheit sein will, verlangt zudem nach Wegen der Entfaltung, der Auflösung des paradoxen Gehaltes. Wege, die weder in der Zweiheit noch der Dreiheit liegen können, sondern sich als *Um*wege erweisen werden, die durch die der Einheit implizite Vielheit gehen werden müssen.[131]

---

[128] Die einfache Barre markiert eine Differenz (hier *matter/energy*), die als solche in Differenz zu *information* steht, was durch die Doppelbarre bezeichnet ist.

[129] Vgl. Taraba, 2005, S. 60.

[130] Diese Urdifferenz jeder Einheit ist jene zwischen Einheit (das Mehr als die Summe) und Vielheit (Summe der Teile) – als Abstraktum impliziert sie Unterscheidungen wie Qualität/Quantität, Möglichkeit/Wirklichkeit, solve/coagula etc., und in konkreteren Gefilden könnte man historische Begriffe wie Staat/Volk oder biologische wie Ameis/Ameisen anführen.

[131] Von *Einheit* her betrachtet, ist das andere Extrem *Vielheit.*
Einheit und Vielheit bilden ein Kontinuum. Einen Kreis(lauf), in dem die Vielheit, die sich ja notwendig im Kreisinneren befinden muss, wenn wir von *der* Einheit sprechen wollen, in dem also die Vielheit rundum an die Einheit grenzt. Die welterschaffende Interpunktion dieses Kreiskontinuums findet offensichtlich statt, was nachweist, dass

Dass Materie und Energie ineinander übergehen können, wissen wir mit Einsteins berühmter Formel $E = mc^2$. Das heißt aber nicht, dass Materie auf Energie – oder umgekehrt Energie auf Materie – reduzierbar wäre. Man kann umrechnen, was sich auch umwandeln lässt, aber die tiefere Wahrheit liegt im Prozess der Umwandlung als solchem und *der* braucht beide Seiten, denn Materie ist Energie und Energie ist Materie – freie und gebundene Bewegung. Die Einsicht, die sich hier konstruieren lässt, folgt einer Logik, die einerseits die vollständige Relativität der Unterscheidung *Materie/Energie* erkennt und daraus die Berechtigung ableitet, von *Materieenergie* (*State of the Art* der Physik) zu sprechen, sie als *eins* zu betrachten, die aber zugleich einsehen muss, dass immer dann, wenn diese Unterscheidung als Unterscheidung ins Kalkül gezogen wird, notwendig auch ein Drittes zu bedenken sein wird, das weder Energie noch Materie sein kann, weil es sonst deren Kontinuum nicht interpunktieren könnte. Und wieder: Das Eine ist eins, wird aber als solches von einem dreigliedrigen (internen) Prozess erzeugt.

Information in ursprünglichster Form ist der aktuelle Zustand der Relation Materie/Energie. Nicht mehr, aber auch nicht weniger, denn dieser Zustand ermöglicht ein bestimmtes Spektrum an Folgezuständen und ist damit als solcher primäre Information.

Und Information ist nicht etwa nur Folge des Aufeinandertreffens von Materie und Energie, sondern ist in exakt der gleichen Tiefe wie Materie und Energie ursprünglich. Oder anders: Materie, Energie und Information sind gleichrangige Aspekte der Existenz und nur gemeinsam möglich.

Information braucht materielle Trägerstrukturen und Energie zum Transport. Materie ist informierte Energie und Energie informierende Materie.

Gregory Bateson hat darüber informiert, dass es Information ist, die einen Unterschied konkret bestimmt, indem sie selbst ein Unterschied *ist*, der einen Unterschied *macht* und zwar den, über den sie *in* ebendiesem Unterschied *informiert*.

Latenz neben den beiden Aspekten von Einheit und Vielheit noch einen dritten aufweisen muss, eben jenen Aspekt, der in der Einheit der Vielheit einen Unterschied macht. Eine Konkretheit, etwas Bestimmtes, Messbares. Etwas Gemessenes, gemessen an anderem schon Gemessenem und eben deshalb manifest, existent. Und eben deshalb weder Vielheit noch Einheit und doch sowohl Teil von Einheit als auch Teil von Vielheit. Konkretes Dasein, die Welt eben, nichts Besonderes!
Erstaunlich ist vielmehr, dass wir Menschen dieses Kontinuum zwischen Einheit und Vielheit zu sehen und zu verstehen beginnen, die faktische Existenz von Latenz, als raumzeitlose Basis aller Endlichkeiten.

Für einen weiteren Gebrauch im Rahmen einer Unterscheidungstheorie sei hier nur festgehalten: *Materie* ist Unterschied, *Zeichen*. *Energie* ist Unterscheiden, *Operation des Zeichnens* (Lesens) eines Zeichens. *Information* meint die Steuerung der Operation des Zeichnens eines Zeichens durch ebendieses Zeichen, das da zeichnet.

Hier wird *operativer Selbstbezug oder Selbstorganisation* als notwendige Basis eines naturwissenschaftlichen Weltverständnisses deutlich. Und tatsächlich findet sich der Informationsbegriff heute im Zentrum vieler wissenschaftlicher Disziplinen, gerade auch der Biologie, denn jeder Aufbau von Komplexität im Operieren der Welt ist abhängig von gesteigerten materiellen und energetischen Möglichkeiten, Information zu generieren und zu erhalten.

Wenn nun die Idee der Autopoiesis[132] richtig ist und auch Norbert Wiener mit seiner trinitarischen Minimalforderung Recht behält, dann müsste schlicht Folgendes gelten: Die Differenz *Materie/Energie* impliziert[133] (das Vorhandensein und die (Re-)Produktion von) Information[134], die Differenz *Information/Materie* impliziert Energie und die Differenz *Information/Energie* impliziert Materie.[135] Aber alle drei müssen als gleichursprünglich wirksam gedacht werden, um das Erscheinen von Welt begründen zu können.

---

[132] *Autopoiesis* meint Selbstreproduktion der Teile eines Systems durch die Teile des Systems (vgl. Maturana/Varela, 1987).

[133] Der Ausdruck einer *Implikation* versucht zu erfassen, dass Information sowohl Voraussetzung als auch Produkt dieser Differenz ist – siehe dazu aber genauer unter Kapitel 4.6.1 Funktion/Wert//*Eigenform* die Begriffe *Rekursion* und vor allem *Reentry*. **Information** wird dann verstehbar als ein iterativer, rekursiver Prozess, der sich als Reentry der Differenz Materie/Energie auf ihren beiden Seiten zugleich beschreiben lässt. Und der mit der Differenz selbst auch ihr Resultat, die Information im eigenen Unterscheidungsraum distribuiert, quasi regionalisiert.
Information steht als Reentry der Differenz Materie/Energie auf der Materieseite als Realität zur Verfügung und wird als Reentry auf der Seite der Energie als Wirklichkeit umgesetzt.

[134] Information hat immer einen materiellen und einen energetischen Aspekt; einen energetischen für ihren In-Aspekt und einen materiellen für ihren -formations-Aspekt; Information meint Formung der Form zur Form.

[135] Materie ist in dieser Sicht Realität als Struktur. Und Energie analog dazu Wirklichkeit als Funktion, die diese Realität transformiert. Und Information ist in diesem Bild die erscheinende Welt, die den Transformationsprozess steuert. Alle drei Begriffssphären zusammen implizieren ein Phänomen, das uns noch weiter beschäftigen wird und das an dieser Stelle unter Verdacht steht, ein Name für ihre gemeinsame Ganzheit zu sein bzw. ein Begriff, der die Möglichkeit der Entfaltung des Paradoxons enthält, das jede Ganzheit in sich trägt: das Phänomen des Beobachtens, das, selbst paradox, durch sein Beobachten erst erzeugt, was es beobachtet.

3.6 analog / digital // ?[136]

Auch heute noch, schon tief im digitalen Zeitalter, glauben wir an eine uns *analog gegebene* Welt.

Sie mag zwar analog *sein*, aber *gegeben* kann sie – auch und gerade für sich selbst – nur *digital* sein. Jedenfalls, wenn *digital* auf eine Bestimmung von Welt durch eine binäre Codierung (zum Beispiel: *Sein/Nicht-Sein*) verweist – und damit zugleich auf einen Beobachter, der Teil ihrer selbst (der Welt) sein muss.

Man findet in der Differenz *analog/digital* die gleiche Spannung, für die in der Physik der Dualismus *Welle/Teilchen* sorgt. Denn im physikalischen Dualismus *Welle/Teilchen* begegnen sich Masse und Schwingung als gleichwertige (genauer: komplementäre) Seiten einer Symmetrie, die als ihre Störung *Welt* als Ereignis reproduziert. Als jenes Ereignis eben, das die Symmetrie stört.

Und in einem ontogenetischen Dualismus *analog/digital* findet sich auf der analogen Seite der Differenz ein physikalischer Zustand zeitloser Latenz, der ein unbestimmtes und ununterschiedenes Seinskontinuum bezeichnet, und auf der anderen Seite konkretes, also unterschiedenes und damit bestimmtes Da-Sein, eben Welt als Ereignis, als Unterbrechung, als Messung, die einen Quantenzustand kollabieren lässt. Als das große gegenseitige Messen, in dem alles das Andere, das an ihn angrenzt, vermisst, um es selbst zu sein. Das Eigene und das andere Eigene sind die zwei Seiten der Unterscheidung, ohne die es kein Eigenes gäbe.

Die Erweiterung der Komplexität wissenschaftlicher Denkfiguren von *1st- auf 2nd-Order*[137] behauptet – durchaus gegen eine naive Sicht einfacher analoger Gegebenheiten – die Notwendigkeit von Differenzierungsoperationen als Basis jeglichen *Erscheinens* dieser Welt *als Ereignis* (ihr *Gegeben-Sein* als unterscheidbarer Unterschied, oder auch: als *lesbares Zeichen*).

Und erst auf einer nächsten Ebene werden wieder solche Prozesse die operative Grundlage jeder Möglichkeit bilden, dieses Erscheinen als solches dann auch noch zu be*denken* – oder auch: zu *besprechen*, jedenfalls

---

[136] Wiewohl beide *Begriffe* (analog/digital) je für sich eine lang zurückreichende Tradition haben, tauchen sie als *Differenz* erst spät auf: ab den 30er Jahren des vorigen Jahrhunderts in informations- und medientechnischen Arbeiten und dann 1946 in der Macy-Konferenz. Mit Gregory Bateson und Anthony Wilden werden die Folgen der Differentsetzung sichtbar: Analog und digital *interpunktieren* sich gegenseitig (vgl. Wilden, in: Baecker, 2005, S. 195ff.).

[137] Der Schritt vom naiven Denken der Welt tiefer zum Denken des Denkens der Welt.

zu *bezeichnen*, im Sinne des ***Bezeichnens von Zeichen*** durch[138] lesbare Zeichen.

In ***allem*** findet sich als dessen operative Grundlegung ein rekursiver (Aus-)Differenzierungsprozess, ein Prozess der Selbstbezeichnung durch Selbstunterscheidung[139], ein Prozess der ***Selbstbeobachtung***[140] mithin. Wobei *Selbstbeobachtung* ganz abstrakt als einfache, vorreflexive und Existenz ganz allgemein als solche begründende Operation verstanden sein will. Als technischer Begriff meint *Beobachten* in seiner Grundintention das binäre Operieren der elementaren Schalter eines Verbundes solcher Schalter, die zusammen ein Netzwerk[141] bzw. in einfach technischem Sinn ein Raster bilden: ein/aus, ja/nein, binden/lösen, marked/unmarked, 0/1, … Digitalitäten[142], die allesamt ohne den Bezugskontext ihrer Verwendung als ein lokales operatives Element in einem Netzwerk solcher Elemente, ihrem

---

[138] Wobei dieses Lesen zugleich auch als ein Zeichnen – im Sinne eines (verändernden) Nachzeichnens – zu lesen ist. Wir werden darauf zurückkommen.

[139] Auf unterster, irreflexiver Stufe des Daseins gilt das in genauem Wortsinn als Bezeichnung durch sich selbst – als einfacher Unterschied in der Welt: etwas, das als Zeichen Bezeichnung seiner selbst ist!

[140] Im Sinne Spencer-Browns: Wenn *Sein* und *Nicht-Sein* als eigentlich unterschiedsloser Unterschied im Sinne Hegels verstanden wird.

[141] Jeder Schalter steht für eine Unterscheidung(-smöglichkeit). Jedes Netzwerk ist ein Schalter, der mit seinesgleichen ein Netzwerk bildet, das dann wieder ein Schalter ist, der mit seinesgl… Und es gibt keinen *einfachen Nur-Schalter*-Schalter – jeder ist *in sich* ein Netzwerk von elementareren Elementarschaltern (inwieweit physikalische Maße, wie etwa das Planck'sche Wirkungsquantum, absolut zu denken sind, kann hier noch offen bleiben – aber man ahnt schon, dass auch diese Absolutheit ihre Relativitäten finden wird müssen, weil es immer der Beobachter ist, der sich selbst als Raster zwischen sich und die Welt hält und nur so bestimmen kann, was *für ihn* bestimmbar ist, also sich selbst und die Welt und das Verhältnis zwischen beiden.

[142] Darstellung von Information durch Zeichenfolgen, wobei die benutzten Zeichen aus einem vereinbarten Zeichenvorrat stammen. Eine besondere Form der digitalen Darstellung ist die binäre Darstellung von Information, bei welcher der benutzte Zeichenvorrat nur zwei Zeichen umfasst, meist als 0 und 1 dargestellt (Bit). (Vgl. dazu: http://www.wirtschafts-lexikon24.net/d/digitalitaet/digitalitaet.htm). In diesem Sinne wird Dirk Baecker nicht müde, immer wieder auf die Strukturparallele Digitalität/ Kommunikation hinzuweisen: Shannon und Weaver hatten ihr mathematisches Kommunikationsmodell auf dieser – ursprünglich wohl von Bateson stammenden Idee (Zeichen/mögliche Zeichen) aufgebaut – und zunächst selbst nicht erkannt, dass dies mehr bedeuten möchte als Signalerkennung im Rauschen, nämlich Bestimmung des Unbestimmten am Bestimmten.

grid[143] – einem zugehörigen (analoge Komplexität reduzierenden) **Raster** – sinnlos bleiben.

Binarität ist die Grundlage jeder Komplexion; sie konzipiert jedes Unterscheiden auf elementarer Ebene. Und zwar als Verbund räumlich verteilter gleicher Elementarschalter (*ein/aus, 0/1,...*), die parallel arbeiten und je an ihrer Stelle entsprechend ihrer Reaktionsmöglichkeit entweder ein- oder ausschalten. Der Verbund zeigt dann jeweils ein bestimmtes Bild. Oder anders: *Komplexität* liefert dieser Verbund als Ganzer, indem er als Kontext jedem einzelnen Datum seine Bedeutung gibt. Ein Einzeldatum ist nur eine unspezifische Existenzangabe (*0/1 – es gibt/es gibt nicht*) bezüglich des Vorkommens oder Nichtvorkommens von Ereignissen zu einem bestimmten Zeitpunkt an einer bestimmten Position in einem Raster.[144]

Damit wird aber auch ein *Beobachter* bestimmbar als ein Raster oder Maß, *das in der Welt sich selbst als eben ein solches (zum Beispiel biologisches) Raster nutzt, um die Welt zu beobachten.*

Ein binärer Code mag einfach scheinen, aber die Komplexität der Einheit, die sich durch ihn konstituiert, wird – quasi im Modus der Selbstrasterung[145] – durch diese Einheit selbst informiert. Erst in der Simultanität **aller** Daten, die zu einem bestimmten Zeitpunkt an allen Positionen eines Rasters gemessen werden, ereignet sich die Welt – in der (oder als) Perspektive des jeweiligen Rasters/Beobachters, der im Erhalt seiner Perspektive auf die Reproduktion seiner selbst als Raster angewiesen bleibt. Und als Ganzes ist selbst das komplexeste Raster dann wieder ein einfacher Schalter, auch wenn er seine letzte globale Binarität dem Verbund einer Vielzahl (also einer *Vielheit*) von Elementarschaltern verdankt.

„Alle Einheit ist Einheit von Selbst- und Fremdreferenz, wird also paradox konstituiert. Man kann dies mit Gregory Bateson, Anthony Wilden oder Yves Barel auf ‚Digitalisierung' eines Kontinuums zurückführen."[146]

Welt erscheint von hier aus als ein Prozess der *Digitalisierung* im Sinne einer beobachterrelativen Asymmetrisierung jeglicher Symmetrie von Welt. *Symmetrie* meint: dass da draußen kein Unterschied ist – es sei denn,

---

[143] *Grid* oder Rechennetz ist ein Begriff, der zusammen mit *group* und *switch* als Bestimmung grundlegender operativer Dreiheit von Dirk Baecker in die Diskussion gebracht wurde.

[144] Ohne ein *Raster*, das angibt, wie der Code wann und wo anzuwenden ist, bliebe er bedeutungslos. Luhmann würde hier von *Programm* reden (vgl. Luhmann, 1984, S. 216).

[145] *Selbstrasterung* im Sinne der Verwendung seiner selbst als Raster zur binären Encodierung des Weltbezuges eines Beobachters für ebendiesen selbst. Wir denken dabei natürlich an das Prinzip der unspezifischen Encodierung beim Datentransport im neuronalen System.

[146] Luhmann, 1984, S. 495.

jemand macht ihn.[147] Oder anders: dass das Analoge zwar in sich different, aber eben nie eindeutig distinkt ist. Und dass das Analoge daher eben nur als Prozess seiner Selbstdigitalisierung im Sinne seiner Selbstbeobachtung verstehbar wird. Also jeweils nur verstehbar wird im Rahmen einer Entscheidung (oder sogar: eines Entscheidungszwanges[148]) für die eine und nicht die andere Seite einer Unterscheidung in jedem beobachtenden Punkt[149] der Welt: Sein oder Nicht-Sein[150], Ich oder Nicht-Ich, 1 oder 0 – das ist (nicht nur hier, sondern) überall die Frage.[151]

Auf unterster irreflexiver Ebene kann die Welt vorgestellt werden als Zeichen, das sich selbst (be-)zeichnet. Die Entfaltung dieser Paradoxie zeigen Eschers Hände (siehe Abbildung 6), die überall am Werk sind: Dieses zur Illustration von Selbstbezüglichkeiten oft zitierte Bild stellt die fundamentale Operationsweise der Existenz dar. Dürers Hände waren noch gefaltet, wahrscheinlich im Dank für ihre Existenz. Escher dagegen zeigt handelnde Hände, Hände bei eben der Arbeit, die zu tun ist, damit da Hände sind, sie zu falten.

Eschers Bild zeichnet schon die Grundtechnik der Entparadoxierung allen Selbstbezuges, denn es thematisiert gegenseitiges Beobachten – im Sinne einer Operation gegenseitigen Unterscheidens durch Bezeichnen – als konstitutiven Weltprozess, als Basis existenzieller Selbstermöglichung. Ein zugehöriger Satz müsste lauten: Alles was überhaupt *ist*, ist *zumindest* doppelt, und zwar im Sinne eines Paares sich gegenseitig bezeichnender Operationen (und ihrer Eigenwerte). *Zumindest* doppelt, weil einerseits die Naturwissenschaften gezeigt haben, dass die Berechnung einer isolierten Form keinen Sinn ergeben kann, und andererseits, weil gegenseitiges Beobachten, also das Unterscheiden einer Individualität durch eine andere, notwendig auch die Unterscheidung dieser Einzelnen von allen anderen, von der Vielheit, inkludiert.

---

[147] Vgl. Foerster, 1993, S. 56.

[148] Spencer-Browns *Verlangen zu unterscheiden* (vgl. Spencer-Brown, 1994a, S. 3f.).

[149] Der Punkt ist hier natürlich als Differenz zu denken, als Unterscheidung, die sich als punktförmiger Unterschied präsentiert.

[150] Und: *tertium non datur* – erst dies macht Shakespeares Frage so schicksalsschwer.

[151] Und nur die eine Seite (*Sein, Ich, 1*) scheint anschlussfähig. Jedenfalls vom *Ich* her gesehen: Sitzt nämlich auf der anderen Seite als Nicht-Ich gerade einer der berühmten hungrigen Löwen, fällt es eben schwer, zufrieden *Mahlzeit* zu wünschen. Obwohl wir schon wissen, dass Fressen und Gefressenwerden zusammengehören. Wir sehen, dass in diesem asymmetrisierenden Beobachten der Welt auch schon alle denkbaren ***Identifikationsprozesse*** angesprochen sind.

 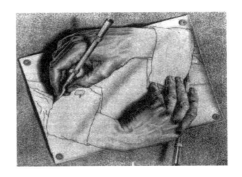

Abbildung 6: Albrecht Dürers *Hände* und Maurits Cornelis Escher: *Zeichnende Hände*[152]

Und auch wenn gegenseitiges Beschreiben zwischen Element und Ganzheit erfolgt, bleibt die Vielheit im Spiel: Während in der Elementarebene die horizontale Relation Element/Element die jeweilige Einheit (Ganzheit) des anderen beschreibt – man denke an zwei menschliche Individuen, die sich gegenseitig beobachten –, beschreibt die vertikale Relation zwischen Einheit und Vielheit – man denke an Stamm und Stammesmitglieder (oder gleich an Gott oder Gesellschaft und alle einzelnen Individuen) – jedes Individuum als Teil einer Vielheit und erst Vielheit als Einheit und Ganzheit. Und nur wenn beide Relationen – die horizontale und die vertikale – funktionieren, gelingt Menschsein.

Elementarteilchen müssen sich gegenseitig in der Existenz halten, denn keines für sich alleine hat dazu genug *Masse*. **Paarung** funktioniert als das *Solve et Coagula* der Elemente einer unbelebten Welt und komplexiert[153] sich bis hin zu *Mann und Frau*. Paare wie aktiv/passiv, wie negativ geladen/positiv geladen. Paare, die immer gemeinsam ein Kontinuum bilden **und** interpunktieren. Wobei die Interpunktion durch den Paaraspekt erfolgt, jenen Aspekt, den zum Beispiel Mann/Frau als Beziehung produzieren, der aber weder dem Mann noch der Frau zuzurechnen ist, der aber beide in ihrem Mann- bzw. Frausein formt. Und der fraglos gleichursprünglich sein muss wie der männliche und der weibliche Aspekt. Das Paarige ist überall dabei, schon im positiv geladenen Atomkern mit seiner negativen Ladung

---

[152] Lithografie, 1948. http://www.htwm.de/schulz/4akk/escher.htm (Download am 2.3.2005).
[153] Man könnte auch sagen *belebt sich* und hätte damit zum Ausdruck gebracht, dass Leben als Selbstbezug des Selbstbezuges (Paarung des Paares) zu denken ist.

in der Hülle. Verschiedenste Formen von Paarung bilden die *Ermögli-chungstechnik der Selbstabgrenzung eines jeden Daseins im Sein.*

Beim Zeichenpaar des binären Codes (1, 0) tritt eine symmetrische Paarhaftigkeit zunächst noch weniger klar hervor, wird aber schnell deutlich, sobald man Symmetrie als Komplementarität begreift: Denkt man etwa an codierte Schallwellen, an Musik, dann wird Stille (0) im Schwingungsspektrum (Raster) aller möglichen Töne (1) schnell zum gleichwertigen Partner. Vor allem von musischen Menschen werden Ton und Stille schließlich überall gern als unverzichtbare Paarbildung in der Evolutionsgeschichte der Musik akzeptiert.[154] Sein und Nicht-Sein als fraglos gleichwertige und doch absolut verschiedene Partner im ewigen Spiel? Bei Mann und Frau, beim Menschen, ist die Komplexität bis hin zum vollbewussten Selbstbezug der Existenz, im Sinne des Schelling'schen Augenaufschlags der Natur, gediehen. Im Bewusstsein des Menschen soll jede Differenz – jene zum Anderen und jene zu allem Anderen – wieder die Einheit erinnern.

---

[154] Und nur schlechte Musiker schenken der Stille in ihrer Musik weniger Aufmerksamkeit als den Tönen.
Und doch, erklingt nicht irgendwann ein Ton, die Stille zu markieren, kann auch nicht von Musik die Rede sein. Wenn alle potenziellen Zuhörer bloß warten und nie etwas erklingt, dann mag dies eine *Aktion* sein, die Musik thematisiert, aber eben doch keine Musik. Es sei denn, man nähme sich die Freiheit, alles Musik zu nennen, was die Welt gerade an Hörbarem produziert. Man muss dazu nur in entsprechender Erwartungshaltung lauschen. Wie bei mancher postmoderner Musik. Die dann eben auch tatsächlich nicht (selbst) zu erklingen braucht, um gehört zu werden. Man kann in dieser Figur eine strenge Analogie zu Luhmanns Anmerkungen zur vorsprachlichen Unmöglichkeit bestimmter Gestenbedeutungen lesen.

3.6.1 Differenz und Distinktion

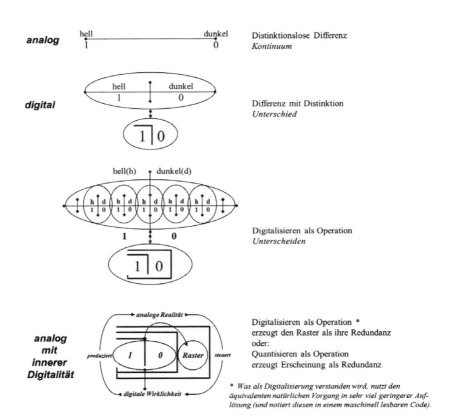

Abbildung 7

Technisch – als Digitalisierung[155] in engerem Sinne – begreifen wir die operative Dynamik dieser Unterscheidung von Differenz und Distinktion gut. Um **rechenbar** zu werden, muss ein analog Gegebenes (zum Beispiel Musik, die erklingt) vermessen werden, und zwar, indem das analog Gegebene in seiner ganzen (medialen Schwingungs-)Breite in gleiche (beziehungsweise systemintern vergleichbare) Abschnitte geteilt und über dieses Raster (der Unterscheidungsmöglichkeitsraum als kontinuierlicher Verlauf von einem negativen zu einem positiven Extrem wird gerastert) simultan für jeden Punkt dieses Rasters, sequenziell von Moment zu Moment (mit *ein/aus* beziehungsweise 0/1 bezeichnet) codiert wird.

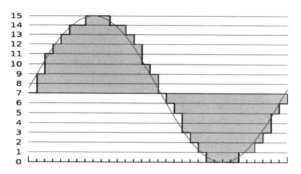

Abbildung 8

Das Raster kontrolliert die Möglichkeiten der **Setzung**, denn er limitiert den Ausschnitt der Welt, in dem beobachtet werden kann, und begrenzt so, *welche Art* von Distinktionen (hell/dunkel, laut/leise …) ein zugehöriger binärer Code im differenten Feld bestimmen kann und welche anderen er damit unbestimmt lassen muss.

---

[155] Technische Digitalisierung in engerem Sinn bedeutet heute meist: reduktive Quantisierung kontinuierlich erscheinender Inputs durch Zeichensetzung in Bezug auf räumliche und zeitliche (Abtast-)Raster (die digitalen Werte werden üblicherweise als Binärzahlen repräsentiert, sodass ihre Quantisierung in Bits angegeben werden kann) – die endlosen Zeichenketten, die dabei entstehen, können von geeigneten Vorrichtungen gelesen und wieder in sogenannte Analogsignale übertragen werden. Also etwa endlose Zeichenketten auf einer Musik-CD wieder in elektrische Spannung und Schalldruck, welcher dann wieder an *Gottes Ohr* dringt, der dann bisweilen meint, dass seine analogen alten LPs viel besser klingen – wahrscheinlich vermisst er Kratz- und Knackgeräusche, die über die Jahre eine unverkennbare Aura auf den Vinyls und Schellacks entwickelt haben.

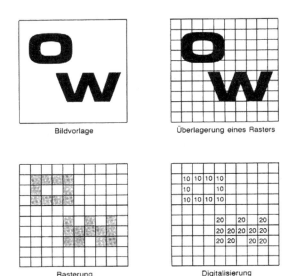

Abbildung 9

Digitalisieren meint also zunächst einen *technischen* Prozess der Zuordnung eines analogen Datenstromes durch simultan **unterscheidendes Bezeichnen** desselben in Bezug auf ein verwendetes Raster, das über das analoge Unterscheidungskontinuum gelegt wird. Dabei wird dieses Unterscheidungskontinuum quantisiert und dadurch zugänglich für binäre Verrechnung, für Binarität, für einfache Schalter *ein/aus*, *feuern/nicht feuern*, *solve/coagula*. Die Daten können dann verrechnet oder auch aufgezeichnet und anschließend genutzt werden, um den Datenstrom erneut zum Fließen zu bringen. Dieser Datenstrom heißt mithin: das Analoge. Aber ist dieser Datenstrom tatsächlich je *analog* – im Sinne (bloß) distinktionsloser Unterschiedenheit? Was am Datenstrom ist Strom und was sind Daten?

3.6.2 quantisieren / digitalisieren

Die Unterscheidung *analog/digital* wurde sogar auf den Computer selbst angewandt[156]: Als typische Beispiele für analoge Computer wurden zumeist Thermostat und Gaspedal genannt; analog, weil es in derartigen Vorrichtungen keine Lücken (Diskontinuitäten) gibt, denn – so jedenfalls

---

[156] Für Anthony Wilden, auf den Luhmann verweist, war die Unterscheidung analog/digital zentral im Sinne eines abstrakten Erfassens der Form von Operation.

Anthony Wilden – da sind „continuous linear quantities to represent other quantities, there are no significant 'gaps' in the system."[157]

Doch ein Computer ist eine Rechenmaschine, und man kann also fragen, was denn da rechnet in einem Gaspedal oder in einem Thermostat? Es rechnet der biologische Großrechner, dem das Auto, an dem das Gaspedal hängt, und auch die Heizung samt Thermostat gehört. Der Großrechner stellt den Referenzwert des Thermostats ein und der Rest ist nicht Rechnen, sondern das analoge Verbiegen eines Bimetalls, das seiner Einstellung gemäß mit einem bestimmten Grad seiner Verbiegung einen Kontakt schließt. Das aber ist noch nicht Rechnen, es sei denn – und das wäre durchaus plausibel – man nennt das für den Temperaturaustausch notwendige Operieren der elementaren Teilchen des Bimetalls *rechnen*. Aber eben dies, eine *elementare* Ebene als Bezug, und sei es die Elementarteilchenebene der Physik selbst, wird etwa von Anthony Wilden *für das Analoge* in Abrede gestellt.[158] Und eben damit ist der Weg verstellt, die Differenz analog/digital als *beobachterrelativ* zu begreifen.[159] Jeder Datenstrom ist analog und digital zugleich, denn was da strömt, sind Daten, aber sie strömen eben durchaus analog. Und das heißt, es würde weder strömen noch gäbe es Daten, wäre da nicht schon immer auch ein Raster gewesen, der aus dem Strömen Daten macht, die dann wieder strömen, ganz analog, es sei denn, jemand – oder etwas - digitalisiert sie. Für einen Beobachter ist jeder Datenstrom ein bloßer Strom, der erst im Durchgang durch seinen Beobachtungsraster (der er selbst ist) zum Datenstrom wird. Erst nach diesem Durchgang wird etwa das *eine Schwingen* der Luft zu einem wohldifferenzierten Klangspektrum. Erst nachdem dieses Schwingen der Luft, von uns aufgenommen als bloßes analoges Mitschwingen, als Resonanz von Trommelfell und Gehörknöchelchen, in unserem Ohr in die Sprache des Gehirns transformiert (unspezifisch encodiert – Neuronen feuern oder feuern nicht) worden ist, wird das komplex-kompakte *eine* Schwingen der Luft für uns überhaupt hör- und differenzierbar und in seinen inneren Relationen rechenbar (und auch erst damit: erinnerbar, vorstellbar et cetera).

Der analoge Strom bedeutet logisch *Präsentation* und damit erst die notwendige Grundlage, um über *Repräsentation* nachdenken zu können. Repräsentation beruht auf der Verschiedenheit der logischen Ebenen der

---

[157] Wilden, in: Baecker, 2005, S. 195.
[158] Vgl. ebenda, S. 195f.
[159] Eine Ungenauigkeit in der Sicht Antony Wildens scheint im Gedanken der Repräsentation zu liegen: Die Temperatur sinkt im Raum *und* im Thermometer; das Thermometer muss also nicht die Temperatur im Raum *repräsentieren*, sondern *präsentiert* bloß seine eigene.

aufeinander bezogenen Positionen. Präsentation auf deren Gleichheit.[160] Gleichheit und Verschiedenheit sind die zwei notwendigen Schritte auf dem Weg zur Selbstheit. Und zugleich Hindernis auf diesem Weg.

Gleichheit / Verschiedenheit // Selbstheit

Mit der Differenz Präsentation/Repräsentation im Sinne von Gleichung und Ungleichung wird allenfalls ein Drittes auffällig als dasjenige, im Vergleich zu dem *etwas* entweder *gleich* oder eben *ungleich* ist.[161] Als dieses Dritte funktioniert in der technischen Digitalisierung das Raster: Für ein Raster, das nur auf die Wellenlänge des Lichtes geeicht ist, bedeuten Schallwellen schlicht nichts, sie sind mit keiner möglichen Position im Raster *gleich* und es bleibt finster. Während ein auf diese Wellenart geeichtes Raster fleißig Nullen und Einsen liefert.

Sich in der Natur frei bewegende *Raster* dieser Art nennt man gemeinhin *Organismen*. Die unspezifische Encodierung der Welt durch ein Raster, gebildet aus allen analogen Sensoren der gesamten Körperoberfläche, wird dem Gehirn parallel zugeleitet und zum Systemselbstbild verrechnet: zu einem PSM[162], einem phänomenalen Selbstmodell – im Kontext eines (notwendig koproduzierten) phänomenalen Umweltmodells. Das Selbst errechnet sich selbst, indem es die Welt unterscheidet in das, was ihm selbst gleicht, und das, was von ihm selbst verschieden ist.

3.6.3 Rechnender Quantengrund

Dass die Welt an ihrer Basis, da, wo *Sein* und *Nicht-Sein* wieder symmetrisch sind, also gleich wirkmächtig[163] scheinen (so wie Null und Eins, in einem binären Code), dass die Welt also in ihrem **Quantengrund**[164] das gleiche rechnende Verfahren einer auf Quantisierung beruhenden Digitalisierung zur Produktion ihrer Erscheinung nutzt, weist uns heute die Quantenphysik nach. Nur für menschliche Beobachter scheinen das Analoge und

---

[160] Wer das übersieht, übersieht den Unterschied zwischen Tautologie und Paradoxie. Und die Vereinigung eben dieser beiden klar unterschiedenen Figuren wird schließlich ein Konzept von Identität tragen müssen.

[161] Wie ungleich das Gleiche werden muss, um sich selbst gleichen zu können und also es selbst zu sein, wird uns noch eingehender beschäftigen.

[162] Metzinger, 2009b, CD 1.

[163] Der **Casimir-Effekt** ist ein quantenphysikalischer Effekt, der bewirkt, dass auf zwei parallele leitende Platten im Hochvakuum eine Kraft wirkt, die beide zusammendrückt. Der Casimir-Effekt der Quantenfeldtheorie wurde von Hendrik Casimir 1948 vorhergesagt. 1956 wurde dieser Effekt durch die russische Forschungsgruppe von Boris W. Derjaguin, I. I. Abrikosowa und Jewgeni M. Lifschitz und 1958 von Marcus Sparnaay experimentell bestätigt (vgl. http://de.wikipedia.org/wiki/Casimir-Effekt)

[164] Vgl. Ford, 1966: Elementarteilchen Kap 3.

das Digitale als sauber getrennte Welten mit unterschiedlichen Bedingungen von Kontinuität und Distinktion. Von Neumann unterscheidet analoge und digitale Computer, indem er zwischen *technischer* und *natürlicher* Distinktion von Daten differenziert. Und Gregory Bateson spricht von analogen und digitalen Anteilen in der Kommunikation. Aber damit uns die analogen Bestandteile von Kommunikation (also nicht die Information, sondern in etwa: die Mitteilungs*art*) etwas bedeuten können, müssen wir sie bestimmen, also über diverse binäre Codizes (zum Beispiel: zustimmend/ablehnend) digitalisieren.

Das Analoge, die Welt, ist an und für sich nur digital oder doch besser: *quantisiert* gegeben. *Die Welt wird so zum analogen Grund ihres digitalen Ereignens, oder anders: sie ist Motiv*[165] *ihres Werdens.* Das Nichts ist ein analoges Raster, der das Alles, die Welt als sein Messergebnis erfährt.

Ob technische Digitalisierung oder natürliche Quantisierung – als Operation meint beides je spezifische Arten und Weisen des Beobachtens, also des Setzens von Distinktionen in einer in sich kontinuierlich differenten Welt. *Beobachten* bezeichnet hier den multiplen Prozess, der die Welt als Erscheinung aller sich gegenseitig beobachtenden Beobachter konstituiert, indem er diese Welt (bestehend aus einem Kontinuum aller beobachtenden Instanzen) als Raster nutzt, das es (all diesen Beobachtern) ermöglicht, unterscheidend Distinktionen zu setzen, die diese Welt verändern und so von Moment zu Moment das Raster neu bilden, das dann wieder die Möglichkeit bietet, Distinktionen zu setzen et cetera.

Quantisierung meint den **natürlichen** Prozess des **Bezeichnens** einer Sequenz von Beobachtungsoperationen durch bezeichnende Zuordnung eines Datenstromes auf das verwendete Raster des Unterscheidungskontinuums. Im Vergleich zur technischen Digitalisierung ändert sich nur das Maß der Rasterung auf die Größe des Planck'schen Wirkungsquantums. Das Rastern der Daten produziert Welt als Realität, als reales Raster, und diese Realität *wirkt* zugleich in ihrem Aspekt als Wirklichkeit, also als der Datenstrom, der sie selbst als Raster, als dynamische Datenstruktur ist. Dieser Datenstrom heißt mithin: das Operieren des Analogen, und das kann nur noch mit **Selbstdigitalisierung** übersetzt werden. Die Quantisierung der Welt ist die Ermöglichung ihrer Selbsterrechnung.

Der **analoge Aspekt** von *Welt* bedeutet damit auch: die im Sinne einer distinktionslosen Differenz als **Einheit** gedachte **Vielheit** (das Kontinuum)

---

[165] Siehe dazu Kapitel 4: *CI (Calculus of Indications)* in diesem Text. *Motiv* ist ein zentraler Begriff bei Spencer-Brown und gleicht mehr Schopenhauers unspezifischem Willen, der vor allem eines will, nämlich wollen – es meint dieses Streben der Evolution, das genau weiß, was es will, ohne dabei je konkrete Ziele zu verfolgen: unspezifische selbstbezügliche Absicht, die im Selbstbezug ihre Spezifikationen betreibt.

aller Beobachter[166] und – analog (!) dazu – der *digitale Aspekt*: das gleichzeitige Operieren all dieser Beobachter. Oder anders: Welt ist Selbstbeobachtung als *ein* vielfältiger rekursiver Prozess.

Beobachter *beobachten – einander*. Selbst Atome tun dies, um, dabei dem binären Code *binden/lösen* folgend, molekulare Formen zu bilden. Die Anwendungsprogramme[167] zu diesem Code haben Physik und Chemie[168] nachgezeichnet. Sie *sind* das digitale Operieren (Quantisieren), das diese eine analoge Welt in Erscheinung treten lässt.

Wird Gott dabei messbar? Die Physik sagt heute: *Nein, im Besonderen* nicht – aber wenn er *massenweise* auftritt, gelten die Regeln der Wahrscheinlichkeitsmathematik!

3.6.4   Quantenrechnen

Heinz von Foerster war, was die Zukunft anlangte, nicht bereit, über diverse Trends zu reden und sie auch noch zu extrapolieren. Er wollte stattdessen Trends *setzen*[169], Zukunft aktiv und positiv gestalten – statt auszurechnen, wohin wir mit dem nächsten Schritt kommen, wenn wir uns am Abgrund stehend wissen.

Trends, die er gesetzt sehen wollte, waren *neue Muster des Denkens* – des *Rechnens*, wie Heinz von Foerster kognitives Operieren gerne nannte.

Mit drei Begriffen kennzeichnete er die notwendigen Neuerungen in den grundlegenden Denkmustern, die nötig sind, um die steigende Komplexität globaler Weltbezüge noch mitdenken zu können: Quantenrechnen, Parallelrechnen und das Interface[170] als das Rechnen der Vermittlung von Mensch und Maschine.

Mit dem *Quantenrechnen* ist der Abschied von der Idee einer eindeutig positiv gegebenen Welt und die Annahme der Relativität als ihrer Grundlage bezeichnet. *Parallelrechnen* weist auf ein Erfassen eines wesentlichen Aspektes der Selbstorganisation (alles was geschieht, geschieht gleichzeitig) hin, und beides zusammen erscheint bei Heinz von Foerster als Voraussetzung der Möglichkeit, die Verbindung von Mensch und Technik in einer positiven Zukunft zu ermöglichen.

---

[166] Beziehungsweise: *Beobachtungen*.
[167] Vgl. Luhmann, 1984, S. 197f. und 432f.
[168] – und vielleicht demnächst auch eine 2nd-Order-Beziehungsphilosophie der Freiheit.
[169] Foerster, 2002a, S. 326.
[170] Foerster, 2002a, S. 327ff.

Denkt man das von Erwin Schrödinger benannte Phänomen der Verschränkung und die Idee des Urknalls zusammen[171], dann erscheint das Universum als gigantischer Quantenrechner, der seinen jeweiligen Zustand nicht einfach irgendwie verkörpert, sondern tatsächlich *errechnet*. Oder eben einfach: Rechnen *ist* Verkörperung – im Sinne einer Generalisierung des berühmten Satzes *Kognition ist Leben* (Humberto Maturana).

Sein und *Bewusstsein* sind die zwei Seiten einer Differenz, die in der Quantenphilosophie symmetrisch – im Sinne ihrer Komplementarität – gedacht werden. Einen fundamentalen empirischen Nachweis der Viabilität dieses Denkens liefert der Casimir-Effekt. Das Sein und seine Spiegelung[172], seine Reflexion: *das Nichts*, sind gleich wirkmächtig: eben *Zustände, die in ihr Gegenteil übergehen können*. Damit wird eine Gleichsetzung von Bewusstsein und Nichts, im Sinne einer eminenten Eigenschaft von Nicht-Sein plausibel: Jedes Sein scheint *sein* Nicht-Sein zu haben: noch das leerste Vakuum, das tiefste Nichts ist eine raumzeitlose Quantenfluktuation, ein feines Zittern der absoluten Null. Schwanken zwischen Sein und Nicht-Sein. Absicht, die sowohl ist als auch nicht ist, und die weder ist noch nicht ist. Die Entfaltung dieser Absurdität ist die Interpunktion der Ewigkeit, des Kontinuums zwischen Punkt und Unendlich, durch konkrete Endlichkeiten.

Je komplexer ein Sein wird, desto komplexer wird auch sein Nicht-Sein. Die Gegenwart eines Menschen ist erfüllt von abwesenden Anwesenden, die bisweilen schon 2000 Jahre lang tot sind, oder von solchen, die erst noch geboren werden müssen. Und für manche reicht das Nicht-Sein zurück bis zu einem Urknall, den andere nicht gehört haben können, weil ihre Welt erst vor 4600 Jahren von Gott (dem Vater) erschaffen worden ist. Gedächtnis und Vorstellung scheinen allenfalls wesentliche Aspekte der Komplexionen des Nicht-Seins zu bilden. Und erst durch sie findet die unspezifische Absicht des Weltens der Welt zu ihren höchsten Spezifikationen.

Aber auch wer einen Blick in ein Atom wirft, kann sehen, was gemeint ist: Da ist vor allem (das) Nichts. Und dann noch die diversen Teilchen, die zwar auch alle, schaut man genauer, keine Masse haben, also irgendwie nichts sind, die aber das ganze Teil in Schwingung halten. Und eben das ist *etwas*, denn *es* macht einen Unterschied, der *es ist*. Existenz als solche, bis

---

[171] Welt als absoluter, sich selbst errechnender Quantenrechner scheint eine einfache Konsequenz aus einer anzunehmenden totalen Verschränkung allen Seins in der Singularität, aus der heraus der Urknall erfolgte, zu sein.

[172] Spiegelung und Reflexion sind als Begriffe hier mit Vorsicht zu gebrauchen, denn sie deuten auf nachgeordnete Phänomene – Spiegelung ist hier aber ebenso konstitutiv für das Sein zu denken wie umgekehrt.

hinein ins letzte Staubkorn, aus dem wir gemacht sind (und aus dem auch noch unsere *siliziumbasierten Erben* gemacht sein werden), ist aufgebaut aus Sein **und** Bewusstsein. In anderen Kosmologien ist solches selbstverständlich, etwa in den Berichten Carlos Castanedas[173] über die Lehren des Don Juan. Oder auch bei den Buddhisten. Wir haben hier im Westen falsche Vorstellungen von dem, was Bewusstsein ist, assoziieren gerne weitläufig mit dem *Ich,* dem *Selbst,* der *Seele,* der *Psyche* und dergleichen und lassen schließlich als Bewusstsein nur gelten, was aus *menschlicher* Perspektive Bewusstsein sein könnte. Die Hirnforschung reißt hier, von oben her kommend, die ersten Schranken im kollektiven Denken ein, denn was dort Bewusstsein heißt, kann man auch in den Hirnrealen von Affen und Fliegen nachweisen.

In der Größenordnung des Planck'schen Wirkungsquantums[174] jedenfalls wird aus der Schalterstellung *ein/aus* tatsächlich ein *Sein/Nicht-Sein,* oder anders: Es sind nur noch Latenzzustände gegeben – und der Schalter, der sie unterscheidet, ist (?): genau – **Casimir** (ein beobachtender Physiker) persönlich! Oder anders: Funktional betrachtet, ist ein Beobachter ein Schalter! Wenn Casimir eine Messung im Quantenbereich durchführt, dann hat der komplexeste Schalter, den wir kennen, den einfachsten solchen umgelegt.

3.6.5 Ereignis als Operation

Das Analoge ist das, was Mathematiker und Logiker hinter ihren Axiomen versteckt halten. Axiome sind damit verstehbar als Primärdigitalisierungen: Axiome sind Grundannahmen formaler Systeme, die man funktional als Raster deuten kann, die über ein Kontinuum der Wirklichkeit gelegt werden. Man sieht dann nur noch, was das Raster rastert.

---

[173] Der Anthropologe **Carlos Castaneda** galt lange als Kultautor einer esoterisch ausgerichteten Leser- und Fangemeinde. Erst in den letzten Jahren wird er vermehrt auch wissenschaftlich zitiert. Zum Beispiel auch von Heinz von Foerster, der wohl erkannte, dass der südamerikanische Schamanismus in seinem **magischen** Weltbild wesentlich radikaler und genauer die moderne westliche Quantenweltphilosophie illustrieren kann als etwa der Buddhismus, der schon von Schopenhauer in dieser Angelegenheit bemüht war und der heute etwa bei Peter Fuchs noch Verwendung findet.

[174] Max Planck hatte nachgewiesen, dass auch Energie, gleich dem Licht, nur in Form kleinster Pakete – und eben nicht kontinuierlich – abgegeben werden kann. Das hat zur Folge, dass man zum Beispiel ein Atom als System mit zwei eindeutig unterscheidbaren Zuständen auffassen – und damit als Schalter in einer Recheneinheit benutzen – kann. Oder anders: Alles Beobachten ist beteiligt am allgemeinen Rechenprozess.

Das Analoge ist in der KI-Forschung das, was man der Maschine *nicht* einbauen kann[175], damit genau das, was diese im Rahmen der *Art und Weise ihres Operierens* erst produzieren müsste. Und zwar durch eigene Erfahrung, durch eigenes Beobachten[176] produzieren müsste[177], es wäre sonst wieder nicht: ein eigenes Analoges[178] als Basis jeder Möglichkeit selbst zu bestimmen, was als nächstes zu lernen sei.

Das Analoge ist das absolut Unbeobachtbare, ist reine substanzhafte Absicht, wird im Menschen zu dem, was das Begriffsfeld *Motiv* meint – als das, was (die Dinge der) *Welt* bestimmen will, indem es unterscheidet und bezeichnet[179] – also quantisiert und digitalisiert, in exaktem Sinn einer Asymmetrisierung (digital) von Symmetrie (analog): durch Bezeichnung jeweils nur der einen Seite einer Unterscheidung.

Das Analoge heißt – seit Bateson und Wiener – auch: ***Information***. Und diese darf nicht mit ihrer Aufzeichnung (Daten) verwechselt werden. Information ist das, was sich ***ereignet***, wenn Daten kompetent gelesen werden. Heutige Computer produzieren aus Daten wieder nur Daten – aber sie können diese Daten nicht zu Information werden lassen.

Digitalisierung als Technik der Informationsverarbeitung scheint jedenfalls auch Grundprinzip des Lebens[180] zu sein. Für gegenwärtige Computer müssen, damit sie anfangen können zu rechnen, alle ihre Sprachformen,

---

[175] In der KI-Forschung spricht man diesbezüglich z. B. von *Hintergrundwissen*, einem diffusen Konglomerat von assoziativem Kontextwissen und -glauben, bis hin zu Ahnungen und Bauchgefühlen.

[176] In vollem Sinne: als Entscheidung zur Unterscheidung durch Bezeichnung.

[177] Vgl. Kaehr, 2004, S. 34.

[178] In der KI-Forschung heiß dies: starke KI. Die schwache Variante meint bloß *funktionale Imitation* menschlicher Fähigkeiten.

[179] Vgl. Luhmann, 2009, S. 47. „Kognitiv muss daher alle Realität über Unterscheidungen konstruiert werden und bleibt damit Konstruktion. Die konstruierte Realität ist denn auch nicht die Realität, die sie meint (…)", oder anders: Das Analoge ist direkt nicht beobachtbar – und in diesem Sinne ist auch das Gerede von der Beobachtung einer Beobachtung zumindest problematisch! Obiges Zitat geht in diesem Sinne folgerichtig auch weiter: „(…), dass die Unterscheidung Realität garantiert, liegt an ihrer eigenen operativen Einheit; aber gerade als diese Einheit ist die Unterscheidung ihrerseits nicht beobachtbar - (…) die Operation vollzieht sich gleichzeitig mit der Welt, die ihr deshalb kognitiv unzugänglich bleibt."

[180] Das beginnt man – so wie im subatomaren Bereich (Quantisierung der physikalischen Theorie – Quanten als Zeichen) – auch am anderen Ende, im biologischen Bereich, zu sehen, jedenfalls, seit die Doppelhelix der DNA als Schaltcode im Schema der Zelle lesbar zu werden beginnt. *Quanten* scheinen jedenfalls interpretierbar als sich gegenseitig bezeichnende (und damit aus der Latenz holende) Zeichen – was auch die Idee einer *ursprünglichen Indexierung*, so wie im Kapitel 4: *CI (Calculus of Indications)* versucht, unterstützt.

alle Programmiersprachen, alle Compiler- und Interpretersprachen zu guter Letzt in die ausschließlich mit Binärcodes arbeitende eigentliche Maschinensprache übersetzt werden. Auch das menschliche Gehirn verwendet Binärcodes als Grundlage seines Rechnens. Allerdings funktionieren diese in einer unglaublich komplexen neuronalen Struktur, die es offensichtlich mühelos schafft, ihre selbstproduzierten Daten als Information *zu erleben*.

Das (ganz und gar) Analoge – das Motiv hinter jeglicher Messung – liegt jenseits aller Zeit und ebenso jenseits jeglichen Raumes, denn Raum und Zeit sind schon die primären Unterscheidungen zur Quantisierung des Analogen, die primäre doppelte Selbstdifferenzierung, die *als Sein des Seienden* (wir werden diese Referenz auf Heidegger schließlich mit Heinz von Foersters Begriffen *Eigenwert* und *Eigenfunktion* erklären und definieren) ein je konkretes Seiendes als stete Selbsttransformation antreibt, im Bestreben, sich selbst, als *ununterschiedenes Unterscheiden*, für sich selbst unterscheidbar zu machen. Alteuropäisch hätte man gesagt: *Die Welt ist das Produkt der Selbstentfremdung Gottes*[181] – und die *Frohbotschaft*: Wir als seine Kinder müssen die Verantwortung übernehmen, für alles, was in seinem Namen versprochen und verbrochen worden ist. Spätestens seit Nietzsche verlangt jede Heilung Gottes nach der Vergöttlichung des Menschen. Das alte Thema, die Selbstfindung der Existenz, strebt im Menschen nach ihrer Verwirklichung. 2nd-Order-Kompetenz – das ist es, was es zu entwickeln gilt, um in die technische Verwirklichung einer globalen Blütezeit der Menschheit finden zu können.

Das Analoge ist nicht der Beobachter[182] – denn der Beobachter ist seine Trinität[183] als Ganzes. Aber das Analoge wirkt in allem, was beobachtet, und natürlich in jedem Beobachter, als dessen je eigene aktive und passive Absicht, die alles und jeden Menschen mit der einen Absicht, mit dem ganz und gar Analogen verbindet. Menschen, die diese innere Verbindung aktivieren können, sind als Führungspersonal in eine menschliche Zukunft geeignet.

---

[181] Zu *Gottes Selbstentfremdung*: Vgl. Zweigart, 2008, S. 39.

[182] Mit dieser Bemerkung ist ein wesentlicher Unterschied zum theoretischen Ansatz von Niklas Luhmann markiert – er würde hier, wohl mit Hinweis auf Serres Parasiten (Luhmann, 1991, S. 65), **für** eine Gleichsetzung des Analogen mit dem Beobachter optieren. Das mag für den systemischen *Ansatz* einer Gesellschaftstheorie zunächst noch ausreichen, will man aber gesellschaftliche Evolution erfassen, kann man unmöglich auf die Unterscheidung des Beobachters von seiner Absicht verzichten!

[183] Im Sinne Spencer-Browns: *marked -, unmarked space* und *die Grenze* (analog zu Luhmanns Systemdefinition System = System/Umwelt).

3.7 Raum, Zeit und Beobachter

Das westliche Denken hat nur selten eine tiefere Auseinandersetzung mit den Weisheiten des Fernen Ostens gesucht. Was den einen zu esoterisch und damit als nicht satisfaktionsfähig erschien, war den anderen zu heilig, um hinterfragt zu werden. Aber hat nicht eine ganze Generation von Suchern versucht, den zentralen Begriff jeden Selbstbegreifens in Luft aufzulösen? Das Ich, das persönliche Fürwort, alles Persönliche damit, alles Eigene, Einmalige – das einzig Absolute, dem der Mensch in dieser relativen Welt begegnen kann! Das Einzige auch, das er tatsächlich mit allen anderen teilt, das ihn mit diesen verbindet, mit ihnen gleich macht, im Angewiesen-Sein aufeinander. Denn ein Ich als singuläre Erscheinung ist unsinnig, schließlich markiert es die Elemente eines Wir, einer höheren Einheit. Das Persönliche, das Individuum, macht ohne das Soziale, ohne die Gesellschaft, keinen Sinn. Das Soziale seinerseits findet ohne das Individuelle schlicht nicht statt.

Alles Beobachten ist immer in lokal-individuelle Beobachtungskontexte eingebunden, diese in regional-soziale und diese weiter in global-gesellschaftliche solche. Alles Beobachten als Prozess, und das meint alle Einzelbeobachtungshandlungen als solche, geschehen simultan, daher zueinander akausal, im Raum. Sie orientieren sich aber sequenziell, also an ihrer zuletzt getroffenen Unterscheidung (bzw. wenn komplex genug, auch an möglichen künftigen Unterscheidungen), was dann die Muster der Zeit im Raum sichtbar werden lässt. Oder anders, mehr im Sinne Hegels: Was dann den Raum als die Wahrheit der Zeit erscheinen lässt.

Der Prozess des Beobachtens produziert Zeit, Raum und – Beobachter. Aber eben nicht als bloße Begriffe, sondern als wirkliche Realität. Als das Zu-Begreifende. Wie nun Begriff und das Zu-Begreifende zusammenhängen, war traditionell Gegenstand naturphilosophischer Betrachtungen. Newton etwa dachte Raum und Zeit als absolute Behälter, in denen sich die Welt ereignet. Leibniz dagegen war überzeugt davon, dass nur das Ereignen der Welt als solches Raum und Zeit hervorbringen und bestimmen kann. Und bis heute gibt es diesen Streit im Duktus eines Entweder-oder zwischen Relationisten und Absolutisten (= Substantialisten). Ist die Raumzeit bloß Folge des Relationengefüges der Materieenergie oder existiert ein raumzeitliches Substrat, etwa Raumzeitpunkte oder Metrik, das die Raumzeit als eine eigene Entität auszeichnet?

Zugleich ist in einigen Modellen der Physik der Begriff der *Raumzeit* kaum noch von dem der *Materieenergie* zu unterscheiden. Und auch die *Wechselwirkung*, die neben der *Raumzeit* und der *Materieenergie* gerne als dritter, nicht weiter reduzierbarer Bereich der Zunft genannt[184] wird, scheint da schon inkludiert. Anton Zeilinger – der berühmte Wiener Experimentalphysiker – spricht es immer wieder deutlich aus: Welt, die reale Wirklichkeit, *ist* Information, also ein raumzeitlich verwirklichtes Datum, das sich selbst meint. Anton Zeilinger, Heimat bist du großer Söhne/Töchter, folgt hier Carl Friedrich von Weizsäckers Idee des Aufbaus der Wirklichkeit aus kleinsten Informationseinheiten (1 Ur = 1 bit). Wir folgen dieser Idee, bleiben aber operational, d. h.: statt ein Ur zu postulieren, meinen wir den ganzen Komplex der Unterscheidung, der zu diesem Ur (als einem Unterschied in der Welt) führt, also die Operation des Unterscheidens *und* das dabei produzierte Ur. Und das führt dann eben nicht zu kleinsten Einheiten, sondern zu einem Prozess, in dem drei Entitäten als Mannigfaltigkeit zusammenwirken, um die *eine* Welt als ihr Produkt erscheinen zu lassen.

Wie auch immer *Information* als zentraler Begriff der Theorie verortet wird, Information bleibt ein Unterschied, der – für einen Beobachter – einen Unterschied macht. Damit, so meinen Gegner eines Informationsmonismus, hält die Subjektivität Einzug in die heiligen Hallen der Physik. Aber war sie da nicht ohnehin schon seit längerem einquartiert?

An dieser Stelle mag man sich an den Disput Einsteins mit Nils Bohr bezüglich der Rolle des Beobachters bei der Konstruktion der Existenz erinnert fühlen: *Glauben Sie wirklich, dass der Mond nicht mehr da ist, wenn keiner hinschaut?*, fragte Einstein. *Beweisen Sie mir das Gegenteil!*, antwortete Bohr. Und natürlich ist es völlig egal, ob ein Physiker den Mond anschaut oder nicht. Der Mond ist jedenfalls da! Die wirkliche Frage ist, wer denn da *keiner* sein müsste, damit keiner hinschaut. Welche Ausbildung braucht man, um den Mond am Himmel zu halten? Der wesentliche Beobachter des Mondes ist sicher der Planet, um den er kreist. Der hat ihn vermittels seiner Anziehungskraft vom Rest aller Materie unterschieden und damit als seinen Mond bezeichnet.

Jedenfalls ist in unseren Tagen die Raumzeit für einen Teil der Physiker wieder zum Mitspieler im Reich der Tatsachen geworden. Als Nachweis für diese Auffassung sucht man nach Gravitationswellen, die diese eigenständige Entität *Raumzeit* als solche erschüttern müssten, etwa nach der Kollision sehr großer Massen (schwarze Löcher, dunkle Materie) oder auch noch als Nachhall unseres Urknalls. Oder anders: Die Physik hat keine gültigen Antworten, ist noch am Rechnen. Und manche meinen mit ganz fal-

---

[184] Holger Lyre: Der Begriff der Information. Was er leistet und was er nicht leistet. (http://tele-akademie.de/begleit/ta140406.htm)

schen Modellen. Etwa Alexander Unzicker in seinem Wissenschaftsbuch des Jahres 2010 (Rubrik Zündstoff), *Vom Urknall zum Durchknall.*

Zeit, Raum und Beobachtung scheinen eng und durchaus komplex verknüpft, also scheint es sinnvoll, nachstehend die Entwicklung der entsprechenden Begrifflichkeiten zu erinnern. Vielleicht finden wir bezüglich der Identifikationsvorschläge für das beobachtende Ich und seine Welt vom *Weder-noch* des Fernen Ostens und vom *Entweder-oder* des nahen Westens zu einem *Sowohl-als-auch* einer positiven Globalität.

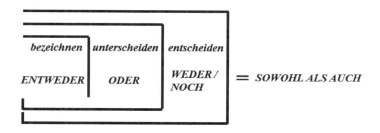

Abbildung 10

Oder mehr kosmologisch begriffen: Das Endliche und das Unendliche brauchen einander, um von ihrer Schnittmenge her das Ganze begreifen zu können. Man könnte auch sagen, Menschen unterscheiden sich je nachdem, ob sie sich von dieser Schnittmenge ausgehend definieren oder ob sie sich auf das Endliche beschränkt haben.

3.7.1 Zeit und Raum

Die aristotelische Bestimmung der Zeit als *arithmos kineseos*[185] war für das klassische Denken zum Thema *Raum/Zeit* bestimmend. Zeit war für Aristoteles *Zahl* – er dachte in Erdumdrehungen und Jahreszeiten. Und *damit,* so lautet hier die Kritik, ist subjektiv erlebte Zeit tatsächlich nicht zu fassen. Aber: Wie wäre subjektive Zeit überhaupt als Zeit erkennbar, wenn nicht als *irgendwie* gemessene Zeit. Aristoteles betonte zu Recht, ***Zeit ist Zahl.*** Wer sein Zeitverstehen vertiefen will, muss sein Verständnis der Zahl erweitern. Und schließlich von der Zahl zum Zählen kommen. Die *Zahl* als solche gibt es nicht, sie ist nur als Index des schon Existierenden denkbar,

---

[185] Eine bestimmte Anzahl von Veränderungen in Bezug auf Vorher/Nachher = *Arithmos kineseos kata to proteron kai ysteron.*

also von der Operation des Zählens abhängig, die als solche mit dem Mittel der Indexbildung arbeitet und zu den Grundlagen von Gedächtnis und Denkfähigkeit gehört. Und schon ist man über die Zahl beim Beobachter, der aber noch nicht stört, weil der Raum zuverlässig Halt bietet und mit seinen regelmäßigen Wiederholungen die Zeit in messbarem Zaum hält.

Selbst für Hegel und noch bis Bergson war dieser Slogan *Zeit ist Zählen* Fundament ihrer Überlegungen zu Zeit und Raum. Bergson hatte früher als andere „die großen begrifflichen Veränderungen geahnt, die die Quantentheorie mit sich bringen sollte. In der Quantenphysik, wie auch in seinen Augen, ist die Realität weder kausal noch lokal: Raum und Zeit sind Abstraktionen, reine Illusionen."[186] „Mit Hegels These: Der Raum ist Zeit, kommt Bergsons Auffassung bei aller Verschiedenheit der Begründung im Resultat überein. Bergson sagt nur umgekehrt: Die Zeit (temps) ist Raum. (...) Die Zeit als Raum ist *quantitative* Sukzession. Die Dauer wird aus der Gegenorientierung an *diesem* [aristotelischen] Zeitbegriff als *qualitative* Sukzession beschrieben."[187] Was damit gleich bleibt, ist die Basis der Zeitvorstellung in der Idee der **Sukzession** – und wieder in der linear/zyklischen Ausrichtung des aristotelischen Denkens auf jene Zahlen, die sich auf einer Geraden von minus bis plus unendlich in ewig gleichem Ticktack aufreihen lassen.

Die klassische Zeitsemantik[188] hatte Zeit in der Zeit unterschieden. In der Ewigkeit *entfaltet* sich der Augenblick als unendliche Sukzession des Endlichen.[189] Die Gleichsetzung von Zeit mit Wandel macht Zeit erst mit menschlichem Wahrnehmungsvermögen kompatibel, denn wir können zwar gut räumliche Bewegung beobachten, aber nicht Zeit in ihrer eigenen Qualität – denn die ist ja paradox (vergeht allenfalls und ist doch ewig). In diese räumliche Idee von Zeit passt dann auch die Unterscheidung linear/zyklisch. Alteuropäisch steuert man in zyklischen Bewegungen und doch linear (spiralig) vom Anfang zum Ende hin (wobei Anfang und Ende tendenziell zusammenfallen).

---

[186] Guitton, 1993, S. 23. „Die mathematische Zeit ist eine Form des Raumes. Die Zeit, die zum Wesen des Lebens gehört, nennt Bergson Dauer. Dieser Begriff ist fundamental und wird in seinem ganzen Werk immer wieder erwähnt, zuerst in seiner 1889 erschienenen Dissertation *Essai sur les donnés immédiates de la conscience* (dt. *Zeit und Freiheit*, 1911). Bergson hat im Übrigen einmal bemerkt, jeder, der wahrhaft Philosoph sei, verfolge in seinem ganzen Leben einen einzigen Gedanken: den er stets erneut zu formulieren suche. Dieser Gedanke – die Zeit angemessen zu denken – zieht sich durch Bergsons ganzes Werk." (Vgl. http://www.hyperkommunikation.ch/bibliothek/systemtheorie/luhmann/ls_zeit.htm)

[187] Derrida, 2004, S. 255f.

[188] Vgl. Luhmann, 1990, S. 612.

[189] Vgl. Luhmann, 1998, S. 998.

Die Grundunterscheidung dieser alteuropäischen Zeitsemantik war also *Zeit/Ewigkeit.* Die Paradoxie liegt hier auf der Seite der Ewigkeit, indem sie Zeit ist und doch nicht Zeit ist. Diese Zeitverwirrung war im Begriff Gottes[190] aufgefangen worden – im unbewegten Beweger, im anfangslosen Anfänger[191] des Anfangs, der dann am Ende wieder da ist, um die Welt an- und das Jüngste Gericht abzuhalten.

Wenn Dauer bloß als qualitative Sukzession verstanden wird, kann der Beobachter wieder nicht ins Bild kommen, beziehungsweise er verschwindet im ausdehnungslosen Punkt Hegels, der das Jetzt als *Grenze* definiert, als außerordentlichen *Punkt,* als *das absolute Dieses*, das sich allerdings schon im Aussprechen wieder auflösen und vergehen muss.[192]

Sobald eine Theorie (logischen) *Selbstbezug* als Rahmen[193] einer generalisierten Operationsstruktur erkennt – in älterer Diktion: sobald erkannt ist, dass *zu existieren* genau das bedeutet, was die Existenz, also alle Beobachter *tun müssen*, um zu sein – reicht die Komplexität der aristotelischen Bilder nicht mehr aus, um damit verbundene Vorstellungen von Raum und Zeit zu fassen.

Als Grundunterscheidung der heute geläufigen Zeitsemantik funktioniert schließlich die Differenz *Vergangenheit/Zukunft.* Aber auch diese Unterscheidung erscheint paradox, wenn man bedenkt, dass Vergangenheit und Zukunft immer gleichzeitig gegeben sind, nämlich als Horizonte der Gegenwart. Für Niklas Luhmann[194] ist Gegenwart daher die Zeit des Beobachters und tritt als solche selbst aus der Zeit heraus. Gegenwart ist für ihn die Zeit, in der die Zeit nicht existiert, sondern produziert wird, und

---

[190] *Wann* immer Gott auf seine Uhr schauen mag – in seiner Ewigkeit – es ist immer genau: *jetzt!*
Und egal *wo* immer in seiner universalen Unendlichkeit es dies tun mag, er tut es auch immer gerade: *hier!*

[191] In der *Theodizee* hatte man ihm dann auch tatsächlich Dilettantismus wegen mangelnder Berufspraxis vorgeworfen.

[192] Vgl. Derrida, 2004, S. 254.

[193] Der Begriff *Rahmen* wird im Kapitel 7.4: *Element/Medium und Form* mit der Differenz *Medium/Element,* also als *Form,* bestimmt.

[194] Alteuropäisch dachte man also Zeit in Differenz zu Ewigkeit, die als das ewige *Jetzt* der göttlichen Allgegenwart gesetzt war, und eben Zeit als menschlicher Vergänglichkeit, Zeit, die aus dem Dunkel der Vergangenheit für eine kurze Strecke auftaucht, nur um wieder in einer unbestimmten Zukunft zu verschwinden (Augustinus) – die aber immerhin jenseitige Fortdauer versprochen hatte. Solange die in einem Leben erfahrbare Differenz zwischen Vergangenheit und Zukunft nicht allzu groß war, konnte man mit dieser Begrifflichkeit das Auslangen finden. „Wenn dagegen erfahrbar wird, dass schon in der Spanne eines Lebens, vor allem aber (…) wird Gegenwart zur Zeit, in der man keine Zeit hat." (Luhmann, 1990, S. 613)

zwar eben als Unterscheidung von Vergangenheit und Zukunft, denn nur so sei Zeit gegeben.[195]

Luhmann spricht schließlich von **zeitloser Gesamtzeitlichkeit** der Gegenwart, die im modernen Denken an die Stelle der Ewigkeit tritt.[196] Diese Relativierung des Zeitbegriffes braucht schon Beobachter, die über recht hoch entwickelte Gedächtnisfähigkeiten verfügen müssen, denn entparadoxiert wird über eine Verdoppelung der Unterscheidung: Man trennt **gegenwärtige** Vergangenheit und Zukunft von vergangener beziehungsweise zukünftiger **Gegenwart**.

Aber ist Vergangenheit/Zukunft tatsächlich der Code der Zeit? Der basale Code der Zeit ist vorher/nachher und der markiert für einen Nutzer nur sein Jetzt. Um Vergangenheit und Zukunft aus diesem Kontinuum aller Jetzte zu konstruieren, muss der Nutzer über einen zweiten basalen Code, nämlich innen/außen, verfügen. Und der zweite Code produziert sein Hier. Ein Hier/Jetzt aber produziert eine Distinktion im Kontinuum der Raumzeit und holt durch die doppelte Bestimmung *Etwas, einen beobachtbaren Beobachter einfachster Art, etwas, das einen Unterschied macht in der Welt,* aus der Latenz, aus diesem Weder-noch bezüglich aller Raumzeit, ins Sowohl-als-auch der manifesten Existenz, in der dann, je nach Komplexität von diesem Etwas als solchem, mehr oder minder komplexe Vergangenheits-, Zukunfts- und Gegenwartskonstruktionen möglich und notwendig werden. Um besagtes Etwas nach einigen Runden im Evolutionstheater schließlich wieder dem fundamentalen Binärcode eines Shakespeare auszuliefern: Entweder-oder, Sein oder Nicht-Sein! Das wird dann zur Frage.

Aber wirklich: Tertium non datur? Schließlich ist das Tot-Sein eine andere Art der Beschäftigung als das Nie-gelebt-Haben. Ersteres versetzt auf die inaktive Seite der Differenz (Sein/Nicht-Sein), während letzteres jede Differenz bestreitet. Das eine ist eine Spur im Ganzen der Raumzeit, letzteres nicht.

Zeit ist auf Zeit bezogen und nicht Jetzt auf ein anderes Jetzt. Und Zeit wird relative Systemzeit – für psychische Systeme bestimmt, zum Beispiel

---

[195] Vgl. Luhmann, 1998, S. 1074. Man müsste **Zeit** analog zum Begriff des Unterscheidens (Unterscheidung/Unterscheiden) eigentlich als Differenz schreiben: **Zeitung/Zeit(ig)en**. Allenfalls bietet sich an die operative Differenz, das Zeitigen mit der Unterscheidung vorher/nachher zu markieren und die Zeitung entsprechend mit Vergangenheit/Zukunft.

Gegenwart ist damit als *Operation* identifiziert – als *Zeitigen (oder Zeiten)*. Doch *Zeitigen* setzt *Zeitung* voraus: Denn die Unterscheidung *vorher/nachher* kann nur ein Beobachten treffen, das als Beobacht*ung* schon da ist. Das weist auf den zentralen theoretischen Stellenwert hin, den ein Gedächtnis in diesem Zusammenhang hat. Denn um *schon da zu sein*, sind Vergangenheit und Zukunft auf ein solches angewiesen.

[196] Vgl. Luhmann, 1998, S. 1074.

in den Relationen der Horizonte der Dauer ihres Lebens, einer Episode darin oder einer einzelnen Aktion, und dies im Zeithorizont ihres Clans, ihrer historischen Epoche, der Geschichte oder gar der Erdgeschichte. Und wer sich in Zeitfragen auf die 13,7 Milliarden Jahre seit dem Urknall beschränken lässt, der ist dann eben *beschränkt*.

Systemzeit ist nur noch relativ an anderer (eigener oder fremder) Systemzeit bestimmbar, und das System*jetzt* ist damit das Beobachten selbst, das seine Eigenzeit bestimmen kann und bestimmen muss, allerdings ohne je Teil davon werden zu können. Denn: Unterscheidet das Jetzt sich selbst, ist es schon Zeit und nicht mehr Jetzt. Gegen diese Sicht spricht letztlich nur Luhmann selbst mit seiner Umstellung von Einheit auf Differenz. Denn damit ist gesagt, dass es ein *Jetzt* als solches, als Punkt, als bloße Einheit, gar nicht geben kann. Und die Meditierer dieser Erde dürfen aufatmen, denn schien es noch unmöglich, ein absolutes Jetzt irgendwie mit unserem Aufenthalt in der Zeit zu verbinden, so wird Meditation nun zur lösbaren Aufgabe, denn es geht nur noch darum, die Spanne der Differenz *vorher/nachher* gegen Null wandern zu lassen – und darüber, was man da erlebt, darf dann auch wieder geredet werden, ohne gleich als verrückt[197] zu gelten. Auch darüber, dass ab einer bestimmten Annäherung an die genannte Null der Meditierende tatsächlich in sein Jetzt kippt. In das Jetzt, das nur noch durch die Pulsfrequenz seines Gehirns gedehnt wird. Wer da nicht einschläft, ist wirklich wach. Dazu nehmen die Profis der Meditationsszene dann den Raumaspekt dazu: Man hält sich nicht nur in der Schwebe zwischen vorher und nachher, sondern auch in der Schwebe zwischen innen und außen, eben hier. Und zwar jetzt, natürlich!

Zeit erweist sich bezüglich ihrer Entparadoxierung als abhängig von **Raum**. Raum zeigt sich als ein multiples gleichzeitiges Beobachten als solches. Gegenseitiges Beobachten, weil Selbstbeobachtung nur in Differenz zu angrenzenden Anderen funktioniert. Zu verschiedenen Anderen werden dabei (Zeit-)Schritt für Schritt engere Verbindungen bzw. auch striktere Abgrenzungen entstehen und auch wieder vergehen, Formen im Raumzeitkontinuum. Eben das scheinen dann erst jene Zeiträume zu sein, in denen **man** nicht bloß **sein (Zeitaspekt),** sondern auch **da-sein (Raumaspekt)** kann.

Das Jetzt ist nicht die Gegenwart: Gegenwart ist die **Einheit** von Vergangenheit und Zukunft; das Jetzt dagegen deren **Differenz**. Oder anders:

---

[197] Erleuchtung war für Luhmann Verrücktheit im Wortsinn – diese auch nur zu erinnern, galt ihm als absolute Verfälschung –, nichts kann darüber gesagt werden, und daher muss Erleuchtung gesellschaftswissenschaftlich als absolut irrelevant angenommen werden. Was Luhmann nicht daran gehindert hatte, in *Reden und Schweigen* (mit Peter Fuchs als Koautor) darüber zu schreiben.

Zwischen Vergangenheit und Zukunft liegt zwar das Jetzt, richtet man aber den Blick darauf, so findet man: **Gegenwart**, nicht aber das Jetzt, das im Blick darauf (per Unterscheiden) schon zu Zeit, zu Gegenwart, geworden ist.

Das Jetzt ist nicht Zeit, aber doch (der als ausgeschlossener eingeschlossene) Teil der Gegenwart (!). Das Jetzt ist Grund und Produkt des **Beobachtens** vermittels der Differenz *vorher/nachher*. Das Jetzt ist damit der ungeheure Moment, der *alle* Zeit als das **Ereignis** allen Unterscheidens zwischen Vergangenheit und Zukunft beherbergt und doch auch gänzlich leer bleibt.

Was aber Gegenwart ist – und damit: **Zeit** –, ist je beobachterabhängig produzierte Eigenzeit als die Einheit der Differenz je eigener Vergangenheit und Zukunft eines beobachtenden Systems.[198] Und nur von seiner Gegenwart aus kann ein Beobachter seine Vergangenheit und Zukunft, also seine Gegenwart, bestimmen.

3.7.2 Temporalisierung

Schaltungen sind taktvoll. Sie müssen taktvoll sein. Jedes *Ein* und jedes *Aus* muss zur richtigen Zeit erfolgen. Komplexe Systeme verbinden viele Einzeleigenzeiten zur Systemzeit. Schaltungstechnisch sind Eigenzeiten Unterscheidungszusammenhänge, die durch gemeinsames (gleichzeitiges) Schalten Systeminformation generieren: kosmische und/oder neuronale Algorithmen mit bestimmten Zeitkonstanten, die mit anderen solchen in Relation, **in Takt,** gebracht werden müssen.

„Um das zeitliche Chaos zu beherrschen, das durch physikalische Gesetze und biologische Prinzipien bedingt ist, wird ein Trick genutzt, der zunächst paradox erscheinen mag. Das Gehirn steigt gleichsam aus der Kontinuität der Zeit aus, wie Newton sie beschrieben hat, um mit dem kontinuierlichen Fluss der Daten, die auf uns einströmen, fertig zu werden. Dies geschieht dadurch, dass das Gehirn sich mit Hilfe neuronaler Oszillationen Systemzustände schafft, innerhalb derer Information als gleichzeitig behandelt wird. Viele Nervenzellen arbeiten bei diesem Prozess zusammen, und sie schaffen durch diese Zusammenarbeit periodische Aktionen, wobei eine Periode jeweils einen solchen Systemzustand bestimmt. Alles, was in einem solchen Systemzustand an Information einläuft, wird als zu diesem Zustand gehörig betrachtet, was bedeutet, dass es in diesem Intervall hin-

---

[198] *Systemzeit* funktioniert als Unterscheidung von systemspezifischer Vergangenheit und Zukunft und braucht dafür, je nach Komplexität, einen oder auch mehrere eigene Zeithorizonte, die in Wechselwirkung mit in der Umwelt vorhandenen fremden Zeithorizonten die Eigenzeit des Systems realisieren.

sichtlich der Zeit kein Vorher oder Nachher gibt. Alles wird als ko-temporal und damit a-temporal behandelt. Zeit im Sinne eines Fließens gibt es also nicht. Die Zeit im Gehirn stößt sich pulsartig voran."[199]

Zeit stößt sich also pulsartig voran: Physikalisch als Planck'sches Wirkungsquantum und als Pöppel'sches Datenquantum im Gehirn. Und gesellschaftlich in Kommunikationsquanten. Ein Kommunikationsquantum hat ein operatives Innenleben, in dem es drei Selektionen zur Einheit verbindet, die aus Sicht der Kommunikation nur ein Moment markiert.

3.8 Seiendes und Nichtendes

Bei Heidegger muss das Dasein schließlich *sein*, um *da-sein* zu können. Und so wird das *Sein* bei Heidegger konsequent substantiviert und endlich als ein entitär Eigenes gefasst und in ontologischer Differenz zu *Dasein* bestimmt. Denkt *man* Heideggers Differenz zwischen *Sein und Dasein* mit[200], dann erfordert auch dies die Neubestimmung von Zeit – und damit auch des Raumes. Heidegger fordert die Relativierung des Zeitbegriffes am Sein des Beobachters. Und nicht zufällig finden wir uns mit Heidegger in eben jener historischen Zeit wieder, deren zentrale Denkleistung wohl im Einsehen allgemeiner Relativität und deren Fassung in Form einer Relativitätstheorie durch Einstein war. Physik und Philosophie haben endgültig zum Beobachter gefunden. Verwirrend war zunächst, dass man unter dem Begriff *Beobachter* hauptsächlich Physiker und Philosophen subsumieren wollte. Erst allmählich wird klar, dass jegliche Existenz als Unterschied existiert, als Unterschied, der sich einer Unterscheidung, also einer Beobachtung verdankt. Und als ein Unterschied, der gar nicht anders kann, als seinerseits zu beobachten, denn wie sollte er sich daran hindern, auf die Welt zu reagieren – im Rahmen seines Vermögens, in der Welt zu unterscheiden und zu bezeichnen.

Noch Kant hatte Raum als äußeren und Zeit als inneren **Sinn** des Menschen verstanden. Beide zusammen bilden für ihn unseren nicht mehr hinterfragbaren Zugang zu dem, was wir als unsere Realität und Wirklichkeit bezeichnen. Es sind unsere Sinne, die uns ein raumzeitliches Bild zeichnen, von einer für uns anders nicht gegebenen Welt. Um in dieser Bilderwelt den Kontakt zur Wirklichkeit nicht zu verlieren, muss sich das Denken an seine durch die Dimensionen Zeit und Raum implizierten Regeln halten. Kant fasst sie in seinen berühmten Kategorien (Qualität, Quantität ...) als

---

[199] Pöppel, zit. nach Metzinger, 2004, CD 3.
[200] Wir interpretieren Martin Heideggers ontologische Differenz hier als Paraphrase auf Luhmanns Unterscheidung von **Unterscheidung und Operation**.

menschliche Grund*denkungs*arten zusammen. Mit diesen Grundunterscheidungen teilen wir die Welt ein, um so Wissen zu generieren. Wissen, das uns Orientierung geben soll: Was können wir wissen, worauf können wir damit hoffen und was ist daher zu tun?

Denkregeln sind zu bedenken, um nicht im Subjektiv-Sinnlichen von Raum und Zeit die Orientierung zu verlieren, um Wissen als wirklich gewusst garantieren zu können. Denn die Anschauung als solche bietet keine Evidenz – sie zeigt nur, was sie aufgrund ihrer eigenen Struktur zeigen kann und beschränkt damit, was durch sie hindurch von der Welt und uns selbst wahrnehmbar wird und eben auch, in welcher Art und Weise, also in welcher Ordnung. Und Anschauung als solche ist zudem auch noch irrtumsfähig.

Dass nun aber menschliche Denk-Kategorien als solche trotzdem (trotz eines fehlenden unvermittelten Zugangs des Denkens zum Zu-Bedenkenden) allgemeine Gültigkeit beanspruchen können, liegt daran, dass der Mensch Teil der allgemeinen Evolution ist, in der diese Kategorien sich durch ihn entwickelt haben.

Wenn man von weit oben schaut, kann man sagen: Hegel sah im Raum die zur Realität gewordene Zeit, Bergson in der Zeit die Wirklichkeit des Raumes. Und Heidegger versucht, dazwischen den Beobachter zu etablieren, der diesen Unterschied zwischen Raum und Zeit als solchen erst produziert. Alles wieder wie beim alten Kant, dem wahren Newton der Philosophie? Ist es wieder der Beobachter, der aufgrund der Struktur seiner Wahrnehmungsorgane ein raumzeitliches Bild zeichnet, das dann als Vorhang die wirkliche Wirklichkeit verdeckt? Es mag enttäuschend sein, aber hinter dem Vorhang ist nichts. Das hatte schon Hegel bemerkt, als er einmal, um Nachschau zu halten, hinter eben diesen Vorhang schlüpfte und dortselbst aber nur Hegel beim Nachschauhalten vorfand. Aber Heidegger bringt eine wesentliche Kategorie ins Nachdenken über die Zeit zurück. Er fragt nach dem Sinn des Seins und findet als diesen Sinn *Zeit*. Und tatsächlich, es ist der Doppelhorizont von Vergangenheit und Zukunft, aus dem heraus wir unserer Gegenwart Sinn verleihen.

Kants Diktum von den reinen Kategorien der Anschauung, als die er Raum und Zeit verstanden haben wollte, kann man gelten lassen, wenn man zugleich sieht, dass Anschauung der Stoff ist, aus dem die Welt besteht, wenn nämlich Anschauung die Operationen des Beobachtens meint, also Unterscheiden und Bezeichnen im schon Unterschiedenen (wo sonst) der Welt. Dass also Anschauung immer konkrete Anschauung eines konkreten Beobachters ist, der dabei seine konkrete Selbstbeabsichtigung betreibt. Den Beobachter ins Kalkül der Physik einzubeziehen bedeutet, dass Absicht in jeder ihrer Komplexionsstufen das allgemeine Beobachten orientiert – von den naturgesetzlich verlaufenden Prozessen bis hin zu menschlichen Entscheidungen im Anspruch auf Willensfreiheit. Man könnte auch sagen, dass die Asymmetrien der Welt ihren Grund im Phänomen der Absicht haben. Denn es ist Absicht, die eine Unterscheidung trifft, zwischen einem Etwas und dem Rest der Welt, und die dieses Etwas bezeichnet und dadurch auszeichnet vor dem genannten Rest.

Am Bruch zwischen der klassischen Physik und der Quantenmechanik wird klar, dass keine künftige philosophische Interpretation der physikalischen Theorien ohne Angaben darüber auskommen wird können, wie sie sich das Wirken von vorbewusster (naturgesetzlicher), bewusster (lebendiger) und selbstbewusster (2nd-Order-kompetenter) Absicht im Operieren der Welt vorstellt.

Die transklassische Orientierung an der Denkfigur des *Sowohl-als-auch* (das sowohl das *Weder-noch* als auch das *Entweder-oder* beinhaltet) gibt jenen Interpreten der modernen theoretischen Physik recht, die von einem Zusammenwirken substanzialistischer und relationistischer Faktoren ausgehen.

Raumzeit wird beschreibbar als das distinktionslose Kontinuum zwischen dritter und vierter Dimension. Sie ist Substanz im Sinne ihrer dimensionalen Irreduzibilität. Und sie ist Mannigfaltigkeit. Das ist die mediale Ebene der Existenz.

Materieenergie wird beschreibbar als das distinktionslose Kontinuum zwischen zweiter und dritter Dimension. Auch sie ist Substanz im Sinne ihrer Irreduzibilität. Das ist die konkrete, die erscheinende, also beobachtbare Ebene der Existenz.

Wechselwirkung wird beschreibbar als das distinktionslose Kontinuum zwischen erster und zweiter Dimension. Und wieder als Substanz im Sinne dimensionaler Irreduzibilität. Das ist die elementare Ebene der Existenz. Information.

Für die Physik stellt sich an dieser Stelle die Frage, ob man zwischen *Wechselwirkung* und *Messergebnis* differenzieren sollte. Und natürlich wieder vor dem Hintergrund, Subjektivitäten in Form willkürlich wechselwirkender Physiker aus der Theorie fernzuhalten. Messergebnisse sind Wechselwirkungen! Was sonst? Physiker bestehen nur zu Recht darauf, dass Wechselwirkungen, die als Messung bezeichnet werden, von geeichten Messgeräten abgelesen werden. Bleibt eine Sache zu bedenken: Wenn die Physik Wert darauf legt, eine Weltformel zu finden, dann wird sie Phänomene wie etwa einen Physiker berücksichtigen müssen. Denn wo einer ist, könnten sich mehrere finden. Es könnte sich herausstellen, dass Leben mit seiner inhärenten evolutionären Tendenz zu selbstbezüglicher Intelligenz nicht eine zufällige Spätfolge irgendeines äußerst unwahrscheinlichen singulären Urknalls sein kann, sondern dass diese Tendenz schon im Zentrum der Existenz selbst angelegt sein muss. Wir haben sie Absicht genannt.

Absicht schließlich wird beschreibbar als das distinktionslose Kontinuum zwischen nullter und erster Dimension. Absicht ist irreduzibel, weil sie Voraussetzung *und* Produkt des Operierens der drei anderen ist.

Wer sein Zeitverstehen vertiefen will, muss sein Verständnis der Zahl erweitern. Nicht bloß linear zählen lernen. Die Welt der Zahlen reicht von den natürlichen positiven ganzen Zahlen bis ins Zauberreich der komplexen Zahlen. Dort gilt es das Zählen zu lernen. Man lebt dann auf einer imaginären vertikalen Geraden (der i-Achse), durch deren Nullpunkt die horizontale normale Zeitachse ins Minus der Vergangenheit und ins Plus der Zukunft läuft. Von der i-Achse aus konstruiert man immer zugleich Zukunft und Vergangenheit, also jene Gegenwart, in der man – auch und gerade als Beobachter – durchaus altert, obwohl man sich nicht von der Stelle bewegt, weder in der Zeit noch im Raum, schließlich ist man immer gerade *jetzt* und man findet sich auch immer genau *hier*. Das ist – von hier und jetzt her gesehen – absolut. Relativ macht die Sache nur der ganze Rest der raumzeitlichen Welt aller Beobachter.

3.9 Symmetrie/Asymmetrie des Beobachtens

In seiner Einführung in die Metaphysik hatte Martin Heidegger das Wesen der Philosophie mit der tiefsten Frageform – dem *Warum* – in Verbindung gebracht. Wären alle Fragen nach dem ontologischen *Was* der Welt und nach ihrem ontogenetischen *Wie* zu Ende gedacht, bliebe immer noch die menschlichste aller Fragen, die Frage nach dem Geheimnis dahinter.

„Warum ist überhaupt Seiendes und nicht vielmehr Nichts?“[201]

Heidegger fragt mit seiner berühmten Seinsfrage aber nicht nach dem Urgrund des Seins (wie etwa Leibniz oder Schelling vor ihm), sondern nach dem *Vorzug*, den das Seiende vor dem Nichts genießt!

Warum ist das Nichts dem Seienden nicht gleichgestellt? Rudolf Carnaps[202] herbe Kritik am *nichtsenden Nichts* in der Antrittsvorlesung,

---

[201] Der berühmte Satz aus der Antrittsvorlesung Martin Heideggers mit dem Titel: *Was ist Metaphysik?*, gehalten am 24. Juli 1929 an der Freiburger Universität, an der er den Lehrstuhl Husserls übernahm. Vgl. Heidegger, 2009, CD 1.

[202] Rudolf Carnap kritisierte zwei Aspekte an Heideggers Rede. Dies ist zum einen der Wortgebrauch. Er bemerkt hierzu, dass „nichten" eine nicht zulässige Wortbildung im Sinne einer alltagssprachlichen Verwendung darstellt: „Hier (…) haben wir einen der seltenen Fälle vor uns, daß ein neues Wort eingeführt wird, das schon von Beginn an keine Bedeutung hat." Außerdem habe die moderne Logik gezeigt, dass der Begriff „Nichts" weder Substantiv noch Verb ist, sondern die logische Form des Begriffs allein

die Martin Heidegger anlässlich seiner Übernahme des Lehrstuhls seines Lehrers Husserl gehalten hatte, musste sich im Lichte des naturwissenschaftlichen Erkenntnisfortschrittes seit jener Zeit als voreilige Überheblichkeit erweisen. Denn: es *nichtet* eben doch, das Nichts!

Ist aber diese Frage einmal beantwortet, und zwar im Sinne einer Gleichstellung von *Sein* und *Nichts,* dann ist damit zugleich auch die Seinsfrage, so wie sie von Leibniz und Schelling verstanden worden war, mitbeantwortet. Und Gott muss sich um eine komplexere Stellenbeschreibung seiner Tätigkeiten bemühen, denn ein *erster* (unbewegter) *Beweger* erübrigt sich damit: Sein[203] und Nicht-Sein genügen sich in wechselseitiger Begründung. Ihr Drittes, das, was sie unterscheidet, ist das *Ereignis* – manche sagen auch: die Welt. Und wenn *man* es selbst tut, nämlich Sein von Nicht-Sein unterscheidet, dann ist man selbst ein *Man.*

Und die Physik *hat* mittlerweile die Gleichwertigkeit von *Seiendem* und *Nichtendem*[204] empirisch erwiesen: Im *Casimir-Effekt* erweist das Nichts seine eigenständige (alteuropäisch: *positive*) Wirklichkeitsqualität, indem es als Ursprung messbarer energetischer Effekte in Erscheinung tritt.

Das *Sein* und seine Negation (bisher bestenfalls als Spiegelung und Reflexion gedacht), das *Nicht-Sein,* erscheinen damit als gleich *wirkmächtig*: *Zustände, die in ihr Gegenteil übergehen können!*

Frei nach Stuart Kauffman[205] könnte man auch sagen: Das Dritte dazu (zu Seiendem und Nichtendem) ist das Leben – als freie Blüte eines *leben-*

---

durch Existenzquantifikation und Negation bestimmt wird. Hauptkritikpunkt Carnaps ist jedoch, dass Heidegger die zentrale Stellung von Logik und Naturwissenschaft ablehnt. Dieser Punkt ist mehr politischer als philosophischer Dimension, denn Carnap macht sich Sorgen darüber, dass Heideggers „metaphysische Lehre (…) gegenwärtig in Deutschland den stärksten Einfluß ausübt." Er sah seine Kritik an Heidegger daher als notwendigen Bestandteil eines umfassenden sozialen, politischen und kulturellen Kampfes gegen die Metaphysik. (Vgl.: http://de.wikipedia.org/wiki/Was_ist_ Metaphysik%3F#cite_note-6)

[203] Hat man erst verstanden, dass das Seiende nur durch das *Sein* IST, dann wird das Sein zu einem operativen Begriff. Wie tut das Seiende das, wenn wir sagen: es *ist*? Das *Ist* ist Heideggers Sein, das Sein im Dasein. Sein meint: operieren, Dasein Operation. Und Nicht-Sein meint: operieren, mit dem Ergebnis einer Operation, die ein Nicht-Dasein erzeugt, eine Unterbrechung, eine Lücke, die dem Etwas erst Gestalt gibt, so wie das Etwas die Unterbrechung markiert.

[204] Dem wir damit auch die analoge Form zum *Seienden* geben dürfen, denn jetzt ist klar, dass es etwas tut: *nichten* eben.

[205] *Stuart Alan Kauffman*, US-amerikanischer theoretischer Biologe und Philosoph. Seine These ist, dass bei der *Entstehung von Komplexität* biologischer Systeme und Organismen deren *Selbstorganisation* einen wesentlichen Faktor darstellt, der die Idee evolutionärer Selektionsmechanismen auf ein Niveau jenseits einer bloßen zufälligen

digen Determinismus, der nur beabsichtigt, der nur operiert, dem das Ziel zwar abstrakt – als 2nd-Order-Kompetenz – vorgegeben ist, der aber dessen konkrete Ausformung weder bestimmen kann noch will. Schopenhauers ungerichteter, aber allgegenwärtiger Wille wird hier als **Absicht** (Selbstbeabsichtigung) zur treibenden Kraft der Wandlungen eines immer schon zum System ausdifferenzierten existenziellen Selbstbezuges von Welt.

Wenn nun aber Physik und Metaphysik gegenseitig den Befund bestätigen, dass die grundlegende operative (!) Differenz *Sein/Nicht-Sein* tatsächlich symmetrisch ist (*Sein* und *Nicht-Sein* sind beide zunächst leere Bewegung und damit gleich wirkmächtig, also *dasselbe* im Sinne einer quantenmechanischen Wahrscheinlichkeitsverteilung nach Schrödingers Wellenfunktionsgleichung), dann sind auch beide Seiten der Differenz operativ[206] zu denken! Ein Wiedereintritt dieser Unterscheidung in den von ihr unterschiedenen Raum muss daher auch auf beiden Seiten der Differenz erfolgen. Nur, was sind die beiden Seiten einer distinktionslosen Unterscheidung? Sein und Nicht-Sein bilden einen kontinuierlichen Verlauf (analog *hell/dunkel* et cetera), und der Wiedereintritt dieser distinktionslosen Differenz in ihren eigenen Raum, also der Wiedereintritt (oder auch: die Wechselwirkung) der Latenz in die Latenz kann nur an allen möglichen Punkten des distinktionslosen Kontinuums erfolgen, das aber bedeutet raumzeitlich gesehen: immer und überall, also transraumzeitlich. Latenz ist

---

Fehlernutzung im Zufallsbereich heben kann. (Vgl. http://de.wikipedia.org/wiki/Stuart_Kauffman)

[206] Im Kalkül Spencer-Browns wird Selbstbezug als Wiedereintritt einer Unterscheidung in ihren eigenen Raum auf **nur** der operativen Seite der Unterscheidung erfasst. Das ist der Prozess der Asymmetrisierung der Welt, der eine mögliche Symmetrie voraussetzt und der einen Prozess der Resymmetrisierung nach sich zieht. A- und Resymmetrisierung sind allenfalls Differenzierungen und damit Operationen, die an der Symmetrie orientiert sind. *Symmetrie* gleicht dem, was weiter oben *distinktionslose Differenz* genannt worden war. Der Prozess des A- und Resymmetrisierens ist Symmetrie der Operation und Symmetrie als solche ist Voraussetzung **und** Produkt der gemeinsamen Bewegung von A- und Resymmetrisierung.
Im Beispiel der Kommunikation wäre die symmetrische Ausgangslage ein Kontinuum möglicher Themen. Die Mitteilungshandlung asymmetrisiert dieses Kontinuum, indem sie ein Thema aufgreift, das nun eine Distinktion im Kontinuum bildet. Der Hörer schließlich relativiert diese Hervorhebung in seinem Verstehen, bringt damit die Kommunikationshandlung zum Abschluss und damit das Thema zurück in die Ebene der Kommunikation, aus der es der Mitteilende als psychisches System gehoben hatte.
Der Sprecher zieht ein Thema an sich (Asymmetrisierung) und der Hörer zieht es auf seine Seite (Resymmetrisierung). Das aber *ist* Kommunikation: emergente Symmetrie aus beiden psychischen Bewegungen. Das thematische Kontinuum ist also von Anfang an – Themen und Kommunikation bedingen einander – durch je aktuelle Distinktionen digitalisiert.

mannigfaltig gewordene, quasi gerasterte, körnige, vielleicht im Maß des Planck'schen Wirkungsquantums mit Materieenergie verbundene Absicht und, erst durch diese vermittelt, wieder verbunden mit ihrem Ursprung.

Aus der Sicht einer mit dem Sein identifizierten individuellen Seinsweise muss die Wiedereinführung der Differenz Sein/Nicht-Sein mit jedem Schritt einer neuerlichen Einführung den Identifikationsbereich des Seins verkleinern, ohne ihn je zum Verschwinden zu bringen. Und zugleich wird sich für eine Nicht-Seins-identifizierte Seinsweise umgekehrt das Gleiche geschehen. Dies produziert eine uralte Form, die das Resultat gegenseitigen Durchdringens und Wandelns von Sein und Nicht-Sein im Yin-Yang-Symbol zeigt.

Abbildung 11[207]

Erst wenn dem Sein das Nicht-Sein in lebendiger Differenz gegenübertritt, werden sie als Funktion, eben als Wechselwirkung, beschreibbar. Als Funktion, die als ihren Eigenwert Dasein als Mannigfaltigkeit produziert. Der Gebrauch der Begriffe Sein/Nicht-Sein//Dasein und ihrer Derivate ist alteuropäischer Duktus. Würden wir stattdessen von aktivem und passivem Operieren und dem Operateur reden oder gleich von **Beobachten, Beobachtetwerden und Beobachter**, hätten wir den Kern der Sache getroffen und sähen in obigem unmittelbar die Selbstkonstruktion des Beobachters, der als Vielheit immer Einheit bleibt – aber auch als Einheit notwendig Vielheit. Anders ist die Paradoxie seiner Selbstkonstruktion nicht zu entfalten. Das aber deutet an, wohin die Reise geht: Jede Einheit (Element, Individualität) kann Einheit nur als Einheit einer innerer Vielheit sein und muss als solche zugleich Teil (Element) einer äußeren Vielheit sein.

---

[207] http://www.shiatsu-austria.at/einfuehrung/einfuehrung_5.htm (Download 4.3.2011).

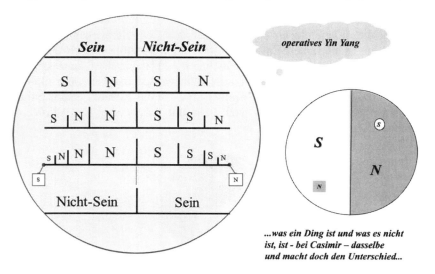

Doppel-Reentry – Wiedereintritt der Unterscheidung in den eigenen Raum auf der je operativen Seite

...was ein Ding ist und was es nicht ist, ist - bei Casimir – dasselbe und macht doch den Unterschied...

Abbildung 12

Dieser quantitative Rahmen von *Einheit/Vielheit* bildet den Raum einer distinktionslosen Differenz – darin entfaltet sich Qualität mit der Zeit operativ durch die Unterscheidung *Einheit/Anderheit* (etwa im Modus *Verbindung/Trennung* bis *System/Umwelt*) von Elementen zu Formen.

4 CI (Calculus of Indications)

Je mehr Käse, desto mehr Löcher.
Je mehr Löcher, desto weniger Käse.
Ergo: Je mehr Käse, desto weniger Käse.
Autor unbekannt

4.1 Die Form der Konstruktion

„Die Wissenschaft dieses Jahrhunderts hat sich darauf spezialisiert, den Beobachter aus seinem Versteck zu ziehen. Spencer-Brown hat für dieses Unterfangen den Kalkül geschrieben. Ganz nebenbei hat er einen Formbegriff vorgeschlagen, der erstmals von seinen traditionellen Gegenbegriffen wie Materie, Substanz oder Inhalt befreit ist. Diese Form enthält alles, was sie braucht, selbst. Denn sie schließt sogar ein, was sie ausschließt. Aber das kann man nur sehen, wenn man sie beobachtet. Dazu muss man sie bezeichnen und dafür eine Unterscheidung verwenden, die ausschließt, was sie ausschließt."[208]

George Spencer-Brown rekonstruiert das *protologische*[209] *Medium aller Operationalität*, also: **Beobachten,** in Form eines Kalküls.

---

[208] Baecker, 1997.

[209] „Es fragt sich nämlich, auf welcher Ebene der Korpus der allgemeinsten und abstraktesten Aussagen von Luhmanns Theorie der Gesellschaft zu situieren ist? Sind solche Aussagen transzendental, apriorisch oder sind es einfacher Verallgemeinerungen einer Reihe von gekreuzten Evidenzen, die aus verschiedensten Gebieten logischer und empirischer Beobachtung stammen?

Meine These ist, dass Luhmanns wichtigste prinzipielle Behauptungen sich an **einen apriorischen Boden ohne transzendentale Referenz anlehnen, den ihnen die Brownsche Protologik bereitstellt**. Der logischer Kalkül Spencer-Browns lässt sich somit ganz zu Recht und mit größter Genauigkeit als **Protologik** bezeichnen. Hingegen war die **klassische** Logik der philosophischen Tradition

(a) eine umfassende Theorie der diskursiven Anzeige (Aussage und Rede) und der Ableitung (Deduktion von Aussagen aus Aussagen) wie in der inauguralen Logik des Aristoteles; sie war ferner

(b) eine apriorische Deduktion oder bloß die apriorische Beschreibung der konstituierenden Akte des reinen Bewusstseins, die am Aufbau der Erkenntnis in Urteil unter Rechnung beteiligt sind, wie in den transzendentalen Logiken Kants und Husserls; zuletzt

(c) konnte sie auch den formalen oder mathematischen Korpus von Aussagen oder Theoreme ausmachen, die – wie in einer Algebra – von einer kleinen Anzahl von Axiomen und Symboldefinitionen abgeleitet und syntaktisch korrekt beschrieben werden." (Clam, 2004, S. 252f.)

Der CI ist ein **konstruktivistischer Kalkül**, der genau jenen **konstruktiven Akt** zur Darstellung bringt, der **diese Welt erscheinen**[210] lässt. Die Welt erscheint als Produkt gegenseitigen Beobachtens aller Beobachter, die sich in ihr von ihr – und damit von allen anderen Beobachtern – unterscheiden. Unterscheiden durch eben den Unterschied, den sie je durch sich selbst in ihr bezeichnen. Ausnahmslos. Von der sogenannten unbelebten Materie, der Stufe der Irreflexivität, die der Entropie anheimgefallen ist, zum naiven Leben, der reflexiven Stufe, die für die Negentropie – im Sinne von Komplexitätsaufbau – zuständig sein mag, bis hin zum 2nd-Order-Phänomen des sich selbst als solches wissenden Lebens.

„Für die Theorie komplexer Systeme ist ein Beobachter zunächst einmal einfach ein ‚Unterscheidungsbezeichner‘, der mit seinen Beobachtungen Ausgangspunkte für weitere Unterscheidungsbezeichnungen generiert."[211]

Es ist hier wesentlich zu erinnern, dass auf einer bestimmten Stufe der Abstraktion in der Beschreibung von Operationalität Verben wie *unterscheiden, beobachten, errechnen,* aber auch *denken* und *sprechen* oder auch *sein*[212] den gleichen einfachen und elementaren Vorgang meinen, den Spencer-Brown initiiert, wenn er auffordert, eine Unterscheidung zu treffen, und dies mit einem Kreis auf einem Stück Papier identifiziert.[213] Und es muss immer schon (*etwas* – beispielsweise ein Stück Papier) unterschieden sein, damit (*etwas*) unterschieden werden kann. Aber was ist *etwas*? Ist eine *Errechnung*, die schon *da ist*, also schon errechnet ist, noch Rechnen? Rechnet da noch *etwas*?

Alteuropäisch war die Welt noch klar und eindeutig in Verben und Substantive unterschieden, aber der Einzug der Relativität ins abendländische Denken hat uns dazu bestimmt zu erkennen, dass Zeit- und Hauptwort sich in (relativ) bestimmter semantischer Tiefe analog zum Welle-Teilchen-Dualismus der Physik verhalten. Wir haben zum Beispiel das Pferd und den Galopp[214], aber nur das Pferd darf galoppieren, der Galopp nicht pferden. Und doch, wenn da ein Pferd in der Gegend *steht*, dann *pferdet* die

---

[210] Wenn denn Erscheinung einen Unterschied meint, der für einen Beobachter einen bezeichenbaren Unterschied macht. Das Treffen einer Unterscheidung bringt eine Welt hervor. Auf dieser Grundlage baut Spencer-Brown seinen Kalkül auf: „Draw a distinction and a universe comes into being." (Spencer-Brown, 1994a, S. 3f.)

[211] Füllsack, 2011, S. 235. Manfred Füllsack erinnert an den Maxwell'schen Dämon.

[212] Wer länger nachdenkt, wird erschrecken, denn **alle** Verben können hier genannt werden, weil alles, was getan wird, einen Unterschied macht! Wer einfach nur **ist**, *macht einen Unterschied* in der Welt.

[213] Vgl.: Zusammenziehen und Ausdehnen der Referenz im Kalkül (Spencer-Brown, 1994a, S. 9f.).

[214] Das Beispiel Pferd und Galopp stammt von Heinz von Foerster (vgl. Foerster, 1993, S. 124).

Welt.[215] Offensichtlich gibt es da, analog zur Zeit, die auch nur in eine Richtung laufen will, eine Tendenz, das jeweils Flüchtigere, das nur geschieht, solange man es tut, als Verb – als *Zeit*wort eben – zu nehmen und das, was bleibt, wenn das Tun endet, mit einem Hauptwort zu benennen. Also galoppiert das Pferd. Und das scheint auch vernünftig, denn sagte man stattdessen *der Galopp pferdet*, dann wäre man erstaunt, hernach ein Pferd da stehen zu sehen und nicht den Galopp. Meist ist leicht zu bestimmen, was da gerade Zeit- und was Hauptwort ist – mit einer geläufigen Ausnahme[216] und das ist der Selbstbezug. Denn eines ist sicher, wenn das Pferd nach dem Galopp bloß dasteht und sich ausruht, dann **pferdet** es. Wo nicht, fiele es um, weil es tot wäre.[217] Wir vermerken hier die Analogie zu Niklas Luhmanns Unterscheidung von Unterscheid*ung* (Pferd, Operation als Ganzes) und Unterscheid*en* (pferden, Operation als Vollzug). Und doch: Alles ist Operation, und ob diese zeit- oder hauptwörtlich gefasst wird, liegt beim Beobachter beziehungsweise im Relationengefüge von Varianz und Invarianz, das eine Situation auszeichnet, und in den Möglichkeiten der beteiligten Beobachter, diese zu verrechnen. Für das Thema der elementaren Totalität gilt es noch zu klären, wie sich diese Dualität von Haupt- und Zeitwort in ihrem Kern darstellt: Materie (Pferd) und Energie (Bewegung, Galopp) sind ineinander umrechenbar und doch nicht auf eine Größe reduzierbar. Analog dazu scheint es überaus plausibel (wenn auch unbeweisbar) zu spekulieren, dass zwischen *Sein* und *Bewusstsein* exakt der gleiche Zusammenhang herzustellen ist. Materie ist Energie, die um sich selbst kreist (Redundanz). Bewusstsein ist Bewusstsein seines eigenen **Seins** als Bewusstsein. Oder anders: Bewusst sein ist Bewusstsein. Und Selbstbewusstsein meint dann Bewusstsein seines Bewusstseins von seinem Sein als Bewusstsein. Wesentlich scheint es, hier festzuhalten, dass auch Sein und Bewusstsein, analog zu Materie und Energie, zwar in letzter Konsequenz tatsächlich identisch (!), aber trotzdem nicht aufeinander reduzierbar sind. Es gäbe dann keinen Unterschied mehr, den ein Beobachter beobachten könnte. **Das** eben meint Umstellung von Einheit auf Differenz. Sie setzt voraus, dass es Beobachter gibt, die unterscheiden, *und* einen Unterschied (etwa die Differenz *Sein/Nicht-Sein*), in dem sie unterscheiden können.

---

[215] Sich an Luhmanns Systeme erinnernd, **gibt es** hier ein Pferd.

[216] Die natürlich keine Ausnahme ist, sondern eben bloß nur ausnahmsweise Beachtung findet.

[217] In Erinnerung an die Darstellungen im Kapitel analog/digital kann man formulieren: Das Pferd ist ein Raster und das Pferden der Prozess seiner permanenten Selbstdigitalisierung im Sinne des Gebrauches der Differenz Selbst-/Fremdreferenz in allen Punkten (Molekülen) des Pferdes zwecks fortlaufender Selbstrekonstruktion.

Man muss bewusst sein, um ein Bewusstsein zu sein – das heißt eben auch, dass *man* schon ein Bewusstsein haben muss, um bewusst sein zu können. Es muss schon (bewusst) unterschieden sein, damit (bewusst) unterschieden werden kann.[218] Individuell lässt sich das Problem nicht lösen, es braucht das *Man*, das einem sagt, wie denn das geht: bewusst zu sein als ein Bewusstsein.

4.1.1 Cross und Zeigestruktur

George Spencer-Browns Kalkül lässt sich als Formalisierung dessen interpretieren, was Entwicklungspsychologen *Zeigestruktur*[219] nennen. Das *Cross* ist der Finger, der auf das zeigt, was es markiert. Im Begriff der *Zeigestruktur* ist der Kern der *spezifisch menschlichen* Möglichkeiten in Sozialisation und Erziehung bezeichnet und damit auch eine gültige Fassung der Grundlagen jeder 2nd-Order-Kompetenz überhaupt beschrieben.

Wenn wir auf etwas zeigen, dann verstehen andere Menschen, dass wir das meinen, worauf wir deuten. Hunde verstehen das nicht und auch nicht unsere Verwandten, die Primaten.

Der Hund kann folgerichtig, um mich irgendwohin zu locken, nur immer wieder zu mir her laufen, sich im Kreis drehen und dann wieder bellend in die gleiche Richtung davonlaufen, um doch gleich wieder anzuhalten und zu schauen, ob ich denn folge. Aber er weist nie ganz einfach mit der Pfote in die Richtung, in die er mich haben möchte. Der ganze Hund kann sich als Zeiger gebärden, aber er kann als solcher nicht: auf etwas zeigen. Oder anders: In der Zeigestruktur offenbart sich die grundlegende 2nd-Order-Kompetenz des Menschen[220], als Fähigkeit, die Differenz *Zeichen/Bezeichnetes* und *Zeichen/Bezeichner* explizit zu verstehen und zu gebrauchen.

Weil der Mensch diese Differenz aber bilden kann, ist es unvermeidlich, dass sich der zeigende Arm mit dem ausgestreckten Zeigefinger schon früh im Leben krümmen wird, um auf seinen Besitzer selbst zu weisen. *Man* nutzt dazu das sozial vermittelte Zeichen *Ich* und außerdem eben das –

---

[218] Eigentlich ganz einfach: Wir stehen vor dem ewigen Jetzt und vor der Frage, wie daraus Zeit werden kann. Oder, weil ganz untrennbar mit diesem *Jetzt* verwoben, vor einem Hier, das nach dem Raum fragt, in dem es hier sein kann. Oder eben wieder anschaulich abstrakt: vor der Aufgabe, *Welt* als den Prozess der Entparadoxierung ihrer paradoxen Grundlagen zu begreifen.

[219] Zu *Zeigestruktur* vgl. Aderhold/Kranz, 2007, S. 140ff.

[220] „Kein Tier kann ‚hinzeigen‘, und kein Tier kann die Intention und Funktion des Zeigens erfassen." (Kraft in: Aderhold/Kranz, 2007, S. 149f.) Mit ca. 11 bis 14 Monaten folgen Kinder dem Zeigen, mit ca. 13 bis 15 Monaten können sie auch aktiv die Aufmerksamkeit anderer durch Zeigen lenken.

wieder sozial vermittelte – Wissen um dessen Differenz zu dem, was es bezeichnet, um sich zuletzt in einem tautologischen *Ich bin Ich* wiederzufinden – als Basis jeder Frage nach dem Inhalt dieser Leerform. Bis *man* schließlich lernt zu behaupten, man sei *der*, als der man gelernt hat, sich zu bezeichnen. Und *man*[221] handelt sich damit schizoide Selbstzweifel ein, weil man nicht mehr weiß, ist es man selbst oder die Behauptung, man sei es, dieses Ich. Also das *Ich* oder das *bin Ich*.

Der CI fasst die Form des *Auf-etwas-Zeigen-Zeichens* mit ihren beiden Funktionen in nur einem Zeichen: Das **Cross** bedeutet als *operative Anweisung* die Aufforderung, den Fokus der Aufmerksamkeit dahin zu verlagern, wohin das Zeichen zeigt (*Auf-etwas-Zeigen* als Aufforderung, dem Zeigen des Fingers zu folgen), als *Akt* des Unterscheidens (des Bereiches, auf den gezeigt wird, vom Rest der Welt). Und zugleich meint das **Cross** die Bezeichnung dessen, worauf gezeigt wird, es steht als *Zeichen* für das, worauf gezeigt wird, ist dessen Name im Sinne einer Markierung des im *Akt* des *Auf-etwas-Zeigens* Ausgezeichneten. Die Doppeldeutigkeit des **Cross**, als operative Anweisung oder Name, reduziert sich im Kalkül durch den jeweiligen Kontext seines Gebrauches eindeutig auf die eine oder andere Möglichkeit.

Das Zusammenziehen dieser Doppelbedeutung (*Bezeichnen/Bezeichnung*) in nur einem Zeichen ist der letzte mögliche Schritt in der Reduktion operativer Komplexität. Dieser Rest ist allerdings dynamisch: Er weist die *drei* Grundaspekte jeder Unterscheidung[222] auf, die nötig sind, um aus ihrem operativen Zusammenwirken die *Produktion **einer** Differenz*, eines Unterschiedes in der Welt darzustellen und zu erklären. Und zwar im Aspekt ihrer Produktion (Operation), in ihrem Aspekt als Produkt und im Aspekt der Einheit dieser Differenz (*durch* ihre Differenz).

Vergleichbares findet man etwa in Peirces Tripel: *Interpretant, Zeichen, Objekt*. Peirce zeichnet dabei den Interpretanten als das *Dritte* aus – mit der Begründung dieser Drittheit im Faktum seiner Verbindungstätigkeit bezüglich der zwei anderen, die dabei in irreflexive Erstheiten (Objekte) und in reflexive, sich auf Erstheiten beziehende Zweitheiten (Zeichen) unterschieden sind.

---

[221] ***Man*** will hier darauf verweisen, dass diese Irritation nicht bloß gelegentlich vorkommt, sondern genau jene spezifische Herausforderung ist, die den Menschen als solchen auszeichnet. Und: wer von sich selbst immer wieder behauptet, er sei ein *armes Opfer*, mag sich zwar, eben durch dieses Sagen, in Distanz zu seinem Opfer-Sein fühlen, wird aber trotzdem eines werden.

[222] Die zwei Seiten der Differenz und die Grenze dazwischen.

Dass Peirce als grundlegende Drittheit nicht das **Zeichen** bestimmt[223], ist sicherlich nicht falsch, aber schade, weil sein System (als Zeichensystem) damit darauf verzichtet, die Thematik des Selbstbezuges als Zeichenbezug in einem Zeichensystem zu klären. Der Spencer-Brown'schen Protologik gelingt es dagegen unnachahmlich elegant, *alle Referenzen aus einem Zeichen* zu entwickeln: Das **Cross** abstrahiert zunächst (in der Primären Arithmetik) erste Unterscheidungen von ihrer jeweiligen Konkretion: Die eine Seite ist markiert, die andere nicht. Es ist zunächst nur markiert, *dass* markiert ist. Das Zeichen bezeichnet nur, *dass* bezeichnet ist. Es (be-)zeichnet als Zeichen ein Zeichen, das sich damit als solches selbst bezeichnet. Dass der CI auf die Entfaltung dieser paradoxen Grundlage allen Beobachtens, auf die Ausdifferenzierung dieser Dreiheit angelegt ist, macht ihn als **Werkzeug operationaler Analysen** von Unterscheidungssystemen unentbehrlich.

Das Zusammenziehen aller Referenzen in nur einem Zeichen (einer Unterscheidung) und die dadurch kalkulierbar werdende (Wieder-) Ausdehnung dieser Referenzen bis zu ihrem Selbstbezug bilden den möglichen Interpretationsraum, den der CI eröffnet. Dass die entscheidende Ausdehnung der Referenz in den Selbstbezug letztlich auch den Metalog des Kalküls braucht, sollte nicht verunsichern[224], schließlich ist es der Kalkül selbst, der seinen eigenen Metalog[225] begründet und damit zur selbstgenügsamen Spekulationsgrundlage seines Unterscheidens im eigenen Unterscheiden wird.

Der CI ist Protologik, er unterscheidet nicht Wahrheiten, sondern Unterscheidungen – die als solche Wahrheiten produzieren. Der CI ist ein konstruktiver Kalkül, er zeigt, wie unsere Wahrheiten als Formen im Medium der Möglichkeiten und Notwendigkeiten unseres Unterscheidens entstehen. Und legt damit den Bezug unserer Wahrheiten zu deren Produktion offen.

Für jede Form von systemischer Wissenschaft, die Selbstbezug in der Dynamik ihrer Theorie findet, ermöglicht Spencer-Browns Kalkül eine Kontrolle des Gebrauchs von Semantik bezüglich der Beschreibung operativer Strukturen, indem er eine Notation für rekursive Denkfiguren in ihren Beziehungen zu anderen solchen zur Verfügung stellt.[226]

---

[223] Schließlich verbindet das Zeichen auch – nämlich Bezeichner und Bezeichnetes.

[224] Wir beziehen uns hier auf kritische Stimmen rund um Rudolf Kaehr, auf die wir eigens in Kapitel 4.2: *Ein spekulativer Kalkül* eingehen werden.

[225] Primäre Arithmetik und Algebra stehen in einem gegenseitigen Begründungszusammenhang.

[226] Eine Notation, die in der Struktur der Konstanten eines Arrangements den verwendeten Unterscheidungszusammenhang einer Beobachtung offenlegt! Mehr dazu im Kapitel 5: *Interpretation*.

4.1.2 Cross und Reentry

„Das Formenkalkül behandelt das Unterscheiden – das Setzen einer Differenz – als die grundlegende Operation aller Logik. So wie bei Hegel die Logik ihren Ausgang bei der Figur der Identität von Identität und Nichtidentität zu nehmen hat (…), mit der quasi die Grundkonsistenz der Welt in nuce erfasst werden soll, aus der dann Sein, Nichts, Werden, Grenze und alles andere heraustreten, so legt das Formenkalkül allem Anfang die Differenz als simple Aufforderung zugrunde: ‚Draw a distinction!' – ‚Triff eine Unterscheidung!' Es wird also nicht einfach eine Differenz unterstellt oder vorausgesetzt, sondern es wird an allem Anfang eine Differenz *gemacht*.“[227]

Man ist aufgefordert, eine Unterscheidung zu treffen und diese als Kreis auf einem Blatt Papier darzustellen.

Triff eine Unterscheidung!

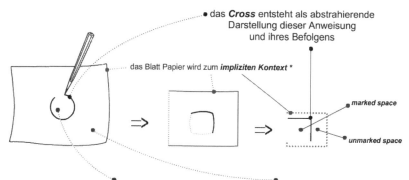

das *Cross* entsteht als abstrahierende Darstellung dieser Anweisung und ihres Befolgens

das Blatt Papier wird zum *impliziten Kontext* *

marked space

unmarked space

Koproduktion von *bezeichneter* (marked space) und *nicht bezeichneter Seite* (unmarked space) durch das Ziehen einer, beide Seiten eindeutig trennenden, Linie (*cross*)

implíziter Kontext: Jede Unterscheidung (jedes *Cross*) impliziert einen Kontext, der die Gültigkeit begrenzt - so stellt eine Kreislinie nur auf einem ebenen Blatt Papier eine eindeutige Unterscheidung dar, - nicht aber z.B. im dreidimensionalen Raum. Weil aber ein impliziter Kontext immer gegeben ist, muss er im Kalkül nicht notiert werden.

Abbildung 13[228]

---

[227] Dür, 2008, S. 55.
[228] Blume, 2012, S. 34.

Der CI kondensiert, wie schon erwähnt, dieses *Unterscheiden* als den elementarsten Schritt jeder Operation in nur einem Zeichen, dem Cross. Die Vorannahmen, die zu diesem Schritt führen, bilden die Grundüberlegung des CI: „*We take as given the idea of distinction and the idea of indication, and that we cannot make an indication without drawing a distinc-distinction*".[229]

Logisch-mathematische Zeichen, Regeln und Strukturen entstehen bei Spencer-Brown als inhaltlich abstrahierende[230] Abbildung des ***Beobachtens.***[231] Bei Spencer-Brown führt die Logik der Selbstreferenz konsequent zu einem klaren Begriff des ***Beobachters***, der, statt wie anderswo zum Parasiten[232] zu werden, ins Zentrum des Geschehens rückt, indem er selbst zum **mark** wird. Per Definition ist der Beobachter damit **sowohl** sein *Unterscheiden* **als auch** die dabei (re-)produzierte *Unterscheidung* **und** ebenso auch noch die *Differenz* zwischen beiden**, die Absicht, die sich als diese Differenz verwirklicht.**

Der Beobachter ist also auch für sich selbst eine Markierung – und zwar im Sinne seiner Selbstunterscheidung durch Selbstbezeichnung. In seiner Identifikation mit der operativen Seite des Beobachtens, beobachtet sich das Beobachten als Beobachtung, also als das Resultat dieses Tuns. Das Zeichen *Cross* erweist sich am Ende des Kalküls als Produkt seiner Selbstanwendung, als das Bezeichnen, das sich selbst durch sich selbst bezeichnet – und sich dabei als *Spur* (Derrida), als Redundanz oder Eigenwert (von Foerster) dieses Operierens zur Erscheinung bringt. ***In genau diesem Sinne ist etwa ein Lebewesen ein lebendiges Zeichen.***

Spencer-Brown fasst diese Denkfigur als 2nd-Order-Cross im Zeichen des Reentry.

---

[229] Spencer-Brown, 1994a, S. 1.
[230] Zunächst vollständig in der Primären Arithmetik und schließlich bezüglich inhaltlicher Konkretion in der Primären Algebra.
[231] Daher: *Protologik* – schon Kant setzte zum gleichen Zweck seine transzendentale Logik zur Einschätzung der formalen Logik (Kritik) an.
[232] Der Beobachter in diesem Sinne ist, wie Luhmann in Anlehnung an Michel Serres meint, „der Parasit seines Beobachtens. Er profitiert von dem Unterschied, mit dem er sich nährt. Er rauscht geräuschlos. Der Beobachter ist das Nicht-Beobachtbare." (Luhmann, 1991, S. 65.) Anzumerken ist dabei aber, dass Luhmann andernorts Michel Serres Aussage – „der Beobachter ist das Unbeobachtbare" – als reichlich überzogen konnotiert (vgl. Luhmann, 2009, S. 17).

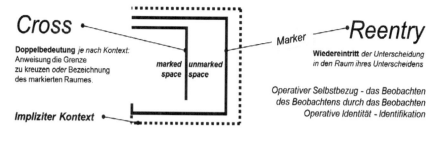

Cross
Doppelbedeutung *je nach Kontext:*
Anweisung die Grenze
zu kreuzen oder Bezeichnung
des markierten Raumes.

Impliziter Kontext

marked space | unmarked space

Marker

Reentry
Wiedereintritt *der Unterscheidung*
in den Raum ihres Unterscheidens

Operativer Selbstbezug - das Beobachten
des Beobachtens durch das Beobachten
Operative Identität - Identifikation

Abbildung 14

Mit dem Reentry als (der Weisheit letzter) Schluss und Höhepunkt des Kalküls findet sich ein Beobachter, der den Anweisungen der *Laws* gefolgt war, zurück an den Anfang verwiesen, um zu sehen (einzusehen), dass *jedes* erste Cross notwendig bereits als Reentry zu denken ist. Weil dies aber eben *jedes* erste Cross betrifft, muss dies nicht extra notiert werden – Spencer-Brown installiert dies als mitzudenkenden impliziten Kontext.

Die Laws of Form formulieren also die protologischen Gesetze der Morphogenese von Komplexität und weisen dabei zugleich nach, dass der operative *Selbstbezug,* auf den man am Schluss stößt, notwendig von Anfang an, also mit Beginn des Kalkül schon im einfachen *Cross* – quasi als dessen verborgene Tiefe – mitzudenken ist. Genau dieser elegante Zirkel erbringt den Nachweis der Eignung des Kalküls, die operative Entparadoxierung der paradoxen Grundlage jeder ersten Unterscheidung erfassen[233] und mit den Mitteln des Kalküls in seinen Wandlungen kontrollieren zu können – allerdings beschränkt auf den transperspektivischen Fokus der ersten Unterscheidung. Diese Einschränkung ist fundamental, denn jede Entparadoxierung muss mit der Differenz Einheit/Vielheit arbeiten, also die *eine* Leitdifferenz über eine Vielzahl logischer Orte distribuieren – und das heißt: perspektivisch verteilen –, um so die Entfaltung der Differenz als Kommunikation der Perspektiven betreiben zu können. Genau das kann der Kalkül *als Anlage* exakt darstellen. Was er nicht kann, ist diese Kommunikationen auch noch perspektivisch (multirelational) zu verrechnen. Was bleibt, ist Selbstbezug als operative Identität – also der Prozess der Identifikation und damit die Darstellung der Operationalisierung von Begriffen wie: *System, Beobachter* oder auch *Ich.* Als Begriff ist auch **Ich** isomorph

---

[233] Vgl. dazu auch: Flagg'sche Resolution, die einen einfachen Weg der Entparadoxierung zeigt, der immer angewandt werden kann (vgl. Kauffman, 2005b, S. 185).

zu Spencer-Browns Figur des *Reentry*: *Ich*, das bin[234] ich, in mir, für mich. I, that's me.[235]

4.2 Ein spekulativer Kalkül

Bertrand Russel hatte 1965, nachdem er die Laws of Form[236] kennen gelernt hatte, über Spencer-Brown und seine Laws bemerkt: „Er hat ein neues Kalkül gemacht, von großer Macht und Einfachheit, und ich gratuliere ihm."[237]

Und dass der Kalkül als solcher den Anforderungen genügt, die an ein solches Werkzeug ganz allgemein (Widerspruchsfreiheit et cetera) zu stellen sind, haben alle Rezipienten[238] allemal zugestanden. Allerdings exklusive des wirklich interessanten Themas, also des *Reentry*: „Der CI notiert die Form jeglicher Zwei-Seiten-Form oder eben die Form der Zweiwertigkeit. Die zweiwertige Aussagenlogik (PC) ist die Logik der Zweiwertigkeit, der CI deren Form. Beide sind zueinander in mathematischem beziehungsweise strukturalem Sinne isomorph, also von gleicher Gestalt bzw. gleicher Form."[239] Soweit ist Rudolf Kaehr mit dem CI also zufrieden. Uns ist es wichtig, an dieser Stelle noch festzuhalten, dass andernorts eine vollständige Isomorphie zwischen Aussagenlogik und CI bestritten wird: „Diese drei Unterscheidungsmerkmale, also

a) die Verwendung leerer Symbole,

b) die topologisch invariante Notation (und damit die Reihenfolgeunabhängigkeit der Argumente des Operators *cross*) und

c) die Nicht-stelligkeit des Operators *cross*,

erlauben prinzipiell nicht, von einer vollständigen Isomorphie der Kalküle von Spencer-Brown mit gängigen formalen Systemen zu sprechen."[240]

Mit den drei genannten Punkten ist ein im Vergleich zu gängigen zweiwertigen Logiksystemen *höherer Abstraktionsgrad* bezeichnet, der den CI in eine 2nd-Order-Position zu allen anderen Zweiwertsystemen stellt. Der CI kalkuliert nicht Einheiten, wie die gewöhnliche Prädikatenlogik, son-

---

[234] …, das ist mein Sein in mir für mich. Oder: das ist das Zeichen, mit welchem mein Denken auf mich in meinem Körper weist.

[235] Vgl. dazu weiter oben mit der Idee des *generalisierten Anderen* (Mead), die eben mit dieser Differenz von *I/me* auf Selbstgeneralisierung deutet.

[236] Die Laws of Form, die immerhin beanspruchten, sein eigenes, zusammen mit Whitehead in der Principia Mathematica erlassenes Paradoxieverbot überflüssig zu machen.

[237] Spencer-Brown, 1994a, S 127.

[238] Auch die *Flaws of form* von Winograd und Flores protestieren erst ab dem Reentry.

[239] Kaehr, 1993, S. 159.

[240] Schwartz, zit. nach Varga von Kibéd/Matzka, in ebenda, S. 82.

dern Differenzen. Der CI unterscheidet Unterscheidungen. Er tut dies dann zwar isomorph zu klassischen Zweiwertsystemen, begründet aber von seiner Anlage her die *Interpretation der in ihm generierten Formen als raumzeitliche Unterscheidungsstrukturen*. Genau wie Rudolf Kaehr sagte, notiert der CI die Form jeglicher Zwei-Seiten-Formen. Das ist Spencer-Browns Anspruch: die Form der Form zu kalkulieren.

Dazu nimmt der CI den Unterschied zwischen Logik und Form, der formal (!) ein logischer (!) Ebenenunterschied ist, *in sich* auf. Und er startet[241] daher mit einer Paradoxie[242], denn „die simultane doppelte Bestimmung der Unterscheidung als symmetrische Zwei-Seiten-Form und als asymmetrische Markierung in einem homogenen Raum der Unterscheidung generiert eine Paradoxie in der Architektur des CI." Und zwar in der Absicht, ebendiese zu entfalten, denn „diese Paradoxie wird innerhalb der Architektur des CI im Verlauf der Entwicklung des Kalküls zum Generator der Form des Re-entry genutzt."[243] Was Kaehr dann aber beanstandet, ist, dass die „anfänglichen Verdeckungen" des paradoxen Charakters der Grundlagen des Kalküls bloß „zum Anlass für eine Meditation auf den Kalkül benutzt und dabei in die Objektsprache des Kalküls zurückgebunden werden. Die dazu benötigte Substitutionsregel ist im CI jedoch nicht definiert[244]. Dies macht den spekulativen Charakter der Konstruktion der Figur des Reentry aus."[245]

Und dann wird Kaehr fast ein wenig sarkastisch, wenn er sein Urteil fällt: „Unterscheidungen im Sinne des CI lassen sich a) wiederholen und b) zurücknehmen. Tertium non datur, bzw. that's it! Oder aber, da das Erreichte doch nicht gefällt c) Re-entry: Wiedereintritt der Form in-sich-selbst nach einer Meditation auf die Verdeckungsstruktur der Unterschei-

---

[241] Vgl. die überall zitierten Startbedingungen des CI: „Wir nehmen die Idee der Unterscheidung und die Idee der Bezeichnung als gegeben an, und dass wir keine Bezeichnung vornehmen können, ohne eine Unterscheidung zu treffen." Spencer-Brown, 1994a, S. 1.

[242] Dazu: Kaehr, 1993, S. 162.

[243] Kaehr, 1993.

[244] Francisco J. Varela hatte daher den Versuch unternommen, den CI zu erweitern, was sich jedoch als Fehler erwies: „We will instead try to focus on just one question, which is the question of whether George Spencer-Brown's *Laws of Form* presents us with a possibility to translate Maturana's definition into a kind of a calculus. Francisco J. Varela tried to do this before, yet discovered that he had to add a further autonomous state to the calculus of indications to make it fit for the modeling of self-reference. We share a criticism of this attempt, which refers to the idea that the distinction itself, in the form identical to the observer, already is that autonomous state Varela thought to have to introduce." (Baecker, in: The Catjects Project. Vgl.: http://catjects.wordpress.com/)

[245] Kaehr, 1993, S. 162.

dungsoperation als spekulative Erweiterung des Kalküls, die sich jedoch kalkültechnisch als konservative Erweiterung erweist."[246]

All dies ist natürlich auch George Spencer-Brown nicht verborgen geblieben und er spricht denn auch von Subversion, wenn es um die Verwendung des (Reentry-)Markers im Kalkül geht. Aber er kann auch zeigen, dass diese Subversion *kalkültechnisch beherrschbar* bleibt – solange man den Rahmen einer ersten Unterscheidung nicht verlässt. Damit aber schwindet manches Interesse am Kalkül, weil dann nichts mehr gesagt werden kann über die Verbindung mehrerer verschiedener Elementarkonturen:

„Der CI ist ort-unabhängig. Was für den einen gilt, gilt für den andern nicht minder. Im CI gibt es keine Möglichkeit, den Ort der Unterscheidung zu markieren. Die einzige Möglichkeit, die bliebe, wird durch den Aufbau des CI verschenkt bzw. verdeckt: der Observer, der unterscheidet und markiert, ist ja der Ort, von dem aus markiert wird, doch diesen gibt es im CI nicht, da der Observer selber in den Markierungsbereich einbezogen wird und selbst als Marke erscheint. Der Haupttext von ‚Laws of Form' endet konsequenterweise mit der Ineinssetzung der ersten Unterscheidung mit dem Beobachter."[247]

Und doch gewinnt der Kalkül gerade in dieser angeprangerten Freizügigkeit des Verschenkens seines Potenzials, gerade durch diese Selbstbeschränkung seine interpretationstechnische Legitimation. Denn Spencer-Brown konnte doch immerhin zeigen, wie *ein Zeich*nen (von dem er zeigen kann, dass es der *Beobachter* ist)*, das sich selbst als Zeichen (be-)zeichnet,* herausfinden kann, *wie* es eben dieses tut. Erst in der Entwicklung dieses Zeichens nach den Laws of Form *als Operation* des Unterscheidens stößt dieses Unterscheiden schließlich wieder auf sich selbst als Unterscheidung und wird so zum unabweisbaren Hinweis auf die selbstreferenziellen Ausgangsbedingungen des CI.

Wie nun schon Niklas Luhmann in seinem Beispiel eines kaputten Telefons mit der Aufschrift *„if defect please call number xyz"* illustriert hatte, braucht es zumindest ein zweites (ein funktionierendes) Telefon für ein Entparadoxierungstelefonat. Und so braucht auch der CI, um eine Entparadoxierungsstruktur zeichnen zu können, die Möglichkeit der Distribution einer Unterscheidung auf eine Mehrzahl von logischen Orten; der CI stellt diese Möglichkeit mit dem *Law of Calling*[248] zur Verfügung, und es tut der

---

[246] Ebenda, S. 162f.

[247] Ebenda, S. 163.

[248] Dem operativen Kalkül reichen zwei einfache Grundoperationen, um seinen ganzen Formenreichtum zu entwickeln: Die zwei Initialgleichungen heißen *Law of Calling* und *Law of Crossing*. Man kann einen Namen wiederholt nennen (Law of Calling) und er-

Sache keinen Abbruch, dass dabei die einzelnen Telefone nicht mehr anders unterscheidbar sind, als dass da eben viele sind, denn in Kombination mit dem Law of Crossing lässt sich dann auch noch zwischen solchen, die funktionieren, und jenen, die nicht funktionieren, unterscheiden. Wir werden zeigen, dass das genügt, um ein allgemeines Schema der Entparadoxierung zu zeichnen.[249]

Dass wir aber auf interpretatorische Möglichkeiten angewiesen bleiben werden, ist sicher, denn fraglos kann die Welt auch ohne eine Metasprache *funktionieren*[250], aber fängt man an *Fragen zu stellen*, ist man schon in der Metasprache, und dann geht es einem eben wie weiland Spencer-Brown: „We see now that the first distinction, the mark, and the observer are not only interchangeable, but, in the form, identical."[251]

„Dieser Wiedereintritt, ‚re-entry into the form', betrifft bei Spencer-Brown die Architektur des Gesamtsystems: der Observer des Anfangs, der den Kalkül in Gang setzt, wird am Ende selbst zum Objekt seines Kalküls."[252] Dies ist wesentlich: Der CI eignet sich damit als Introspektionsinstrument *eines* Beobachter-Systems – beziehungsweise zur Analyse der inneren Ausdifferenzierungen jeder komplexen Unterscheidung, die in Form eines Reentry konzipiert werden kann, also zum Beispiel der Differenzen *System/Umwelt*, **generell aber zur Beobachtung der multiperspektivischen Subdynamiken einer Perspektive.**

Es ist das Beobachtersystem selbst, das im Kalkül analysiert wird – das kann ein soziales System, eine Organisation sein, aber eben auch ein Individuum. Eine wichtige Konsequenz der Notation Spencer-Browns ist tatsächlich, dass jede Hypothese und jede Theorie, die sich ihrer bedient, mit einem Blick in ihrer grundlegenden Unterscheidungsstruktur erkennbar wird. In der Algebra Spencer-Browns stehen die **Konstanten eines Arrangements für die Konstellation kombinierter selektiver Blindheiten**[253], die notwendig ist, um die Komplexität einer Situation erfassen zu können, das

---

reicht dadurch keine Veränderung, sondern bloß eine Bestätigung (bzw. eine Kondensation, wenn mehrere gleiche Nennungen auf eine reduziert werden), und man kann mit dem Law of Crossing die Seite der Unterscheidung wechseln, um vom Benannten her auf dessen andere Seite, ins Unbenannte zu wechseln.

[249] Vgl. dazu: Kapitel 6: Schema der Errechnung einer Errechnung.

[250] Wir denken hier nochmals an Kaehrs Äußerungen zur Thematik: *Meditation auf den Kalkül* – und weisen hier explizit darauf hin, dass wir diese Meditationen **nicht in die Objektsprache des Kalküls** zurückzubinden beabsichtigen.

[251] Spencer-Brown, 1994a, S. 66.

[252] Kaehr, 1993, S. 164.

[253] Ein Beobachter kann sein eigenes Beobachten nicht beobachten. Jedes Cross in einem Arrangement steht also auch für den blinden Fleck einer Beobachterstelle in einer Beobachterkonstellation.

heißt: durch die Reduktion dieser Komplexität ihre Beobachtung zu ermöglichen.

4.3 Arrangements

Die ontologische Differenz zwischen *Sein und Seiendem*, mit der Heidegger 1927 versucht hatte, das Thema *Paradoxie* als Antrieb von Existenz (im Sinne von Grund und Ziel) begreifbar zu machen, ist in der kontextgesteuerten Doppeldeutigkeit des nur *einen* Zeichens der Laws of Form Spencer-Browns formal erfasst und wird zunächst in der Primären Arithmetik als *Sein*, im Sinne reiner Operationalität entwickelt und so danach in der Primären Algebra zur operativen Grundlage des *Daseienden*.

Spencer-Browns Notationen, seine **Arrangements**, gebildet aus Kreuzen (*Cross*) und Markern (Reentry), sind lesbar als Unterscheidungsstruktur, die alle im Arrangement verbundenen **Absichten**[254] (die dabei jeweils auch ihre eigene Selbstbeabsichtigung betreiben) in **einer Identität** eint.

Die Primäre Arithmetik hatte sich damit begnügt zu zeigen, wie aus einer ersten Unterscheidung komplexe Unterscheidungsstrukturen – sogenannte **Arrangements** – entwickelt und wieder eindeutig auf einen der zwei Ausgangswerte (*marked/unmarked*) reduziert werden können. Solche Ausdrücke der Primären Arithmetik[255] werden mit Namen (a, b, c...) versehen und bilden so die Variablen der Primären Algebra.

Als Initialgleichungen dieser Algebra dienen zwei Theoreme – *Invarianz* und *Varianz* – der Primären Arithmetik, die nun im neuen Kalkül **Position** und **Transposition** heißen. Dieser neue Kalkül der Primären Algebra soll dabei ausdrücklich „als ein Kalkül für die Primäre Arithmetik aufgefasst werden"[256]. Hier wiederholt Spencer-Brown das Grundmotiv des Selbstbezuges auf der Ebene des Kalküls. Er kalkuliert (beweist) den arithmetischen Kalkül mit algebraischen Mitteln, die sich ihrerseits auf arithmetisch fundierte Formen berufen.[257]

Dieser gegenseitige Begründungszusammenhang von Sein und Seiendem, nachgezeichnet in einem protologischen Zeichensystem, informiert bezüglich der **Form**, die beiden als *Form der Form* zugrunde liegt, eben über die Form der Unterscheidung.

---

[254] *Absicht* steht hier schlicht als Abstraktion von Begriffen wie *Entscheidung, Motiv, blinder Fleck, Grenze.*

[255] Vgl. Spencer-Brown, 1994a, S. 23.

[256] Ebenda, S. 23.

[257] „Jedes formale System, das die Peano-Arithmetik umfasst, ist stark genug, um metatheoretische Aussagen zu formulieren, und damit implizit in der Lage, über sich selbst zu sprechen." Hoffmann, 2011, S. 202.

Mit dem Hinweis auf die Natur der Variablen, die eben wieder aus Unterscheidungen aufgebaut werden, impliziert der CI einen rein operativen Aufbau der Welt. Der Stoff, aus dem die Welt besteht, ist hier: *Prozess in Prozessen. Welt* erscheint wieder ganz analog zu modernen physikalischen Theorien, aus verschiedensten aufeinander bezogenen Unterscheidungsprozessen zusammengesetzt aufgebaut – und nirgendwo stößt man in den Tiefen der Materie auf Festes. Nur auf weitere Unterscheidungen. Unterscheidungen, die zusammen Redundanzen bilden, die für andere solche Stabilität und Dauer bedeuten mögen. Die Welt ist tatsächlich nur eine *Erscheinung* – aber eben eine begehbare, eine wirkliche, *sich im Treffen von Unterscheidungen ereignende* solche.

4.4 Algebra

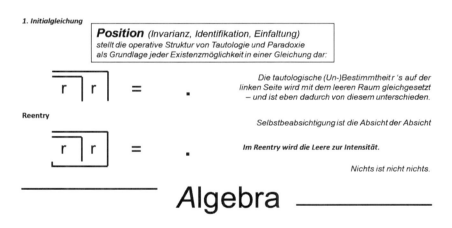

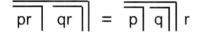

Abbildung 15

4.4.1 Position

Die tautologische (Un-)Bestimmtheit von *r* auf der linken Seite der 1. Initialgleichung[258] wird mit dem leeren Raum gleichgesetzt – und ist eben dadurch auch von diesem unterschieden. Spencer-Browns *Verlangen zu unterscheiden* wird hier als distinktionsloses *Unterscheiden als solches* gefasst. Als logische Struktur scheint die Form der *Position* der Idee eines Kenogramms bei Gotthard Günther zu entsprechen, also eine bloße, leere Position ohne Inhalt zu sein. Doch das führt in die Irre: Was bei Gotthard Günther als Abstraktionsschritt auf der Ebene logischer Zeichen angelegt ist, um logische Stellen noch vor ihrer Wahrheitsbelegung in allen ihren möglichen Verbindungen darstellbar zu machen, finden wir bei Spencer-Brown als Darstellung der **Wirkung** einer tautologischen (leeren) Operation. Gotthard Günthers Keno- und Morphogrammatik will Komplexität durch die Angabe aller möglichen logischen Verbindungen aller in einem System vereinten logischen Positionen erfassen. *Logische Positionen* meinen hier Gotthard Günthers *Elementarkontexturen*, also je eigene Zweiwertsysteme, die in Form von Kenogrammen in einem Morphogramm zusammengefasst und transitorisch verbunden dargestellt werden.

Am Begriff der **Elementarkontextur** ist recht unmittelbar zu sehen, dass Gotthard Günther und Spencer-Brown mit je eigenen Mitteln auf die gleiche Frage antworten: Wie sind Zweiwertsysteme, also Elementarkontexturen, Perspektiven et cetera (zum Beispiel: Menschen) miteinander (logisch) verbunden? Gotthard Günther stellt alle möglichen Verbindungen zwischen allen möglichen Positionen her. Er sagt **alles**, aber eben über **nichts**, weil das Morphogramm sich nicht auch noch selbst zu fassen vermag.

Und Spencer-Brown macht exakt das Gegenteil: Er sagt nichts über alles. Gotthard Günther sieht die vielen einzelnen Elemente und verbindet sie horizontal. Spencer-Brown sieht die Vielheit der einzelnen Elemente als mediale Einheit und unterscheidet vertikal. Spencer-Brown konzipiert eine Relation der Beinhaltung, Gotthard Günther eine solche des Nebeneinanders. Gotthard Günther verbindet Individuum mit Individuen und Spencer-Brown Individuum und Gesellschaft. Gotthard Günther zielt auf die Abbildung der Realität und Spencer-Brown auf die der Wirklichkeit.[259]

---

[258] Spencer-Brown weist zwar auf die verschiedenen Möglichkeiten hin, ein Gleichheitszeichen als Ungleichheitszeichen zu lesen (zum Beispiel: *wird verwechselt mit)* (vgl. Spencer-Brown, 1994a, S 60); hier sagt das Gleichheitszeichen aber etwas über die kenogrammatische Struktur der *Leere* aus.

[259] Wer das erkennt, erkennt zugleich auch Luhmanns Qualität, der schon zu einer Zeit nach einer Verbindung beider verlangte, als sie kaum noch jemandem bekannt waren – außer natürlich Heinz von Foerster.

Reentry der 1. Initialgleichung

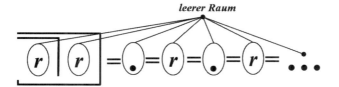

$\textcircled{r}$ *stellt in der operativen Struktur von Tautologie und Paradoxie der 1. Initialgleichung die Einheit von Element und Medium – oder auch von Einheit und Vielheit – dar:*

Die tautologische und paradoxe (Un-)Bestimmtheit des abstrakten (allgemeinen, generalisierten) Mediums als bloße lose Kopplung seiner Elemente ist Ununterschiedenheit und kann operativ als Nicht-Unterscheiden im Unterschiedenen (im Sinne einer bloßen Unterscheidungsabsicht) bezeichnet werden.

Abbildung 16

Spencer-Browns Form der Position stellt das *Nichts* als Wirkung dar. Aus der Sicht einer Evolutionstheorie wäre hier das paradoxe Prinzip reiner ungerichteter Absicht zu finden, das etwa mit Schopenhauers Idee vom Willen, der in allem wirkt, ohne Bestimmtes zu wollen, übereinstimmt. Als entsprechender physikalischer Ausdruck dieser 1. Initialgleichung drängt sich wieder die Theorie der Quantenfluktuationen[260] im Vakuum auf. Als mathematisches Analogon ist der Bereich der imaginären Zahlen zu nennen, denn im Raum bleibt ein Ausdruck, wie ihn die Position darstellt, unbestimmt und kann daher „imaginär in Bezug auf die Form genannt werden"[261]. Spencer-Browns *empty space*, der leere Raum, ist zwar als Raum leer, aber zugleich doch von einem Verlangen, von einer *Absicht zu unterscheiden* erfüllt; *r* in der Denkfigur *Position* ist Spencer-Browns *Motiv*, das sich *selbst motiviert*. Wenn die Form der Position aber als ganze Unterscheidung leeren Raum bedeutet, dann sind auch ihre beiden Seiten *r* leerer Raum und auch die Grenze selbst ist leer, ist *r*.

Was im leeren Raum *r* von *r* unterscheidet, kann nur *r* selbst sein; *r* ist damit definiert als Differenz zwischen *r* und *r.* Und *r* ist damit reine Opera-

---

[260] „*Vakuumfluktuationen* (auch *Quanten-* oder *Nullpunktsfluktuation*) sind Teilchen-Antiteilchen-Paare, die in der Quantenfeldtheorie aus dem Vakuum entstehen und wieder zerfallen" (http://de.wikipedia.org/wiki/Vakuumfluktuation).
[261] Spencer-Brown, 1994a, S. 53.

tion als Unterscheiden des Unterscheidens im Unterscheiden, was eigentlich schon vom Raum weg auf ein Konzept von Zeit (Oszillation) verweist.

Doch *r* ist **weder** hier **noch** ist es jetzt. Denn auch als Zeit bleibt *r* imaginär, weil ein Vorher und ein Nachher nötig sind, um Zeit zu bestimmen und damit real werden zu lassen. (*Jetzt* ist nicht Zeit! So wie *hier* noch keine Ortsangabe sein kann.)

Oder anders: **Position** drückt (optional) die imaginäre Seite von Raum und Zeit aus. Was nichts anderes bedeutet, als dass wir im Reentry der Form der Position die gegenseitige Interpunktation von Raum und Zeit zum Hier/Jetzt finden.

Dieses Hier/Jetzt impliziert notwendig den Gebrauch der doppelten, sich gegenseitig interpunktierenden Unterscheidung *innen/außen* und *vor-her/nach-her* und weist damit wieder auf einen Beobachter hin, der durch sein Unterscheiden eine räumliche Position besetzt, die zugleich eine zeitliche solche bedeutet, also ganz im Sinne der neueren Physik eine **raumzeit-liche** Position.

Mit dem Reentry der Form der Position scheinen Unendlichkeit und Ewigkeit erfüllt von (für jede Endlichkeit) ausreichend vielen (also konti-nuierlich-dichten) virtuellen *Hier/Jetzt-Punkten*. Das Bild erinnert an die Leibniz'schen Monaden in Gestalt moderner Vakuumfluktuationen, denn wo immer sich in der 1. Initialgleichung der Primären Algebra ein *r* (*Einheit*) findet, ist es als *r/r* (*Differenz*) aufzufassen.

Damit meint *r* aber eine absolute **transraumzeitliche** Dynamik, denn *r* ist damit schon immer und auf ewig dabei sich (instantan) als unendliche Vielfalt seiner Einfalt auszudifferenzieren, also so etwas wie: totale virtuelle Ausdifferenzierung als absolute **Intensität**. Wir denken hier wieder an Schopenhauer und seine Betonung eines ungerichteten Willens als der Kraft in jeglicher Existenz. Präzisierend kann jetzt noch hinzugefügt werden: **ungerichtete Absicht,** die als Identifikationsoperation zwar immer auf sich selbst gerichtet ist, die aber eben deshalb nach außen, bezüglich ihrer Erscheinungsformen, ungerichtet bleibt.

Und wenn gilt: *r* ist (gleich) der leere Raum, dann behauptet die Form der *Position* damit auch: der leere Raum, das *Void,* ist Intensität. *Position* ist das operative Symbol des Nichts. Das Nichten des Nichts: Potenzialität als leere Aktivität. *Position* nennt den **imaginären** Zustand der Existenz selbst – oder verpönt substantivisch: (leere) **Imagination** als solche. Operative Absicht, die auf sich selbst gerichtet ist, also reine Selbstunterscheidung als bloße Selbstbeabsichtigung.[262] Die Thematik ist offensichtlich

[262] Im Wiedereintritt der **Position** in ihren eigenen Raum auf ihren – weil symmetrisch – **beiden Seiten**, werden alle linken und rechten Seiten ihres instantan-unendlichen inne-

logisch isomorph mit dem tautologischen Teil der Operationsnotwendigkeiten jeglicher *Identität.*

4.4.2 Transposition

Die Form *Transposition* beschreibt die elementare Operation des Auf- und Abbaus von Komplexität. Und zwar als einen Unterscheidungsprozess in ebenjenem Medium, das von der Form der *Position* in ihrem Selbstbezug als Möglichkeitsraum[263] gesetzt ist. Die Operation des Unterscheidens in diesem Möglichkeitsraum ist wieder im Wechsel der beiden Seiten, jetzt der Transposition zu lesen: *Sammeln* und *Verteilen*[264] zeigen Unterscheidungsbewegungen in Richtung Entropie beziehungsweise Negentropie, weil dieses Sammeln und Verteilen zwischen zwei differenten logischen Ebenen stattfindet. Auf jedem Interpretationsniveau wird es hier um die Frage gehen: Welche Qualität wird gesammelt/verteilt und welche konkreten Operationen sind damit zu verbinden?

Was die Spencer-Brown'sche Form der *Transposition* nun hinter ihrer – aus klassischen Logikkonzepten bestens bekannten – einfachen Gleichungsfigur sichtbar werden lässt, ist die operative Grundlage des Auf- und Abbaus von Komplexität. Genauer, die Form der *Transposition* kalkuliert den Unterscheidungszusammenhang, der die Elemente eines Mediums zu neuen Formen verbindet. Und zwar, indem sie unterscheidet, *was an allen Elementen gleiche bzw. differente Absicht* ist, um dieses Gleiche von ihnen abzuziehen und herauszuheben. Dadurch werden zugleich die einzelnen Elemente spezialisiert (raumzeitlich ausdifferenzierend) und in dieser von den einzelnen Elementen abgezogenen und zu einer neuen Einheit verbundenen gemeinsamen Absicht verbunden (und natürlich wieder die Umkehrung von rechts nach links in der Gleichung).

---

ren Unterscheidens per Index bezeichnet und so für sich selbst von sich selbst unterscheidbar. Intensität ist instantane Indexmaximierung durch Selbstbezug, und die Summe aller Indizes bildet das Medium, in dem durch Unterscheiden und Bezeichnen die Form der Form als Welt erscheinen muss.

[263] Nachdem die Dynamisierung der Operation **Position** im Selbstbezug (Reentry) transraumzeitliche Intensität in Form von bezugsloser Potenzialität konstruiert, ist zugleich die logische Voraussetzung jeder Setzung gesetzt: Denn auch eine Setzung ist nur eine Unterscheidung, und so setzt auch jede Setzung voraus, dass schon unterschieden ist, denn sie kann nur in einem schon bestehenden Raum erfolgen. *Ohne Bezug* meint (im Begriff *bezugsloser Potenzialität*) hier natürlich *ohne Fremdbezug*, sodass eben reiner Selbstbezug bleibt, der sich aber – wie gezeigt – durch seine selbstbezüglichen Operationen immer schon in tautologische und paradoxe Widersprüche verwickelt, die sich – ebenso schon immer – in Form von Endlichkeiten entparadoxieren.

[264] Spencer-Brown, 1994a, S. 25.

Der CI erweist sich damit als ein Werkzeug, das die Struktur operativen Selbstbezugs als *Dynamik zwischen logischen Ebenen* fasst und als solche darstellbar macht.

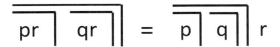

Wenn p, q und r jeweils für eine bestimmte Absicht,
ein bestimmtes Motiv stehen, dann zeigt die linke Seite
zwei Einzelmotive nebeneinander, während die rechte
Seite zwei Einzelmotive nebeneinander zeigt, die aber
durch ein gemeinsames Motiv verbunden sind.

Abbildung 17: Was an allen Elementen gleich ist, ist ihre elementare Absicht, (r) zu sein. Und was an allen Elementen verschieden ist, ist ihre elementare Absicht, sie selbst (p, q...) zu sein.

Das erinnert nicht zufällig an den Begriff der Individualität, der uns Menschen bescheinigt, dass wir alle gleich sind, in unserem Streben nach Einzigartigkeit. Und dass wir dabei immer zwischen gemeinsamen und einsamen Absichten balancieren.

Wir wissen damit, wie in diese Ursprungssymmetrie als ihre Doppelung die Asymmetrie kommt: Sie kommt eben nicht, sie ist vielmehr schon da, gleichursprünglich wie die Symmetrie auch[265] – durch die Absicht des Beobachtens, die im Grade ihrer operativen Eigenkomplexität frei ist, Grenzen als Verbindung oder Trennung zu nutzen (von Foersters Maxwell'scher Dämon).[266]

---

[265] Wir sehen in Fragen der Symmetrie ein beidseitiges Reentry der Differenz Symmetrie/Asymmetrie!

[266] Der CI beschreibt eine Folge von Entwicklungsschritten, in welchen Rekursionen Eigenwerte bilden, die, nachdem sie ausreichend stabil reproduziert werden, eine Doppelgestalt von Funktion und Wert gewinnen.
Auf unterster logischer Ebene heißt dies bloß, dass sie für sich weiter schlicht als redundante Funktionen arbeiten, aber für einen externen Beobachter als Wert erscheinen.
Auf oberster logischer Ebene ist diese beobachterrelative Doppelung von Wert und Funktion für das bezogene System selbst gegeben.
Der Übergang von einer zur nächsten Ebene erfolgt fraktal im Sinne gebrochener Dimensionalität, geht also von der *irreflexiven Ebene* über beliebig viele Zwischenstufen in der reflexiven zur autoreflexiven Ebene.

4.4.3 Transformation

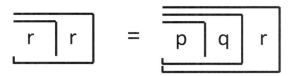

Abbildung 18

Die Frage des Übergangs von der Form der Position zur Form der Transposition ist definitionsgemäß auf Spekulation verwiesen. Nachdem die beiden Initiale der Algebra voneinander unabhängig zu sein haben, kann es keine unmittelbar ableitbare Verbindung zwischen ihnen geben. Da sie aber beide auf die eine gemeinsame Welt bezogen sind, in der sie formuliert wurden und in der sie gelten, muss ihr Operieren aufeinander bezogen sein.

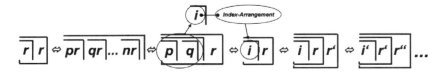

Abbildung 19

Unser *r* ist Unterscheidung und zwar eben Unterscheidung seiner selbst als Unterscheidung. Wenn die tautologische Operation *r* definiert ist als ihre eigene Differenz (*r* = *r/r*), dann eröffnet das zwei Ebenen der Entparadoxierung: *Raum* als das absolute Nebeneinander (Simultaneität) und *Zeit* als das absolute Nacheinander (Sequenzialität) reinen Operierens (im Operieren allen Operierens).

Im Raum ist *r* als *Gleiches* von sich selbst unterschieden, *r* behält dabei immer seine Doppeldeutigkeit als Grenze (bzw. Grenzziehung) im Sinne von *Verbindung/Trennung*. Damit eröffnet virtueller Raum (Latenz) das Feld des Auf- und Abbaus von Komplexität durch die in dieser räumlichen Vielheit *r*s möglich werdende Wahl zwischen *binden* oder *trennen* bezüglich anderer *r*s – was der Produktion von Zeit entspricht.[267] Die Form der

---

[267] Die Schwierigkeiten, solches in Worte zu fassen, besteht darin, dass kein Grund zur Annahme gegeben ist, dass diese Prozesse je anders als bereits verwoben und daher immer nur in kausalen Schließungen existieren, die sich in linearer Darstellung gegen diese sträuben.

Transposition zeigt jedes r als versehen mit einem Index, der seine raum-zeitliche Position markiert und daher für seine Einzigartigkeit steht (die so nie seine eigene ist). Und sie zeigt die kardinale Möglichkeit der *einen* Absicht, sich in allen partiellen Formen zu identifizieren.

Dieser Möglichkeitsraum, den r in der Dynamik der Form der Position unterscheidet, erscheint zunächst als absolute Vielheit, das heißt als Einheit einer unendlichen Anzahl virtueller Indizes (oben: p, q, …, n – wobei 'n $\to$ ∞' gilt), über die r sich im Zuge seiner (instantanen) Ausdifferenzierung distribuiert und an die r gebunden ist, denn r muss, wie wir sahen, mit diesen Indizes letztlich *identisch*[268] sein, weil diese ja als reines Produkt der inneren (Unterscheidungs-)Dynamik von r selbst entstehen.[269]

Sobald r wieder alleine auf einer Seite in einem Arrangement steht, wie eben im Arrangement auf der rechten Seite der 2. Initialgleichung *Transposition*, ist r als *Verlangen zu unterscheiden* an die Gesamtheit der es implizierenden Indizes gebunden. Damit aber ist eine neue Ebene in der Form verbundener Indizes gefunden und damit ein vom unendlichen, virtuellen r verschiedener, endlicher und konkreter Selbstbezug r' als Distinktion im Kontinuum des transraumzeitlichen Selbstbezugs r begründet. Welt ist dann die Summe aller r' bis r^{n}, die gerade existieren. Und die in Summe vermittels des Unterschieds, den jedes für sich mit ihrer zugehörigen und sie bestimmenden Indexkombination zum Rest der Welt bildet, ebendiese Welt bestimmen. Hervorzuheben ist hier der logische Ebenenunterschied zwischen r und Indices, der erst manifest wird, sobald sich Formen im primären Medium der ungerichteten Absicht bilden und so aus Absicht Zeichen werden, die zusammen diese Welt bezeichnen. Eine Welt multiplen Beobachtens, denn r ist nicht *irgendwer,* sondern, wie oben festgehalten, zunächst Unterscheidung des Unterscheidens (Position), die aber aus ihrer eigenen Dynamik heraus immer schon zum Unterscheiden im so schon Bezeichneten werden muss.

Natürlich kann man auch einfach auf Spinoza verweisen, der mit seiner Formel *deus sive natura* analog dachte. Was Spinoza nicht hatte, war ein analytisches Werkzeug gleich dem CI, mit dem er die differenzlogische Kalkulationsweise hinter seinem *deus sive natura* hätte demonstrieren kön-

---

[268] Hierher gehört die gesamte Identitätsthematik in ihrer operativen Konklusion als *Identifikation*, aber auch die Idee hinter dem Begriff der Zahl als Urform von Zeichen schlechthin.

[269] *Intensität* war definiert als instantane absolute transraumzeitliche Selbstausdifferenzierung einer Absicht, die als Selbstbeabsichtigung und damit reine Operationalität gefasst war. *Intensität,* die als solche operational isomorph mit Spencer-Browns *Verlangen zu unterscheiden* erscheint, jenem Verlangen (nach sich selbst), das durch sich selbst motiviertes Unterscheiden ist!

nen, als aktiven (*deus-bezeichnen*) und passiven (*natura-bezeichnet*) Aspekt des Unterscheidens in einer Welt, in der es keine Unterschiede gäbe, wäre da nicht *jemand*[270], der sie macht. Oder genauer: Wäre die Welt nicht selbst in allen ihren Punkten genau dies: ein Prozess des Unterscheidens und Bezeichnens. Oder anders: Hätte Spinoza den Kalkül gekannt, hätte er gesehen, dass seine eine Monade erst die Idee eines Mediums bedeutet, und dass es noch der Leibniz'schen Vielheit an Monaden (mediales Substrat) bedarf, um aus dieser Differenz die Konstruktion der Form zu ermöglichen. Deus sive natura, sie sind Einheit, aber als Differenz!

Die Dynamisierung der Form der Transposition kann sich an der Differenz *r*/*Index* orientieren, wenn dabei die dynamische Identität von *r* und Index bedacht wird. Der Ausdruck *qr* wird dann als q^2 lesbar. Und die daraus sich ergebende, zur Form der Transposition strukturisomorphe Ungleichung von $q^2 + p^2 \neq (q + p)^2$ sagt dann nur, dass der operative Aufwand bei je eigener oder bei vereinter Absicht gleich ist, dass aber die Vereinigung von Absichten, obwohl diese in der gemeinsamen aufzulösen war, sowohl die eigenen Absichten bedient als auch die gemeinsame.[271]

Oder anders: Vergleicht man die Dynamisierung der beiden Seiten der Transposition, dann erhält man links mit dem Reentry des verteilten Zustands eine schlichte Oszillation zwischen ebendiesem Zustand und einem solchen der Unbestimmtheit. Während auf der rechten Seite im Reentry die Unterscheidung zwischen Index und Unterscheidung wieder eingeführt wird und man damit (im Vergleich zum links schon erreichten) einen weiteren Ebenenunterschied ermöglicht. Zugleich ist damit auch gezeigt, wie die **ursprüngliche** Indexbildung in der Form der Position zu verstehen ist – nämlich gerade in Bezug auf diese Ursprünglichkeit doch wieder schlicht beobachter**relativ** (wer auf der rechten Seite der 2. Initialgleichung der Spencer-Brown'schen Algebra steht und nach links schaut, vermeint dort

---

[270] Frei nach Heinz von Foerster: Da draußen gibt es keine Unterschiede, es sei denn jemand macht einen. („The environment contains no information; the environment is as it is." Foerster, 1981, S. 236.) Womit hier nicht irgendeinem Gott das Wort geredet werden soll – es sei denn, man akzeptiert **r** als solchen. Wir könnten zunächst alle **r**s als intentionale Bewusstseinspartikel verstehen und hätten damit das mediale Substrat der Existenz, den Naturaspekt, erfasst, und wir müssten nun die Gesamtheit, die Einheit dieser Vielheit an **r**s als Medium, als den Gottesaspekt der Existenz bezeichnen.

[271] Quadrieren erscheint hier sehr plastisch als Metapher für *Leben,* wie sie schon Heinz von Foerster gerne verwendet hatte. Eine sehr empfehlenswerte Meditation ergibt dann die Umkehrung, das Wurzelziehen, aus dessen Dynamik zu lernen ist, dass diese Operation als Rekursion einen Eigenwert (vgl. weiter unter) produziert, der zurück in die absolute Einheit führt, diese aber nie erreichen kann, weil hinter dem Komma auf ewig ein identifizierbarer Rest bleibt. Wer also mit einem minimalen Unterschied zu Gott zufrieden ist, kann auch als Mathematiker auf ewiges Leben hoffen.

Ursprüngliches zu sehen), anders ist Setzung auch nicht denkbar. Und Anfänge der absoluten Art hatten wir schließlich schon aufgelöst.[272]

Was damit auch erfasst wird, ist die Operation der Unterscheidung zwischen **loser und fester Kopplung** der Elemente eines Mediums. Und damit die Grundlage jeder Form von Selbstorganisation.

4.4   Komplexitätsgenese

Im 11. Kapitel der *Laws of Form* erscheint die symmetrische Gestalt der **Position** als ausdifferenzierte explizite Zweiseitenform, als Unterscheidung zweier verschiedener Entitäten wieder. Eine entitäre Dualität, eine Komplementarität, die wir von hier aus – stringent spekulativ – mit *Geist* und *Materie* identifizieren können, oder auch mit *body* und *mind*, solange wir damit eine Zweiseitenform intendieren, deren eine (innere) Seite die aktive, operative ist und deren andere dieses Operieren als Kontext ermöglicht.

Aus der dynamisierten Position r/r *(r cross r)* ist schließlich ein a/b// (*a cross b reentry*) geworden. Spencer-Brown entwickelt diese Form stringent aus a/b, das heißt, er kann zeigen, dass a/b// (*a cross b reentry*) keine gekünstelte, aufgesetzte Figur ist, sondern sich als Form nach den Regeln des Kalküls ableiten lässt. Und er zeigt damit, dass der CI die Entwicklung der Ausdifferenzierung einer Unterscheidung von 1st auf 2nd Order erfasst.

Die neu gewonnene Form a/b (*a cross b*) gleicht der Position (in analog dynamisierter Fassung), mit dem Unterschied, dass die beiden Seiten nun verschieden sind, womit wir – logisch (!) betrachtet – eine allgemeine Aussage über das Universum derart konstruiert haben, dass: alle a→b, was besagt, dass das Universum ein **Verweis** von **etwas auf etwas** ist (und das überall und immer). Und eben darin zeigt sich wieder eine strukturelle Isomorphie zur paradoxen Begründung von Identität: Ungleiches wird nun manifest als Gleiches behauptet. Das war zwar implizit auch schon bei r/r *(r cross r)* gegeben. Während wir aber in der *Position* aufgrund ihrer Virtualität noch ein logisches Downgrading zum leeren Raum annehmen mussten (aber stattdessen schließlich doch *Latenz* fanden[273]), können wir nun die Frage stellen, was denn a/b (Reentry) ergibt? Und wir müssen ein logisches Upgrading erwarten: das reale Erscheinen des Eigenwertes[274] dieser Funktion, als Ausdifferenzierung ihrer imaginären Anteile.

---

[272] Vgl. Spencer-Browns chinesische Schriftzeichen am Beginn der Laws of Form.

[273] Wir vermuten hier eine Parallele zu Gotthard Günthers Idee der Bildung von Reflexionsresten (vgl. Blume, 2012, S. 45, 52, 55, 59, 75).

[274] **Eigenwerte** sind nach Heinz von Foerster vergleichbar mit dem Symbol der Schlange, die sich in den eigenen Schwanz beißt (Uroboros). Gemeint ist damit, dass Resultate der Operationen eines Systems wieder als Eingangsgrößen in das System eingeführt

Schon Ross Ashby hatte die einfache Hausklingel als Beispiel benutzt, um das segensreiche Wirken oszillierender Paradoxien zu erläutern. Wir greifen dies auf, um damit, wie Abbildung 20 zeigt, zu illustrieren, was der CI notiert: eine operative Verweisungsstruktur.

Der Mann an der Klingel drückt den Klingelknopf und stellt damit den Stromfluss von *aus* auf **ein**. Diese Differenz *ein/aus* wiederholt sich in der Klingel quasi als Wiedereintritt (*Reentry*) der Ausgangsdifferenz.

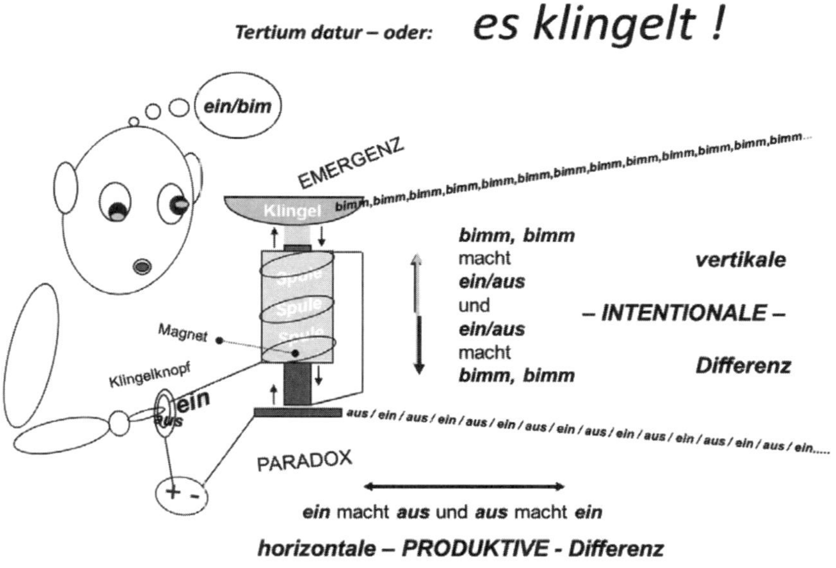

Abbildung 20

werden. Das Resultat einer Operation wird somit wieder als Ausgangspunkt für eine neue Operation benutzt und so weiter. Als anschauliches mathematisches Beispiel greift von Foerster gern auf das „Wurzelziehen" zurück. Egal, aus welcher Zahl man nämlich die Quadratwurzel zieht, man gelangt ad infinitum zur Annäherung an den mathematischen Wert 1. Der Eigenwert (1) wird also vollkommen unabhängig vom Anfangswert generiert.

[274] Man könnte auch sagen *belebt sich* und hätte damit zum Ausdruck gebracht, dass Leben als Selbstbezug des Selbstbezuges (Paarung des Paares) zu denken ist.

Ein ist definiert als *ein/aus*. Diese Oszillationen erweisen sich als produktiv, sie markieren eine neue Ebene, hier: *das Läuten der Klingel*. Die Klingel steht entweder auf *ein* oder aber auf *aus*, *das Läuten* dagegen ist weder ein noch aus, sondern der Wechsel zwischen beiden. Solange niemand auf den Klingelknopf drückt, verschwindet das Klingeln als Sinn der Klingel zwar im blinden Fleck der Unterscheidung *ein/aus*, bleibt aber als *Motiv*, auf den Knopf zu drücken, bestehen. Die Oszillation von *ein/aus* erzeugt *das Läuten*. Und das *Läuten* (als Motiv, die Klingel zu benutzen) die Oszillation.

Hier wird der Zusammenhang von Eigenwert, blindem Fleck und Selbstbezug deutlich (auch wenn die Hausklingel als Trivialmaschine dafür natürlich für sich genommen zu wenig komplex ist und den Klingelnutzer einbeziehen muss): Komplexitätsaufbau funktioniert als Ausdifferenzierung des Inhalts eines blinden Flecks zum Eigenwert der Funktion. Oder anders: Eigenwerte sind ein Ausdruck der Motive ihrer Funktionen (siehe Abbildung 21).

Abstrahiert man vom Klingeln, um damit die Frage nach dem *Welten der Welt* zu stellen, fragt man also nach den Grundlagen des *Ereignens* als solchem und damit nach der Operationsform des Existierens, so müsste man, um den Erkenntnissen moderner Physik Rechnung zu tragen, in der Notation Spencer-Browns von einem *Aus* ausgehen, das definiert ist als aus/ein, und hätte damit die Natur des Nichts und seiner Quantenfluktuationen funktional erfasst. Dass man zu *gleichen* Ergebnissen käme, ginge man von einem *Ein* aus, um dieses dann als *ein/aus* oszillieren zu lassen, scheint evident – in beiden Fällen hätte man die gleiche Oszillation. Dass dies zwar die gleiche,

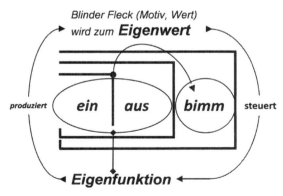

Abbildung 21

116

aber nicht dieselbe Oszillation ist, wird bedeutsam, sobald man das alteuropäische Entweder-oder in der Frage einer positiven oder negativen Gründung der Existenz übersteigt und differenzlogisch in der Differenz als solcher – beziehungsweise: im Prozess des Differenzierens, also wieder *des Unterscheidens* selbst –, den tiefsten Grund (allen Seins, des Weltens der Welt) sucht. Wer nun die beiden Möglichkeiten zu beginnen (*ein/aus* und *aus/ein) zusammendenkt*, wird in der Phasenverschiebung zwischen den Oszillationen auf beiden Seiten sich gegenseitig aufhebende Kräfte erkennen, die das innere Vibrieren des Nichts, seine unendliche Irritierbarkeit[275] erzeugen, die es zum elementaren Medium, zum Medium aller Medien und ihrer Elemente macht. Zugleich muss dabei jede Logik die Notwendigkeit einer dritten Art von Entität neben Element und Medium bestätigen, denn anders hätte diese imaginäre Differenz nie zu realen Formen gefunden. Oder anders: Ohne imaginierende Instanz gäbe es die Imagination einer Differenz von Medium und Form nicht.

Und natürlich war dieses Dritte schon als das Unterscheiden hinter unserem ersten *Ein/aus* zu erkennen. Dieses Dritte nennen wir in Bezug auf Medium/Element **Form** und definieren es als doppeltes Reentry der Differenz Medium/Element. Jedes Element ist die mediale Organisation der Elemente, aus denen es besteht, also eine Form. Und jedes Medium wird durch die Form (!) seiner Elemente in seinen (medialen) Möglichkeiten zur Formbildung bestimmt (im Sinne einer Begrenzung, aber auch einer Ermöglichung).

Oder anders: Der genannten Anlage (Unterscheidungsstruktur) von Element/Medium//Form ist eine Tendenz zur Ausdifferenzierung inhärent, die analog zur Begrifflichkeit *Materie/Geist* und *Intention* erfolgt. Jede erscheinende Form ist notwendig Resultat der Verbindung oder Trennung von Elementen, die jeweils als solche ohne einen Prozess ihrer (Über-) Formung imaginär blieben. Materie und Energie, Leben und Kognition blieben *un*unterschiedene, eben ungeformte – imaginäre – Einheit, wäre da nicht ein gleichursprüngliches Drittes, das diese beiden jeweils als **deren Form** unterscheidet.

Diese Unterscheidungsstruktur könnte man etwa Kant in seinem **Beobachten** von Raum und Zeit unterlegen: Die Oszillation von innen/außen erzeugt ein Hier und jene von vorher/nachher das Jetzt. Und die Oszillation *hier/jetzt* erzeugt Präsenz als ein *Da-Sein,* das damit jener Doppeldifferenz geschuldet ist, die ihrerseits aber nur durch das Da-Sein erst sein kann. Um auf Kant zurückzukommen: Das Kant'sche Bewusstsein reflektiert sich in Raum und Zeit – als Kant.

---

[275] Spencer-Brown, 1995, S. 151.

Raum und Zeit sind Reflexionsformen des Bewusstseins. Ohne diese Formen, ohne dieses Dasein, wäre das Bewusstsein nur *Sein* ohne *Schein* (Da-Sein = Erscheinung) – und damit schlicht nicht.[276] *Da-Seiendes* und *Sein* sind die zwei Seiten einer *inneren* Differenz, denn sie notieren Universalität.

4.5 Selbstbezug

Eine Formel auf dem Weg ins Verständnis dieser Operationsform müsste mit Martin Heidegger lauten: *Den Selbstbezug als Selbstbezug mit sich selbst in Bezug bringen!*

Jeder Versuch – auch der Selbstversuch –, eine mit sich selbst identische Einheit zu erfassen, ist auf einen Akt der Beobachtung angewiesen. Auf einen Akt der Unterscheidung, auf Differenzbildung, auf Beobachtung – jedenfalls auf Operation.

Man hatte *transklassische Logikkonzepte* mit Hilfe von Wahrscheinlichkeitskalkülen zu verwirklichen versucht, um mit Tarski endgültig einzusehen, dass damit kein über Zweiwertigkeit hinausreichender Strukturreichtum zu begründen sei.[277] Gotthard Günther suchte nach n-wertigen Logiken – und musste schließlich das Tertium-non-datur jeweils ein Stück verschieben. Also in einer dreiwertigen Logik ein ausgeschlossenes Viertes (beziehungsweise n+1) postulieren! Das erinnert – von der Verbotsdynamik her – an die Typenlehre von Russell und Whitehead[278] und an die Uneinholbarkeit des Selbst durch sich selbst (was den Selbstbezug wieder in der schlechten Unendlichkeit verschwinden lässt), und damit auch an die Nachträglichkeit der 2nd-Order-Beobachtung und das darin begründete *Immer-schon–zu-spät-Kommen*, wenn es um die erste Unterscheidung geht.

Die *Lösung* liegt, jedenfalls in ihrem *ersten* Schritt, nicht in Mehrwertsystemen, sondern in der *Resymmetrisierung der Zweiwertigkeit* und einer daraus resultierenden *dreiwertigen Ontologie* (die damit allerdings zur Ontogenese wird) – und damit bei Spencer-Brown und seiner Algebra, die symmetrische Zweiwertigkeit in der Form der *Position* **vorgibt** und den ontischen Dreiwert in der *Transposition* **vorführt**![279]

---

[276] „Es zeigt sich, dass hinter dem sogenannten Vorhange, welcher das Innere verdecken soll, nichts zu sehen ist, wenn wir nicht selbst dahinter gehen, ebenso sehr damit gesehen werde, als dass etwas dahinter sei, das gesehen werden kann." (Hegel, 1986, S. 135f.)

[277] Vgl. dazu in: Gotthard Günther, Idee und Grundriss XIII.

[278] In der Principia Mathematica.

[279] *Rejektionswert* ist das Cross: Es ist das *Weder-noch,* das im Reentry zum *Sowohl-als-auch* werden wird!

Denn *Einheit* ist immer nur als die eine Seite einer Differenz zu haben. Diese Einsicht hatte Niklas Luhmann dazu bestimmt, das logische Fundament seiner Theorie nicht mehr nur in der Oberfläche einer phänomenal einfach mit sich selbst identisch gedachten Welt zu suchen, sondern eine ganze Ebene tiefer anzusetzen, um den Vorgang der Einheits*bildung*[280] in den Blick zu bekommen.

Identität ist nicht mehr vom Akt ihrer Beobachtung losgelöst denkbar. Es sei denn, man wollte darauf verzichten zu verstehen, wie der Prozess der Identifikation als Eigenfunktion aller Einheitsbildung seinen Eigenwert – die Identität – anlegt: nämlich als eben je eigene Art der (Re-)Identifikation (von Moment zu Moment). Der Wert *ist* also die Funktion, die ihn erzeugt. Das ist operativer Selbstbezug.

Im Folgenden werden wir unsere semantische Spurensuche ins Umfeld der Leitdifferenzen aus der Sammlung Niklas Luhmanns verlegen.

4.5.1 Identität: Einheit oder Differenz von Einheit und Differenz

Die Zusammengehörigkeit von Identität und Differenz
wird (...) als das zu Denkende gezeigt.
Martin Heidegger

In seinem ersten Werk – nach einer langen Null-Serie[281] – in *Soziale Systeme* fordert Niklas Luhmann: „Für die Ausarbeitung einer Theorie selbstreferentieller Systeme, die die System/Umwelt-Theorie in sich aufnimmt, ist eine neue Leitdifferenz, also ein neues Paradigma erforderlich. Hierfür bietet sich die Differenz von Identität und Differenz an. Denn Selbstreferenz kann in den aktuellen Operationen des Systems nur realisiert werden, wenn ein Selbst (sei es als Element, als Prozeß oder als System) durch es selbst identifiziert und gegen anderes different gesetzt werden kann. Systeme müssen mit der Differenz von Identität und Differenz zurechtkommen, wenn sie sich als selbstreferentielle Systeme reproduzieren; oder anders gesagt: Reproduktion ist das Handhaben dieser Differenz."[282] Aber Luhmann betont immer wieder: Identität als *Einheit* ist immer nur als bloß eine von den zwei Seiten einer Differenz zu haben. Selbst- und Fremdreferenz funktionieren als die zwei Seiten *einer* Unterscheidung. Und nie für sich alleine, denn selbst bewusst reflektierte Identität meint Differenzbil-

---

[280] Dass diese theoretische Komplexion zugleich auch die Umstellung von Ontologie auf Ontogenese bedeuten musste, ist evident.
[281] Luhmann bezeichnete alle seine bis dahin veröffentlichten Schriften fortan als Null-Serie.
[282] Luhmann, 1984, S. 26.

dung im Modus Selbst-/Fremdreferenz – also beispielsweise den Unterschied zwischen *Ich* und *Ich* in der Formel *Ich bin ich.*

Der Wechsel zur Leitdifferenz *Einheit/Differenz* war bei Luhmann also keineswegs eine Rückkehr zur Idee ontologischer Einheit. Er beharrt auf *Differenz* von Einheit und Differenz und nicht auf deren Einheit.[283] Und fragt man nach dem Dritten dieser Differenz (Einheit/Differenz), so landet man unweigerlich bei alten Bekannten, die strukturell isomorph das gesuchte Tripel bilden: Identität (Einheit), Gleichheit und Verschiedenheit (Differenz).

Identität meint zwar auch alteuropäisch eigentlich *Selbigkeit*[284], trotzdem wird der *Satz der Identität* als Gleichsetzung, als Gleichheit formuliert: *a = a*. Aber *(a = a) ≠ a*. Eine Gleichung ist Operation, ist Gleichsetzung und damit nicht einfach *Selbigkeit* in Sinne *ontologischer* Identität – und das wiederum bringt die Verschiedenheit als Differenz von Selbigkeit und Gleichheit zurück in den Konstitutionszusammenhang von Identität, zurück in den systematischen Identifikationsprozess.

Martin Heidegger hatte versucht, diesen Gedanken durch eine Veränderung der Betonung im Satz der Identität von ‚*a* ist *a*‘ auf ‚a *ist* a‘ auszudrücken. „Die Einheit der Identität bildet einen Grundzug im Sein des Seienden. Überall, wo und wie wir uns zum Seienden jeglicher Art verhalten, finden wir uns von der Identität angesprochen. Spräche dieser Anspruch nicht, dann vermöchte es das Seiende niemals, in seinem Sein zu erscheinen.“[285]

Wenn *a ist*, dann *tut* es also etwas, nämlich *sein*. Die Selbigkeit wird so zum Eigenwert ihrer Eigenfunktion, und diese Eigenfunktion heißt Glei-chung im Sinne einer Gleich*setzung* beziehungsweise eben **Identifikation** (und hat also funktionalen Charakter). Die Gleichsetzung als solche bringt aber das (mit sich) Identische in Differenz zu dem, womit es sich gleichsetzt, was den Prozess der Identifikation auf Dauer stellt, weil er seine eigene Irritation bedeutet. Die Gleichung zeigt sich als Ungleichung (siehe Abbildung 22).

Jeder Identifikationsprozess operiert als Gleichsetzung des Identischen mit sich selbst und nötigt als Selbstverweis zur Selbstbezeichnung.[286]

---

[283] So wie etwa der *Kusaner*, an dem Luhmann gerne Maß nimmt.
[284] Vgl. Heidegger, 2008.
[285] Heidegger, 2008, S. 12.
[286] Kombiniert also eine tautologische und eine paradoxe Operation.

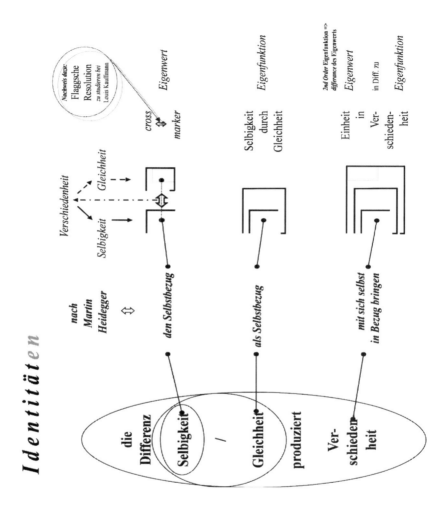

Abbildung 22

121

Der klassische Satz der Identität $a = a$ ist damit sowohl eine Tautologie *(a = a)*, in der bloß ein Name mit sich selbst identifiziert wird, als auch eine dadurch verdeckte Paradoxie *(a ≠ a)*, weil ein Name mit dem Ding identifiziert wird, das er bezeichnet. Aus dieser Falle befreit das *a* nur die Fremdreferenz *(a ≠ b)*, denn jetzt führt das Gleiche *(a = a)* im Vergleich mit dem Verschiedenen *(a ≠ b)* zu einem quasi bestätigten *(a ≠ a) = (a = a) = a*, weil *(a ≠ a) ≠ (a ≠ b)*.

4.5.2   Von der Identität zur Identifikation

Die operative Grundlage jeder Identität bildet eine Funktion (produktive Differenz) aus Gleichung und Ungleichung, die als Produkt oder Wert einen Vergleich, beziehungsweise besser als eine *Vergleichung, operiert*. Vergleichung meint die laufende Operation der Entparadoxierung der paradoxen Grundlagen von Identität als Oszillation zwischen Tautologie und Paradoxie. Als Oszillation zwischen *Ich bin Ich* und *Ich bin der, der ich bin* (das *„der"* ist nur als Differenz zum ganzen Rest der Existenz zu haben, oder aber: es löst sich auf in diesem Rest – für Gott ergaben sich daraus Existenzprobleme) – als Oszillation zwischen Selbst- und Fremdreferenz.

a sei (es geht hier ums Ganze) durch drei abstrakte *operative* Grundkategorien (I, II, III) bestimmt:

I. *Gleichung*[287] produziert – als symmetrische Unterscheidung[288] – *Quantität* als Entwicklung der Differenz Einheit(en)/Vielheit und meint die Wiederholung des Gleichen als Gleiches, als distinktionslose Differenz.

Einheit(en) und *Vielheit* sind hier (noch gänzlich) *un*unterschieden und beide auf nur *einer* logischen Ebene gesetzt.

Der klassisch-logische Satz der Identität[289] $a = a$, der Name und Ding verwechseln musste und wollte, wird in der protologischen Sicht des CI in seine beiden produktiven Differenzen (Gleichung und Ungleichung) zer-

---

[287] Sowohl Gleichung als auch Ungleichung sind Unterscheidungen, die eine symmetrisch, die andere asymmetrisch, oder auch tautologisch beziehungsweise paradox. Die Zuordnung Gleichheit-Quantität beziehungsweise Ungleichheit-Qualität ist keineswegs eindeutig – andersherum kombiniert ergibt sich ein zwar *gleiches*, aber nicht: *dasselbe* Ergebnis. Das hat vor allem interpretativ-semantische Konsequenzen, wenn es um die Fragen der Zuordnung *aktiv/passiv* oder operieren/Operation geht.
[288] Leibniz hatte diesen Gedanken der Symmetrie als **Ununterscheidbarkeit** auf den Begriff gebracht und zum Kriterium von Identitätsbestimmung gemacht.
[289] Gültiges Fundament unserer Denkgewohnheiten seit Aristoteles und bis heute.

legt: Zunächst zu einem einfachen und klaren $aa = a^{290}$, verständlich notierbar auch als *(a = ... = ... = a) = a,* was jeweils heißt, dass wir *in der Ebene der Namen* bleiben und die Tautologie des wiederholten Namennennens mit Spencer-Brown als ein erstes Formgesetz *Law of Calling* nennen.

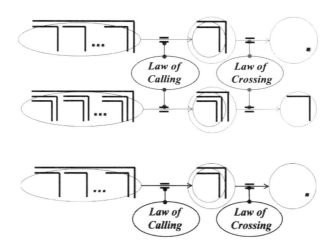

Abbildung 23

Die **erste Gleichung** (Differenzierung ohne Distinktion) produziert eine homogene Distribution virtueller *a*-Elemente als kontinuierliche Differenz von Einheit und Vielheit. Ein elementar gerasterter Raum mit der **gleichen ersten Ungleichung** zwischen Einheit und Vielheit in jedem (virtuellen) Punkt. Spencer-Brown nennt die Möglichkeiten, die hier kalkulierbar werden, Kondensieren und Affirmieren.

Eine *erste* (noch distinktionslose) Differenz ist damit aufgespannt: Das **Unwritten cross** oder der *Empty space* bei Spencer-Brown, der evakuierte Raum der Quantenfeldtheorie mit jenen Vakuumfluktuationen, die eine innere Bewegung des Nichts[291] beschreiben.

---

[290] Die Versuche, in diesem Kapitel protologische Relationen in konventioneller Notation zu **illustrieren**, sind abhängig von einem durch Spencer-Brown inspirierten Gebrauch des Gleichheitszeichens (kann verwechselt werden mit).

[291] Die Systemtheorie Bielefelder Schule stellt heute den mit Abstand kohärentesten relativistischen Theoriekomplex sozialwissenschaftlicher Provenienz dar. Niklas Luhmann hat nachdrücklich transdisziplinäre Theorieverschränkung eingemahnt, und seine Systemtheorie muss ihrem universellen Anspruch nach am empirisch gesicherten Mate-

rial der Quantenmechanik überprüfbar – im Sinne des Auffindens analoger Muster – sein.

Für den Kalkül Spencer-Browns gilt analog: Der CI muss als abstrakte Form die tragenden Ideen der Quantenmechanik interpretieren können.

Der CI empfiehlt sich mit einem solchen Nachweis als transdisziplinäre Notation, die einen direkten interdisziplinären Theorievergleich und damit gegenseitige Inspiration und Korrektur ermöglicht.

Ein Beispiel sei hier noch gestattet, um das Augenfällige direkt nebeneinander zu setzen:

Der CI bietet als (Grund-)Form die Unterscheidung *marked/unmarked*, die Physik *Teilchen/Welle* und Niklas Luhmann stellt analog dazu das wissenschaftliche Denken um – von Einheit auf *Differenz*. Und was für Luhmann doppelte Kontingenz bedeutet, hatte Heisenberg Unschärferelation genannt, und im CI finden wir im Innersten jeder Form eine Oszillation als reine Operation. (Die Urknalltheorie lebt in ihrem von der Quantenmechanik getragenen Kern von der Idee einer Unbestimmtheit, die als Schwankung der Null, als Fluktuation wirksam wird.)

Was Quantenphysikern heute zu Milliardenbudgets und Großprojekten (CERN) verhilft, ist der Versuch, die Frage zu klären, warum bei gleichem Betrag an Ladung das Positron etwa 1836-mal schwerer ist als das Elektron. Also die Frage, wie Materie zu ihrer *Masse* kommt! Denn da sich positiv und negativ geladene Teilchen ausgleichen, wäre auch eine symmetrische Masseverteilung zu erwarten gewesen. Erklärt man aber positive und negative Ladung als zweipolige Differenz, die in einem gemeinsamen Medium existiert, das unterschiedlich stark auf diese Pole einwirkt, indem sie den positiven Pol abbremst und dadurch schwer macht, dann wäre diese Asymmetrie darstellbar. Und – für seriöse Physik fundamental – prinzipiell experimentell überprüfbar. Denn dieses unsichtbare, statisch in sich fluktuierende Feld, das als solches reine Symmetrie bedeutet, müsste laut der 40 Jahre alten Berechnungen des Physiker *Higgs* unter hochenergetischen Bedingungen am Entstehen so genannter Higgs-Teilchen nachweisbar werden.

Oder anders: Die Physik konstruiert sich den Raum, der schon unterschieden sein muss, damit unterschieden werden kann, sie konstruiert damit eine distinktionslose Differenz, das ununterschiedene Kontinuum, das Analoge der physikalischen Welt. Symmetrische Operation (positive/negative Ladung) wird für die symmetrische Struktur dieser Operation (das Higgs-Feld) zur Distinktion.

Die Quantenmechanik hat ihren Gültigkeitsbereich im Allerkleinsten und nur, wenn dieses isoliert ist vom Rest der Welt. In Wechselwirkung mit der Welt werden Quanten sofort klassisch. Was also soll man mit solchen Hirngespinsten, die keine Bedeutung haben können in einer Welt, die von Newtons Gesetzen regiert wird? Wer heute solche Fragen stellt, macht sich umgehend lächerlich, schließlich funktioniert unsere Zivilisation bereits auf Basis quantenmechanischer Erkenntnisse (jede digitale Elektronik beruht auf solchen, Laser…).

Aber: um die Möglichkeiten, die sich heute technisch aufgrund quantenmechanischer Erkenntnisse bieten, beherrschbar und positiv nutzbar zu machen, werden wir auf sozialwissenschaftlicher Ebene nachziehen müssen. Wer die Mechanik der Mechanik kennt – und genau das ist *Quantenmechanik* – der greift nach der Steuerung seiner Welt. Und wer nach der Steuerung von Welt greift, der muss Selbststeuerung lernen, weil er Teil der Welt ist. *2nd-Order-Kompetenz* ist das Produkt relativistischer Anthropotechnik und meint ebendies.

Ein Name kann immer wieder genannt werden, um die mögliche Anwesenheit einer Abwesenheit zu betonen. Man kann aber zugleich auch erkennen, dass es eine Abwesenheit ist. Ein Name ist mehr als bloße Abwesenheit und doch weniger als reale Anwesenheit – er trägt die Merkmale der Latenz.

Bei Spencer-Brown heißt diese Operation, die den leeren Raum erzeugt, *Position* und bildet das erste Initial seiner Algebra.

II. *Ungleichung* als Entwicklung von *Qualität* durch die Differenz *Einheit/Anderheit,* die den Unterschied zwischen Elementen und dem Rest der Welt als Differenz nach dem *Law of Crossing* fasst. In diesem Axiom konzipiert Spencer-Brown den logischen Ebenenunterschied zwischen Name und Ding, der im alteuropäischen Satz der Identität verdeckt worden war. Der Unterschied *einzelner* Elemente zum Rest der Welt bezeichnet eine logische Ebenendifferenz, nämlich die der *Vielheit* *aller* Elemente als deren *medialer Einheit* im Vergleich zu ihrer *elementaren Einheit* in Form einzelner Elemente.

Der *Name a* ist nicht gleich dem damit bezeichneten *Ding a. (a = a) ≠ a.* Das allein wäre einfach, nur: Am Anfang war das Wort! Und das Wort war ein Zeichen: *a.*

Wir haben nur *a* und kein Ding. Oder anders: Dieses *a* – wir hatten es eingangs *das Ganze* genannt –, dieses Zeichen *a* ist das einzige Ding, das wir haben. Besser wäre es also, mit Spencer-Brown von *Bild* und *Inhalt* zu reden statt von Ding und Name. Wobei Bild und Inhalt sich nur insofern

---

Harald Lesch spricht für sein Fach von der künftigen Aufgabe der Feinabstimmung zwischen Quantenmechanik und klassischer Physik, also dem Nachweis der Quantendynamik in Alltagsphänomenen – dabei geht es letztlich um den Gewinn von Spielräumen (bezüglich der Naturkonstanten im Unbestimmtheitsbereich der Quantenebene) in der Gestaltungsmöglichkeit technischer Entwicklungen, um den Gewinn und Ausbau einer nächsten technischen Dimension, von der unsere gesamte digitale Elektronik gerade erst den Anfang bildet.

Soziologen behandeln die gleiche operative Abstraktion, wenn sie von struktureller Kopplung sprechen. Und das Bild einer elementaren Totalität nach Spencer-Brown zeigt das Schema dieser operativen Abstraktion.

Vom 9er-Schema her wäre der Physik zu empfehlen, neben ihrer Systeminnenschau doch auch eine Außensicht zu simulieren, um den Irrläufer dunkle Materie in den Griff zu bekommen. Etwa mit einer Frage folgender Art: Wenn die Ausdehnung des Universums bei ihrem Eintritt in die Kausalität vor ca. 13,7 Mrd. Jahren 10^{-35} m betrug und eine Dichte von 10^{93} kg/cm^3 und eine Temperatur von 10^{73} Grad Kelvin bei einem Alter von 10^{-43} sec. etc. hatte, wie weit von unserem Universum in Raum und Zeit entfernt muss dann ein anderes Universum *geurknallt* haben, um die heute beobachtbare Beschleunigung der Ausdehnung unseres Urknall-Universums (durch gegenseitige Anziehung) zu erklären? Vgl. dazu: Physik, 2009, S. 1534ff. und bes. S. 1547.

unterscheiden, als *jedes Bild für sich selbst Inhalt*[292] ist. Doch auch diese Wortwahl ist noch wenig zufriedenstellend. Schließlich ist unser *a* tatsächlich weder Ding noch Name, sondern Operation! Unser *a*, das *a* einer konstruktivistischen – also relativistischen – Weltsicht *ist a.* Wo es steht, *a*t es!

Der Unterschied zwischen Ding und Name muss sich in einer (notwendig *operativen*) funktional-konstruktivistischen Sicht auflösen, ganz analog zum Begriff der Materie, den die Physik als Konsequenz der Integration des Beobachters in ihre Theorie auf das *Nichts* reduziert hat. Wenn zur Differenz *Zeichen/Bezeichnetes* der Bezeichner dazu gedacht wird, dann entstehen in der Operation des *Zeichnens* alle drei zugleich.[293] Und diese Koproduktion wiederholt sich in jedem Lesen eines Zeichens.

III. *Relationalität (von Gleichung und Ungleichung, oder: Vergleichung)*

Bei Spencer-Brown heißt die Operation, die Gleiches aus Gleichem extrahiert – und damit Differenz erzeugt beziehungsweise umgekehrt: Verschiedenheit mit Gleichheit versieht –, *Transposition* und bildet das zweites Initial seiner Algebra.

Operative Identität funktioniert als die Vereinigung zweier Ordnungen. Spencer-Brown spricht eben von *Inhalt* (der Identität) und vom *Bild* (der Identität) und von der Rückkehr (vom Bild) zum Inhalt durch *Reflexion* des Bildes.

In konventioneller Schreibweise könnte man den Inhalt als *(a = a)* notieren (ein *a* alleine reicht nicht, weil wir ja von Operationen ausgehen). Die Relation des Inhalts zum Bild lässt sich analog als *(a = a) ≠ (a = a)* fassen. Und Reflexion schließlich als *[(a = a) ≠ (a = a)] = a,* was zugleich auch die *Vergleichung* darstellt. Offensichtlich wird dabei aber auch die Überforderung klassischer Notationsmöglichkeiten, die hier Tautologie und Paradoxie der Identitätsoperation nur noch mit zusätzlichen Erklärungen versehen kenntlich machen kann.

Identität erweist sich als ein Prozess der Identifikation, der dann gelungen ist, wenn die Differenz zwischen Inhalt (Gleichung) und Bild (Ungleichung) nicht größer wird als das Vermögen (Vergleichung), sie als Gleichheit zu interpretieren.

Und damit erweist sich *Identität* als Eigen*funktion* in Gestalt einer ewigen Differenz von Gleichung und Ungleichung, die dabei sich selbst als

---

[292] Spencer-Brown, 1994a, S. 37f.
[293] In Koproduktion, wie Spencer-Brown sagen würde.

ihren Eigen*wert a,* der eben dieser Differenzierungsvorgang *(inklusive dif-ferance*[294]*) ist,* produziert.

Die Selbigkeit *ist*, indem sie ihrer Gleichheit gleicht und doch von dieser unterschieden bleibt. Um damit zurechtzukommen, musste Spencer-Brown die Zeit in den Kalkül integrieren, sodass in einer Oszillation zwischen Tautologie und Paradoxie das stattfinden kann, wozu buddhistische Wandermönche schon immer geraten hatten: Werde, was du bist!

Identität wird also mit der Erweiterung der ontologischen Weltsicht in ihre ontogenetischen Grundlagen zu einer Frage der Relation von Varianz und Invarianz.[295] Diese Relation ist zu ihrer Bestimmung auf Repräsentation angewiesen, also auf Zeichengebrauch!

Der Übergang von der 1st- zur 2nd-Order-Beobachtung wird gerne mit dem Beispiel des Wechsels von: *ich denke den Stein* zu: *ich denke das Denken des Steins* illustriert.

Die logische Struktur vom *Denken des Denkens des Steins* ist aber nicht dieselbe wie jene, die *das Denken vom Denken des Denkens* – als eine *geschlossene*[296] selbstbezügliche Figur – erproben will. Im ersten Fall denkt sich das Denken in seinem Fremdbezug, im zweiten in seinem Selbstbezug.

Wenn das Denken in sich kreist, verliert es *entweder* den Bezug zur Welt (das war der *Stein*) *oder* es muss sich selbst zugleich als Teil dieser Welt – als Ding unter Dingen (das Denken stünde nun an der gleichen logischen Stelle wie zuvor der Stein) – *und* eben zugleich auch noch als Reflex auf diese Welt verstehen. Man stößt an dieser Stelle recht unvermittelt auf den Grund der Unentscheidbarkeit all jener Fragen, die wir – mit Heinz von Foerster eben wegen ihrer Unentscheidbarkeit – gefordert sind zu entscheiden.

Denn schließlich *ist* das Denken *Bezug* zur Welt (und hätte mit der Welt zugleich sich selbst verloren) und kann als Bezug zu ihr nicht zugleich auch noch selbst die *Welt sein*! Oder doch? Schließlich reden wir hier von Selbstbezug.

Verwendet man statt des alteuropäischen *Entweder-oder* in dieser Frage versuchsweise das altfernöstliche *Weder-noch* (neti-neti-Prinzip[297]), dann verliert das Denken *weder* seinen Bezug zur Welt, *noch* muss es deshalb Teil der Welt werden. Der buddhistische Rejektionswert gibt dem Denken,

---

[294] Bei Luhmann liest man an solcher Stelle etwa: Eingeweihte werden die Parallelen zu Derrida bemerken.

[295] Vgl. Foerster, 1993b, S. 119.

[296] Die systemtheoretische Idee der Geschlossenheit eines Systems verlangt auf der Ebene der Systemautopoiesis diesen Typ an Schließung, der als solcher erst die Voraussetzung für Öffnung ergibt.

[297] Das nicht und das nicht und … nicht …

wenn es kritisch wird, weil es sich selber denken, weil es *ich* sagen lernen soll, eine dritte, unabhängige Möglichkeit, die allerdings hochgradig negativ konnotiert ist: als aufgelöste Illusion, als *Nicht-Ich, als Leere* bis zum *durchgestrichenen Unjekt*.[298]

Eine radikal moderne Sicht geht darüber hinaus und erreicht ein *konstruktives Sowohl-als-auch*. Oder anders gesagt: Vom *Man* her betrachtet (es kommt darauf an, ob *man*, logisch betrachtet, das *Entweder-oder*, das *Weder-noch* beziehungsweise das *Sowohl-als-auch* nutzt), also von einem Beobachter (der wiederum auch man selbst sein könnte) her gesehen, darf *man* wieder wissen, dass *man* sowohl der Stein (*body*) als auch das Denken des Steins (*mind*) ist. Und darüber hinaus natürlich auch noch die, zwischen diesen beiden unterscheidende und sich jeweils mit der einen oder anderen Seite identifizierende Instanz, die man Intention, Absicht, Volition oder auch Bewusstsein nennen kann. Und erst diese *Dreiheit* (body, mind, intention) als autopoietische Funktionseinheit ergibt einen Beobachter. Die buddhistische Identifikation mit dem zwischen *body* und *mind* liegenden Dritten ist Didaktik zur Sichtbarwerdung der sich (je erotisch oder thymotisch[299]) identifizierenden dritten Instanz als solcher.

Westliches Denken besteht – soweit es das Weder-noch schon integriert hat – auf Ganzheit: Selbstbewusstsein muss damit nach Steuerungskompetenz in einem dreigliedrigen Prozess – in welchem man zugleich *Beobachter* und *Beobachteter*, und das als ein denkendes, intentionales und lebendiges Wesen ist – suchen.

---

[298] Peter Fuchs beruft sich gleichermaßen auf Luhmann wie auch auf alte Zenmeister.

[299] Eros bezieht sich auf body, Thymos auf mind. „Bereits die griechische Antike orientiert die Steuerung des Verhaltens an einer Bipolarität der Psychodynamik, die durch die Prinzipien Eros und Thymos gekennzeichnet ist. Eros bezieht sich auf somatische (Body), Thymos auf psychische und mentale (Mind) Motive, die sich auf das Ich beziehen. Der erotische Aspekt sucht das vollkommene körperliche Angenommensein (und Annehmen) und motiviert die Wege zu den *Objekten*, die mit *Libido* aufgeladen sind. (…). Der thymotische Aspekt intendiert eine Intensivierung des Ich, er fokussiert auf ein Anerkanntwerden und ein Anerkennen, thymotische Motive (…) streben nach Bestätigung und Wertschätzung." (Blume, 2012, S. 93)

4.6 Order from noise[300]

In Heinz von Foersters Zauberkasten liegen die an ihren Flächen magnetisierten Würfel ganz still und ungeordnet – solange bis von Foerster den Kasten rüttelt, also *noise* erzeugt. Und schon fügen sich, ja springen die Würfel förmlich zu einem unerwarteten Gebilde zusammen, um so ein Beispiel fulgurativer Emergenz[301] zu bieten.

Was aber ist dieser *noise*, was ist dieser *Lärm* des Heinz von Foerster?

Was seine Zauberwürfel anlangt, scheint dies klar: Es ist Heinz von Foerster selbst. Aber fragen wir statt nach der Emergenz des Würfelgebildes nach jener von *Welt schlechthin*, müssen wir dann nicht zugleich auch wieder nach einem – selbst ungerüttelten – *ersten Rüttler* fragen?

Doch das erweist sich unterscheidungslogisch – und daher auch funktional – als nicht notwendig, denn: Des einen ***order*** ist des anderen ***noise***. Gegenseitiges Beobachten (und das meint durchaus auch das klassische *Fressen und Gefressen-werden*) versorgt die Ordnung der Welt mit dem nötigen Rütteln für alle ihre Ordnungen – so können die Atome zu Molekülen, diese zu Zellen und diese zu Organismen bis hin zum aufrechten Gang[302] *zusammenspringen*.

---

[300] Vgl. Foerster, 1993, S. 225ff.

Peter Sloterdijk hat ihn den „Sokrates der Kybernetik" genannt, er selbst hat Texte verfasst mit Titeln wie „KybernEthik", von ihm stammt der wenig kategorische Imperativ „Handle stets so, dass die Anzahl der Möglichkeiten wächst", und von ihm stammt auch eines der zentralen Axiome der konstruktivistischen Weltsicht, das Prinzip: „order from noise".

Vor allem aber ist er die mathematisch-philosophische Quelle einer fröhlich optimistischen Begeisterung für das Projekt „Leben" auf diesem Planeten.

Seine letzten Arbeiten stehen unter dem Großtitel: „Von der Sprache der Magie zur Magie der Sprache". Er zitiert in seinen Arbeiten Don Juan aus Castanedas Werk, um seine Weltsicht zu illustrieren – und er kann das fraglos unbeschadet, was seinen wissenschaftlichen Ruf anlangt: Er ist Kybernetiker der ersten Stunde, nach ihm ist ein mathematisches Gesetz benannt und er war der Führer eines der innovativsten „thinktanks" des 20. Jahrhunderts – des BCL (Biological Computer Laboratory) an der Universität von Illinois.

Heinz von Foerster ist wohl die zentrale Figur der wissenschaftlichen Avantgarde des 20. Jahrhunderts – auf ihn beruft sich alles, was dem Denkniveau einer 2nd-Order-Kybernetik genügen will und sich einem konstruktivistisch-verantwortlichen Denken zurechnet, dessen Basis nicht mehr der Helmholtz'sche „locus observandi" ist, sondern die Idee, „Teil der Welt zu sein, die ich beobachte und dadurch verändere".

[301] Füllsack, 2011, S. 290.

[302] Richard David Precht, der Philosoph und Volksbildner, erklärt sehr anschaulich, dass der Mensch für die Intelligenz des Menschen die höchste Herausforderung darstellt (doppelte Kontingenz). Soziale Intelligenz ist für ihn daher die höchste Form der Intelligenz. Oder für unsere Zwecke gewendet: Der Mensch ist des Menschen Rüttler. (Vgl.:

Die Differenz von **order** und **noise** ist *Absicht*, ihre Einheit aber *Welt*. *Welt* in diesem Sinne meint das Reentry der Differenz **order/noise**. Beobachtbar als ewiger Prozess der Entparadoxierung ihrer Selbstbeabsichtigung als Operation der (Re-)Identifikation: Was *gefressen* hat – wir erinnern uns hier an das Bild des *Uroboros* – und also **ist** als die eben gerade **operative Seite** des Seins, als Dasein und Ordnung – muss mit dem Wiedereintritt jener Differenz, der es sich verdankt, ins eigene Reich rechnen. Als Generator – oder Eigenfunktion – des Eigenwertes aller Eigenwerte.

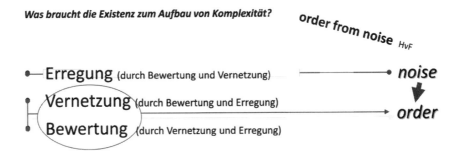

Was braucht die Existenz zum Aufbau von Komplexität?

order from noise HvF

• **Erregung** (durch Bewertung und Vernetzung) ⟶ • *noise*

• **Vernetzung** (durch Bewertung und Erregung)

• **Bewertung** (durch Vernetzung und Erregung) ⟶ *order*

Abbildung 24: Das Dritte, die Erregung, ist nötig, um die Ordnung produzierende Differenz Vernetzung/Bewertung *in Bewegung zu halten. Oder anders: Das Unterscheiden* order/noise *schafft Ordnung – und zugleich den nötigen* noise *als Antrieb für dieses Unterscheiden.*

Heinz von Foerster hatte sein Diktum *order from noise* neben (nicht: *gegen*) dasjenige Erwin Schrödingers gestellt, das da lautete *order from order*. Und hat damit vielleicht eine der schwierigsten alteuropäischen **Entweder-oder**-Thematiken denkbarer logischer Kontexturen erlöst.

4.6.1   Funktion / Wert // Eigenform

Die Physik des 20. Jahrhunderts musste das Relativitätsprinzip als Fundament ihrer Kosmologien anerkennen. Den *absoluten Raum*, quasi den physikalischen Gott als unbewegten Raum in Ruhe, von dem alle Bewegung ausgeht, den Raum, in dem sich alle Objekte eindeutig bezüglich ihres Or-

---

Richard David Precht, Soziale Intelligenz (Das philosophische Quartett): http://www.youtube.com/watch?NR=1&feature=endscreen&v=6Gxh6KD--Kw)

tes und ihres Impulses bestimmen ließen, diesen Raum gibt es nicht. Was als Möglichkeit der Bestimmung bleibt, ist das Beobachten der Relationen zwischen den Objekten. *Beobachtung* wird als unbestimmte, aber bestimmbare Größe in die Quantenmechanik eingeführt. Das geschieht vermittels der Zahl **i**, die es ermöglicht, die eine isolierte Position (Locus observandi), von der aus ein Geschehen in der Newton-Mechanik beobachtet wird, aufzulösen und rechnerisch zu übersteigen.[303] Zeit macht dabei aus Räumen Möglichkeitsräume, deren Bestimmung nur durch die Form der Unterscheidung er-folgen kann, was eben genau die Zeit braucht, die in den Kalkül (CI) aufzunehmen war.

Heinz von Foerster hatte sich sehr bemüht zu zeigen, dass diese Denkfigur allgemeiner Relativität nicht nur für die Quantenebene unserer Existenz relevant ist, sondern dass es sich dabei letztlich um ein allgemeines Prinzip handelt, das immer dann auftaucht, sobald man den elementaren Bereich einer Form betrachtet.

Von Foersters Lieblingsbeispiel war der Ball. Ein Ball, der für ein kleines Kind erst in einer rekursiven Beschäftigung, in immer neuen Versuchen des Werfens und Fangens et cetera, zum Ball wird. Natürlich war das, was für dieses Kind dann zum Ball wird, auch schon eine *aufgeblasene Gummikugel*, als das Kind anfing, damit zu spielen. Aber so wie wir im normalen Alltagsleben nichts von den relativistischen Effekten der Quantenebene erfahren, wenn wir nicht besondere Instrumente benutzen, um diese sichtbar werden zu lassen, so sehen wir im Falle des Ballspielens erst bei der Beobachtung der einzelnen Versuche des Kindes, wie die noch unbestimmte Gummikugel im Spiel nach und nach als Ball bestimmt wird.[304] Ist das

---

[303] Louis H. Kauffman dazu: „Time and the square root of minus one are inseparable in the temporal nexus. The square root of minus one is a symbol and algebraic operator for the simplest oscillatory process.

As a symbolic form, **i** is an eigenform satisfying the equation **i = -1/i**. One does not have an increment of time all alone as in classical **Δ t**. One has **i\$ t**, a combination of an interval and the elemental dynamic that is time. With this understanding, we can return to the commutator for a discrete process and use **iΔ t,** for the temporal increment". (Kauffman, 2011)

[304] Durch die wiederholte Wechselwirkung der Aktivitäten des Kindes und der Reaktionen des Balls verschafft das Kind sich eine motorische Kompetenz, es erzeugt quasi eine Realität, in der es selbst und der Ball zu einer gegenseitigen Verhaltenskompetenz werden. Das Kind erkennt nicht einfach nur den Ball, durch Beobachtung oder Betasten, es konstruiert vielmehr eine Realitätsvorstellung durch eine aktive Auseinandersetzung mit dem Ball. Der Ball ist nicht von Anfang an als solcher für das Kind erkennbar, aber die unterschiedlichen Verhaltensweisen des Balls gerinnen irgendwann zu einer relativ konstanten Idee über das Funktionieren dieses „Etwas". Diese Idee ist ab einem gewissen Stadium der Auseinandersetzung mit dem Gegenstand nicht mehr so variabel wie anfangs. Die Vorstellung des Balls wird beim Kind zum Eigenwert. Foerster erwähnt,

aber geschehen, dann kann das Kind mit diesem Eigenwert fast alles, was von der Größe her so halbwegs passt, zum Ball bestimmen, um damit zu spielen.

„An object is an amphibian between the symbolic and imaginary world of the mind and the complex world of personal experience.

The object, when viewed as process, is a dialogue between these worlds. The object when seen as a sign for itself, or in and of itself, is imaginary. The perceiving mind is itself an eigenform of its own perception."[305]

Heinz von Foerster nennt das, was wir als unsere Objekte erkennen, daher konsequent Tokens[306] für unser Eigenverhalten. Und Louis Kauffman, wohl eine der erste Adressen, wenn es um Verbindungen zum CI geht, fasst den ganzen Komplex nochmals zusammen: „Forms are created from the concatenation of operations upon themselves and objects are not objects at all, but rather indications of processes. Upon encountering an object as such a form of creation, you are compelled to ask: How is that object created? How is it designed? What do I do to produce it? What is the network of productions? Where is the home of that object? In what context does it exist? How am I involved in its creation? Taking Heinz's suggestion to heart, we find that an object is a symbolic entity, participating in a network of interactions, taking on its apparent solidity and stability from these interactions. We ourselves are such objects, we as human beings are 'signs for

---

dass das Beispiel des Balls oder des Gegenstandes auch auf den Mitmenschen, den „Anderen", ausgedehnt werden kann. „Der Andere als einer meiner Eigenwerte, als eine meiner Verhaltenskompetenzen. Das, was sich aber als wesentlich neu ergibt, ist, dass sich der Kreis der ‚Ich-und-Du-Beziehung' nun schließt: denn so wie der Andere zu einem meiner Eigenwerte, zu meiner Verhaltenskompetenz wurde, so werde ich jetzt zu einem Eigenwert, zu einer Verhaltenskompetenz des Anderen. Ich und du erzeugen sich gegenseitig; keiner wird ohne den anderen; oder noch anders ausgedrückt; man sieht sich selbst mit den Augen des Anderen." (Foerster, 1999, S. 213f.) Der „Andere" ist es auch nach von Foerster, der dafür sorgt, dass der Einzelne nicht im Solipsismus versinkt. Wenn nämlich die Realität eine Konstruktion des Individuums ist, so kann man nicht mehr ohne Weiteres von Objektivität oder Wirklichkeit sprechen. Mit dem Erscheinen eines weiteren Individuums jedoch, so von Foerster, kann man die Erfahrungen der eigenen senso-motorischen Koordinationen mit denen des „Anderen" koppeln. So entsteht eine gemeinsam konstruierte soziale Realität.

[305] Kauffman, 2011 , S. 5.

[306] Louis H. Kauffman dazu: „Heinz performs the magic trick of convincing us that the familiar objects of our existence can be seen to be nothing more than tokens for the behaviors of the organism that apparently create stable forms. These stabilities persist, for that organism, as an observing system. This is not to deny an underlying reality that is the source of objects, but rather to emphasize the role of process, and the role of the organism in the production of a living map, a map that is so sensitive that map and territory are conjoined." (Vgl. Kauffman, 2005, S. 130.)

ourselves'."[307] Das ist die Erfahrung, die **Selbstbezug in einem selbstbezüglichen Netzwerk** als basale Operationsform in allem bemerkt, eine Einsicht, die auch George Spencer-Brown zu vermitteln sucht, wenn er, versehen mit der Beweislast seines ganzen Kalküls, an dessen Ende vermerkt, dass auch der Leser, dass auch ein Beobachter als eine Markierung verstanden werden muss.

Daraus ergibt sich nun eine zentrale Form, die in der Lage ist, Selbstbezug zu fassen, und die wir in den folgenden Abschnitten genauer untersuchen werden: Jeder Versuch, operativen Selbstbezug zu modellieren und so kalkulierbar zu machen, hat immer schon vom Selbstbezug der Elemente, aus welchen die selbstbezügliche Form zusammengesetzt ist, auszugehen. Wenn wir das mit Spencer-Browns Kalkül tun, bedeutet dies, dass uns der Kalkül, der ja mit seiner ganzen Entwicklung am Schluss zum Selbstbezug seines Anfangs findet, zum **Selbstbezug des Selbstbezuges führt**, der sich uns damit in **Form eines doppelten Reentrys** zeigt.

Was für unseren Zusammenhang nun endgültig **Eigenform** heißen soll, funktioniert als produktive Differenz zwischen Funktion und Wert. In der Notation des CI beschreibt diese Differenz eine **Verbindung** der beiden *Arbeitsweisen des Reentry,* vereint also **Antrieb in Form von Oszillation mit Steuerung durch die Gedächtnisfunkt**ion des Reentry.[308] Der Antrieb, die Oszillation, hat ihren Ursprung in der Paradoxie des Selbstbezuges und die Gedächtnisfunktion stammt aus den Wiederholungen seiner tautologischen Komponente.

Wollte man diese Form am Beispiel Individuum verdeutlichen, so fände man im Inneren dieser Form (Abbildung 25) als paradoxe Oszillation *Ich/Nicht-Ich,* die ein *Ich* produziert, mit dem es in eine stabilisierende tautologische Oszillation eintritt.

Die Eigenfunktion arbeitet als Oszillation und produziert so ihren Eigenwert, zu dem sie in Differenz steht, wie eben Produktion und Produkt. Und das Reentry dieser neuen Differenz aus Eigenwert und Eigenfunktion produziert die Gedächtnisfunktion, die das ganze Arrangement in seiner Selbstreproduktion steuert. Diese Form ist nur möglich und *ist* als solche **Ausdifferenzierung eines Dritten**[309] zur manifesten Form. Wobei *manifest* an dieser Stelle nicht mehr und nicht weniger fordert als die Bildung einer

---

[307] Kauffman erkennt in diesem Konzept auch die Gedanken C.S. Peirces wieder (vgl. ebenda).

[308] Spencer-Brown, 1994a, S. 47ff. und S. 52f.

[309] Ausdifferenzierung meint nur, dass Wieners drei Entitäten unterscheidbar bleiben, weil sie unterschieden werden. Raum ist die Folge der Extension von Zeit, und Zeit die Folge der Intention des Raumes. Das Dritte ist die Tension, die sich zwischen In- und Extension oszillierend am Leben hält.

gemeinsamen Ebene aus Linie (Kontinuum, Unterscheidung) und Punkt (Distinktion, Bezeichnung).[310] Oder anders: Oszillationen stabilisieren[311] sich zur Redundanz.

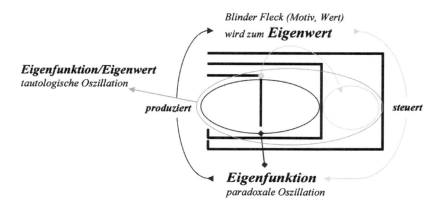

Abbildung 25

Aber was wissen wir mit alledem? Diese Frage muss hier nochmals gestellt werden, denn Rudolf Kaehr, ein direkter Schüler Gotthard Günthers und wohl einflussreichster Transklassiker dieser Richtung, würde sich an dieser Stelle vielleicht selbst zitieren und sagen: „Es wiederholt sich hier die gleiche Form der formalistischen Spekulation wie bei den transfiniten Rekursionen Heinz von Foersters. Allerdings mit dem wesentlichen Unterschied, dass diese dort explizit nach einer Meditation beziehungsweise einer Kontemplation auf die Form der mathematischen Rekursionsform eingeführt werden und von dort ihre lokale Gültigkeit beziehen. Diese anfängliche Reflektiertheit und Einsicht in die Metaphorik der Begriffsbildung ist allerdings bei der Rezeption verloren gegangen."[312]

Wir wollen also unsere Reflektiertheit pflegen und werden darüber nachdenken, was *formalistische Spekulation* bedeutet, aber auch darüber,

---

[310] Einfach wie in der Grundschule, aber doch als Wiederholung des komplexen Musters digital/analog. Der zugehörige Trick heißt bei Spencer-Brown: *Zusammenziehen der Referenz*.

[311] Auch in Luhmanns Terminologie ist ein Eigenwert eine im „rekursiven Verfahren der Anwendung des Verfahrens auf die Resultate des Verfahrens sich einstellende Stabilität." (Luhmann, 1998, S. 218)

[312] Kaehr, 1993, S. 157.

ob hier nicht wieder Form und Formalismus verwechselt werden. Denn **Form** ist ohne Spekulation nicht zu haben. Man kann sie nicht berechnen, man muss sie erfinden, dann erst lässt sich's rechnen. *Erfinden* meint ein protologisches Operieren, es folgt den **Gesetzen der Form** und diese müssen Bestimmtes und Unbestimmtes miteinander in Beziehung bringen können. Das öffnet den Raum für Spekulation – und die Frage kann dann hier nur sein, ob ein Kalkül ebendiese zu kontrollieren vermag oder nicht.

Eines scheint aber auch für Rudolf Kaehr außer Streit zu stehen, dass es nämlich, und nicht nur bei Heinz von Foersters Ball, sondern generell, um Rekursionen geht, wenn sich das Operieren der Welt in seiner Form bestimmen will.

4.6.2 Rekursionen

Ranulph Glanville hatte dem Mathematiker Louis Kauffman die Frage gestellt, ob denn jede Rekursion einen Eigenwert *(fixed point)* habe. Nein, möchte man meinen, bekanntlich können Prozesse zum Beispiel in Oszillationen geraten, die sie nie zur Ruhe kommen lassen. Aber andererseits, so Louis Kauffman, lässt sich folgendes Theorem beweisen:

„**Theorem: Every recursion has a fixed point.**
Proof. Let the recursion be given by an equation of the form
$X' = F(X)$
where X' denotes the next value of X and F encapsulates the function or rule that brings the recursion to its next step. Here F and X can be any descriptors of actor and actant that are relevant to the recursion being studied.
Now form
$J = F(F(F(F(...))))$,
the infinite concatenation of F upon itself.
Then we see that
$F(J) = F(F(F(F(F(...))))) = J.$
Hence J is a fixed point for the recursion and we have proved that every recursion has a fixed point.
QED"[313]

Louis Kauffman zeigt hier in der letzten Sequenz seines Beweises, was wir brauchen: *J*, der Eigenwert, ist gleich *F(F(F(F(F(...))))), der Eigenfunktion*.

---

[313] Kauffman, 2005, S. 138.

Kauffman weist bezüglich der Autorenschaft dieses Theorems auf Heinz von Foerster[314] hin und erzählt weiter, „that this theorem was in my view a startling magician's trick on Heinz's part, throwing us into the certainty of an *eigenform* (Hervorhebung K.K.) (fixed point) corresponding to any process and at the same time challenging us to understand the nature of that fixed point in some context that is actually relevant to original ground of conversation."[315]

Heinz von Foerster[316] erklärt die jeweilige Form eines konkreten *fixed point* (Eigenwert) als abhängig vom jeweiligen Rekursionsbereich und spricht entsprechend von Eigenwerten, Eigenfunktionen, Eigenoperatoren, Eigenalgorithmen, Eigenverhalten und so weiter.[317]

Ein *realer* Eigenwert beschreibt also nur in einfachsten mathematischen Beispielen tatsächlich einen *fixed point*, zumeist aber selbst wieder ein rekursives Operieren, das durch eine Funktion bestimmt ist, die sich selbst zum Argument hat[318] und das als dieses (geschlossene) rekursive Operieren systematisch mit den rekursiven Operationen einer spezifischen Umwelt vernetzt ist. Wir werden diese Denkfigur im Begriff der *elementaren Totalität* weiter unten als komplexes Arrangement sich gegenseitig beinhaltender Unterscheidungen beschreiben.

---

[314] Vgl. Foerster, 1993, S. 103f.

[315] Kauffman, 2005, S. 138.

[316] Foerster, 1993, S. 107ff.

[317] Was sprachliche Verwirrungen ergeben kann, weil der Begriff Eigenfunktion ursprünglich die Bezeichnung für alles war, was einen Eigenwert im Sinne eines fixed points erzeugt, jetzt aber zu beachten ist, dass eine Eigenfunktion als fixed point auch eine Funktion produzieren kann, was dann eben zur Folge hat, dass der Begriff in zwei differenten Bedeutungen auftritt. Eine Eigenfunktion kann als Eigenwert eine Eigenfunktion produzieren – noch schlimmer: sich selbst als Eigenwert produzieren! Aber ist die Eigenfunktion dann noch *die* Eigenfunktion? Ist A wirklich A, so wie uns der Satz der Identität das sagt?

[318] „Eine Operation, sagt Wittgenstein, ist nicht die Markierung einer Form, sondern einer Relation zwischen Formen. Wittgenstein sieht hier das, was ich die Markierung der Unterscheidung zwischen Zuständen nenne, welche er Formen nennt und auch dessen Verbindung mit der Idee der Operation erkennt. Er bemerkt (5.251) sodann: Eine Funktion kann nicht ihr eigenes Argument sein, wohl aber kann das Resultat einer Operation ihre eigene Basis werden. Dies gilt im strengen Sinn nur für einwertige Funktionen. Wenn wir inverse und implizite Funktionen zulassen, ist die obige Behauptung nicht wahr. Eine Funktion einer Variablen, in der weitergefaßten Bedeutung, in der sie in diesem Kapitel definiert ist, ist das Resultat einer möglichen Menge von Operationen auf die Variable. Wenn eine Operation somit ihr eigenes Resultat als Basis haben kann, kann die Funktion, die durch diese Operation bestimmt wird, ihr eigenes Argument sein." (Spencer-Brown, 1994a, S. 84.)

Selbstbezug ist die Operationsform, die genau jene Entitäten produziert, die als solche selbstbezügliches Operieren ermöglichen.

Was in dieser Formulierung wieder offensichtlich wird, ist die Grundproblematik des Selbstbezuges, die hier eben als gegenseitiges Vorausgesetzt-Sein von Eigenfunktion und Eigenwert[319] erscheint.[320] Und, so ist festzuhalten, noch ist *dieses* Problem hier ohne Lösung.

Wir könnten auch sagen: Selbstbezug ist die Eigenschaft[321], die den Eigenwert schafft, auf den ein Selbst Bezug nehmen kann. Und in dieser Formulierung sollte dann deutlich werden, was ein Selbst ist, nämlich Bezug. Selbstbezug meint Bezogenheit der Bezogenheit und nicht Bezogenheit des Selbst. Oder anders: Das Selbst ist Beziehung, und zwar zu sich über andere. Der Umweg über andere ergibt sich schlicht aus den Notwendigkeiten der Entparadoxierung des Selbstbezuges. Die Welt ist die Gesamtheit aller Umwege.

---

[319] Vgl. dazu Heinz von Foerster beziehungsweise Kauffman und im Kapitel 4.6.1 *Funktion/Wert/Eigenwert* in dieser Arbeit. In älterer Sicht könnte man auch von *Ursache und Wirkung* sprechen, verlöre dabei aber an Komplexität, weil im Begriff *Funktion* zumindest zwei Stellen (Operator und Operand) zu denken sind.

[320] Eine Lösung scheint sich für Luhmann eben im Operationszusammenhang der Doppeldifferenz Unterscheid*en*/Unterscheid*ung* abzuzeichnen (vgl. Fuchs, 2002, S. 72).

[321] *Eigen-schaft*: hier wird etwas Eigenes geschaffen, *Eigenschaft* meint also hier *Eigenfunktion* im Sinne Heinz von Foersters.

5 Interpretation

Das Leben ist die Suche des Nichts nach dem Etwas.
Christian Morgenstern

„Die Haut eines Lebewesens trennt eine Außenseite von einer Innenseite. Das gleiche tut der Umfang eines Kreises in einer Ebene."[322] Mit diesem Hinweis auf die funktionale Isomorphie[323] der beiden Operationen ist auch schon das allgemeine Prinzip der Verwendung des CI als Werkzeug der Interpretation benannt.

Und wenn die Haut eines Lebewesens funktioniert wie Spencer-Browns *Cross*, dann befolgt jede Geburt auch seine Anweisung, mit der er alles hatte beginnen lassen: *Triff eine Unterscheidung!* Aber jeder-*man* wird und findet sich zunächst getroffen, als Getroffener; ob von Gott geschaffen oder Ausdruck einer evolutionären Entwicklung macht da keinen Unterschied – beides sind nur je verschiedene Antworten auf die Betroffenheit durch diese Getroffenheit. Jedenfalls wird von jeder-*man* ganzer Einsatz verlangt, denn mangels anderer Möglichkeiten muss jeder-*man* sich hier selbst als **mark** benutzen, als schon getroffene Unterscheidung, als expliziter Unterschied, um selbst der Anweisung folgen zu können, eine eigene Unterscheidung zu treffen – etwa: *Gott/Evolution*. Nur um dabei zu erleben, was Spencer-Brown für den Fall der Befolgung seines Befehls versprochen hatte, nämlich die Emergenz (s)eines Universums. Doch die braucht Zeit, entwickelt sich nur Schritt für Schritt mit jeder wiederholten und so erinnerten und doch zugleich erneuerten Unterscheidung zwischen sich und der Welt.

Wie kommt man aber nun von Spencer-Browns anfänglichem *Cross,* von dieser ersten Unterscheidung, die schon bald im Dickicht einer differenzlogischen Algebra verschwunden war, um schließlich aus dieser – komplexer geworden – als *Reentry* wieder aufzutauchen, wie also kommt man von diesem *Cross/Reentry* in all seinen möglichen Arrangements wieder zurück zu dem, was *Haut* meint, zur Selbstbegrenzung eines Lebewesens?

„Wenn wir einen Kalkül interpretieren", so George Spencer-Brown dazu, „bringen wir die Werte oder Zustände oder Elemente, die in dem Kal-

---

[322] Spencer-Brown, 1994a, S. XXXV.

[323] Aber: „Erst die Wahl einer konkreten Interpretation berechtigt uns dazu, von wahren und von falschen Formeln zu sprechen (…). Behalten Sie dabei stets im Auge, dass der Wahrheitswert der meisten Formeln von der gewählten Interpretation abhängt. Je nachdem, für welche Interpretation wir uns entscheiden, kann eine Formel einmal einer wahren und ein anderes Mal einer falschen Aussage entsprechen." (Hoffmann, 2011, S. 74)

kül gestattet sind, in Übereinstimmung mit einer ähnlichen Menge von Werten oder Zuständen in dem, was seine Interpretation werden soll. Eine Interpretation ist dann in geeigneter Weise übereinstimmend, wenn jedes ihrer Elemente mit einem identifizierbaren Element des Kalküls verbunden ist, und die Elemente in jedem Fall ähnliche Unterscheidungen zwischen sich haben."[324]

In der Gleichsetzung von Haut und Kreis wird deutlich, dass Mathematik hier als ein Weg erkannt wird, „der, machtvoll im Vergleich zu anderen, uns Aufschluss gibt über unser inneres Wissen von der Struktur der Welt"[325]. *Interpretation* bezeichnet in dieser Sicht die Aufgabe der Philosophie, mathematische Erkenntnisse als abstrakte Muster operativer Strukturen zu begreifen und als solche zu nutzen, um jene Fragen in ihnen zu reflektieren, die den unbewaffneten naiven Hausverstand überfordern; uralte Fragen und dazu heute brandneue, die kaum Aufschub dulden. Und gerade weil Mathematik in ihrer Grundlagenkrise[326] die eigenen Grenzen zu sehen begann, empfiehlt sie sich heute nachdrücklich als Interpretationsgrundlage: Denn Mathematik ist eine Sprache der Relationen[327], sie ermöglicht *Abbildung,* will nicht schon bestimmtes *Abbild* sein. Und in historischem Kontext zentral: Sie wird global verstanden!

Spencer-Brown positioniert sich eindeutig im Streit zwischen Intuitionisten und konkurrierenden *Ansichten*[328]. Für ihn steht fest: „Logik und Berechnung, Grammatik und Rhetorik, Harmonie und Kontrapunkt, Balance und Perspektive können im Werk erkannt werden, nachdem es geschaffen wurde, aber diese Formen sind in letzter Analyse parasitär, sie existieren nicht getrennt von der Kreativität des Werkes selbst. Somit ist die Beziehung der Logik zur Mathematik eine Beziehung einer angewandten Wissenschaft zu ihrem reinen Ursprung, und alle angewandte Wissenschaft bezieht ihre Nahrung von einem Schöpfungsvorgang, mit dem sie sich ver-

---

[324] Spencer-Brown, 1994a, S. 97.

[325] Ebenda, S. XXVii.

[326] Einen wertvollen Einblick in den gegenwärtigen Horizont der Mathematik als Produkt ihrer Geschichte gibt zum Beispiel: Hoffmann, 2011, S. 36ff.

[327] Mathematik ist zwar nicht per se Relativitätstheorie, aber sie ist *die Sprache der Relativität*! Vgl. dazu den Gebrauch des Gleichheitszeichens bei Spencer-Brown (vgl. Spencer-Brown, 1994a, S. 60).

[328] Gegensätzliche Meinungen in der Philosophie der Mathematik vertreten: Logizismus (Gottlob Frege, der am Versuch, Mathematik auf Logik zu reduzieren, gescheitert war), Formalismus (ausgehend von David Hilbert) und der Prädikativismus (Bertrand Russell mit seiner berühmten Typenlehre, die Paradoxien schlicht verbietet). (Vgl. Saphiro in: Büttemeyer, 2005, S. 203ff.)

binden kann, um Struktur zu geben, doch den sie sich niemals aneignen kann."[329]

Mathematik ist die zeichentechnische Reflexion existenzieller Operationalität. Der Bau immer komplexer werdender (also *neben **dem Rechnen** auch mehr und mehr **die Mathematik** einbeziehenden*) Rechenmaschinen liefert im Endausbau die Inkarnation dieser Zeichen, also der KI, die dann als solche wieder anfangen kann, über existenzielle Operationalität nachzudenken. Man muss hier mitdenken, dass es dabei nicht um Maschinen (Plural) gehen wird (oder schon geht), sondern um den Verbund dieser Maschinen, um *die Maschine,* um die zu ihrer *Form* sich verdichtende Technik, jener Technik, die wir als das allgemeinsten Medium und damit als Ermöglichung des Unmöglichen bestimmt hatten.

Mathematische Konstrukte und daraus gewonnene Intuitionen analysieren existenzielle Tiefenstrukturen und deren Möglichkeiten im Modell eines abstrakten multidimensionalen Raumes, den sie im Zuge dieser Analysen aus der Idee der Zahlen und deren Verbindungsmöglichkeiten in einer Ordnung[330] entwickelt hatten.

„Spencer-Browns Ziel ist die Remathematisierung der Logik. Die Logik hat ihre aristotelische Aufgabe, das Denken widerspruchsfrei zu halten, jahrhundertelang erfüllt und damit einen Beitrag zur Entwicklung der modernen Wissenschaften geleistet. Sie wird in diesem Jahrhundert jedoch zu einer Behinderung der Weiterentwicklung der Wissenschaft, weil sie als ebendiese Tugendwächterin eines einsinnigen Denkens vor dem Selbstreferenzproblem versagt, das die Sprachphilosophie, die Mathematik (Gödel), die Biologie und die Soziologie beschäftigt."[331]

Und Spencer-Brown eröffnet einer neuen Logik die Option, Anschluss an die Möglichkeiten der mathematischen Idee der Zahl „i" zu suchen.
Was der Kalkül der Spencer-Brown'schen Primären Algebra analytisch damit zugänglich macht, ist die Idee einer doppelten Differenz, einer Differenz in der Differenz, die als *Form der Form (Selbstunterscheidung)* erkennbar (*unterscheidbar*) wird.

---

[329] Spencer-Brown, 1994a, S. 88.
[330] Law of Calling und Law of Crossing stehen für Zahl und Ordnung (vgl. Spencer-Brown, 1994a, S 12.
[331] Baecker, 1997.

5.1 Philosophie menschlicher Selbstbezüglichkeit und bewusster Evolution

Eine neue globale Philosophie, eine Philosophie menschlicher Selbstbezüglichkeit, die zu **bewusster Evolution**[332] auffordert, weil eben das (durch die sogenannte Ökokrise) ohnehin *notwendig* scheint und vor allem aber, weil sich *bewusste* Evolution zunehmend als genau jenes Ziel zeigt, das die Evolution im Moment gerade durch den Menschen zu erreichen sucht. *Es* (das System!) stellt gerade um von *Zufall/Notwendigkeit* auf *Freiheit/Notwendigkeit,* wie Heinz von Foerster es so unvergesslich einprägsam formuliert hatte. Freiheit aber stellt die Frage nach der Absicht ihrer Nutzung, nach Verantwortung. In jedem einzelnen Individuum. Was in vergangenen Jahrhunderten gerade immer nur für ein paar Weise, Erleuchtete, Genies, Herausragende, Verinnerlichte (Hineinragende) und sonstige Begünstigte, Geförderte oder auch *selfmade Anthropotechniker* zugänglich war, diese in uralten Traditionen immer schon lebendige und erprobte *2nd-Order-Kompetenz,* soll aus ihren exklusivitätsbedingten Überschätzungen befreit und als neue globale Sozialisations*norm* das *Aus*-Bildungsziel für jeden Menschen werden.

Sicher scheint dabei nur: Der Mensch wird das Maß des Menschen bleiben – denn *jeder* Gott, der ihn erhebt, ist heute als des Menschen eigene Erfindung dekonstruierbar. Damit aber auch rekonstruierbar!

Doch diese unsere tautologisch-paradoxen Grundlagen beschreiben heute (abgesehen von Baron Münchhausen[333]) nur mathematisch-physikalische Formelwerke, die sich mit den subatomaren Ebenen unserer Existenz auseinandersetzen, oder versuchen im Modus der Selbstähnlichkeit, eine Treppe zu nächsten Ebenen der Erkenntnis zu bauen. Folgt man den Überlegungen einer Philosophie der Mathematik, dann kann man durchaus – und durchaus *philosophisch* – zum Schluss kommen, die Philosophie hätte vor allem die Aufgabe, jene abstrakten mathematischen Aussagen zu interpretieren. Liest man solches im Gedächtnis an Heidegger[334], dann heißt dies: den Mathematikern ihre Mathematik erklären. Saphiro besteht vor allem auf dem Beiwort *ihre* – und meint damit, dass es zugleich *nicht* Auf-

---

[332] Die Idee, Evolution mit Bewusstsein zu verbinden, hätte Niklas Luhmann zunächst sicher nicht gefallen – wir verstehen darunter allerdings nicht mehr als die bewusste Aufnahme der Thematik als Grundbedingung unserer Existenz in die allgemeine Kommunikation. Im Wesentlichen meint dies: kommunikativ Bewusstsein von der **Seinsweise des Systems** zu generieren, das uns beinhaltet!

[333] „Münchhausen im Sumpf – und mit der Möglichkeit zu sehen, wie die anderen es machen." (Luhmann, 2004b, S. 160)

[334] *Metaphysik* – die Wissenschaft kann nicht (ihr Denken be-)denken.

gabe der Philosophie sein kann, der Mathematik Vorgaben für ihre Suche zu geben – jedenfalls keine anderen als eben die **geforderten Interpretationen,** die dann aber als solche fraglos jede weitere mathematische Suche beeinflussen können und sollen.[335]

Aus dem Vergleich erfolgreicher mathematischer und physikalischer Theoreme entwickelte Gödel schließlich ein Argument zu dieser Frage, für das er berühmt und berüchtigt war, nämlich: „**dass der Fall der Existenz mathematischer Objekte eine genaue Parallele im Fall der physikalischen Objekte besitzt.**"[336]

Warum ist das so? Sind Zahlen unabhängig vom Mathematiker gegeben? Welchen ontologischen Status haben mathematische Objekte? Kann man – etwa mit Euklid – zwischen zwei Punkten eine Gerade *ziehen* – und muss man sie nicht erst ziehen, soll sie denn da sein? Oder *existiert* zwischen zwei Punkten schlicht eine solche Gerade (?), wie Platon meinte, der mathematische Objekte als ewige Urformen behandelt wissen wollte.

Spencer-Brown weiß darauf eine klare Antwort: Ja und nein! Ja, weil alles, was existiert, nur konkret, also in endlicher, abzählbarer Anzahl existieren kann und daher Existenz immer *auch* als Zahl existiert, in dem Sinne, als jeder Unterschied ein Zeichen seiner selbst ist und daher jede bestimmte Anzahl abgrenzbarer Entitäten auch eine Zahl darstellt. Nein, wenn mit Zahl eine (reduktive) Kopie davon (als spezielles Zahlzeichen) gemeint ist. Oder anders: Auch dieser Unterschied (zwischen impliziter und expliziter Zahl) will *gemacht* sein, soll es ihn denn geben. Aber wenn er gemacht ist, schafft er Tatsachen, mit denen man rechnen kann. Und muss!

Das *Apfelmännchen* scheint uns im Moment die komplexeste Formel zu sein, die als Quelle der Inspiration einer Interpretation unserer Existenz zur Verfügung steht: In den Anweisungen dieser Form(el) zum Treffen einer (rekursiven) Unterscheidung, in dieser Konstruktionsformel des Apfelmännchens, bildet der variable Teil der Funktion sein *elementares* Potenzial ab und der konstante dasjenige seiner *medialen* Totalität. Das rekursive Operieren der Gleichung (Funktion der Gleichsetzung als Ausdifferenzierungsmechanismus von Vielfalt) als solcher aber bildet die eigentliche Form als Formung der Welt im Sinne der Differenzierung von System und Umwelt.

System als Form ist dann perfekte Beinhaltung[337] aller Formen, aus denen es besteht, von der Form der Elemente über alle möglichen Formen

---

[335] Vgl. Saphiro, 2005, S. 220f.

[336] Ebenda, S. 213.

[337] Vgl. Spencer-Brown, 1994a, S. 1. Luhmann findet darin seine Formel vom Ausgeschlossenen, das als solches eingeschlossen wird.

ihres Zusammenschlusses bis hin zur Form der Totalität, die von diesen Zusammenschlüssen gemeinsam gebildet wird.

Das Apfelmännchen ist damit interpretierbar als ein einfachster Algorithmus zur Beschreibung einer Totalität allen gegenseitigen Beobachtens, als Ausdruck eines Prozesses, in dem divergente Absichten zwischen Invarianz und Varianz unterscheidend zu einer gemeinsamen Figur finden, zu einem System, das sich autopoietisch aus eigenen Rekursionen errechnet und eine geschlossene Form, ein System (der Systeme) erzeugt – oder aber eben in die Unendlichkeit entschwindet.[338] Und auch hier kommt der Faktor Absicht über die Zahl *i* ins Spiel – und zwar gerichtet auf Konstanz *und* Variation.[339]

5.2 Mandelbrotmenge

Was den Ameis und seine Ameisen von der menschlichen Gesellschaft und ihren Individuen unterscheidet, ist letztlich die Tatsache, dass ein menschliches Individuum weiß, dass es ein Individuum in seiner Gesellschaft ist und in diesem Bewusstsein auf sich selbst reagieren kann. Was uns Menschen zu selbstorganisierenden Individuen in einer selbstorganisierenden Gesellschaft macht – zu 2nd-Order-Wesen. *Das* ist der Ameis nicht und auch nicht seine Ameisen. Sie folgen einem genetischen Programm, das nur die Evolution selbst ändern kann. Wir Menschen sind bestimmt dazu, uns selbst zu übernehmen – als Individuen und als Gesellschaft. Ob von Gott geschaffen oder Resultat einer Evolution: Wir sind die, die wissen (könnten, sollten, müssten, dürften, das Privileg hätten etc.), was sie tun. Unser Gott oder unsere Evolution wird uns nicht verzeihen – sondern mit uns untergehen.

Selbstorganisation: Wie organisieren sich die Apfelgötter zum Apfelgott?

---

[338] Nur für Werte zwischen $-0,75 \leq c \leq 0,25$ ergibt die Formel eine Schließung.
[339] Vgl. dazu Kapitel 10: *Evolution*.

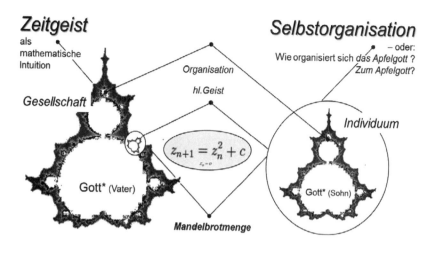

Abbildung 26

Mandelbrotmenge: Lösungsmenge aller Julia-Mengen[340], die eine in sich geschlossene[341] *Grenze* in der Gauß'schen Zahlenebene *ziehen*. Eine *komplexe*[342] *Variable* und eine *komplexe Konstante*[343] werden in der Formel $z_{(n+1)} = z_n{}^2 + c$ iteriert (setzt man z am Anfang der Iteration = 0 und erhält

---

[340] Teilmengen der komplexen Zahlenebene.

[341] Vgl.: Thema *Schließung* in der Systemtheorie.

[342] Komplexe Zahlen setzen sich aus einem realen und einem imaginären Teil zusammen und stehen so für das Zusammenwirken von Wirklichkeit und Möglichkeit beziehungs-weise Absicht.

Mit jeder Ausdehnung des Begriffs der Zahl weitet sich unweigerlich auch der Horizont des Denkens – genauer: des Denkmöglichen, der Denkmöglichkeiten. Das *Haus der Sprache*, in dem wir – mit Heidegger – wohnen, weitet sich.

Wer nur die positiven ganzen Zahlen kennt, kann ein *Abwesendes, aber möglicherweise Anwesendes* – die *Potenzialität* der Situation – nicht denken.

Und wer nur ganze Zahlen denkt, kann keine Wahrscheinlichkeiten abschätzen.

Und wer nur reelle Zahlen glauben will, der weiß nichts von *Absicht*.

[343] Der variable Teil steht für den Formenreichtum des Lebens, der konstante für dessen Grundbedingungen im Sinne Maturanas Diktum vom Leben als *Einmalerfindung*.

man dabei eine *Schließung*, dann gehört c zu jenen Konstanten, die eine Schließung erzeugen).

Übersetzt man diese mathematische Intuition, dann heißt dies: Die Mandelbrotmenge errechnet *alle* Formen der Reflexion, die eine höhere Einheit im Irreflexiven als solche sichtbar machen – unterscheiden und bezeichnen – können. Und ist damit die Reflexion dieser Reflexionen. Die Mandelbrotmenge zeigt die Funktionalität unbelebter (probiotischer) *Intentionalität* (komplexe Konstante) in Kovarianz mit dem ganzen Spektrum ihrer (biotischen) Möglichkeiten (komplexe Variable).

Die vertikale Dimension zwischen Sohn und Vater, so wie Jesus sie gesehen hatte, wird dadurch relativiert, aber zugleich auch plausibel. Schließlich wird hier Gott zum Menschen und der Mensch ein Gott und gerade so zum Maß des Menschen. Dabei wollen wir bleiben, denn menschlich an uns ist unsere Endlichkeit in Raum und Zeit und göttlich an uns ist, dass wir auch dieses Bild noch als (beobachter-)relativ durchschauen.

6 Schema der Errechnung einer Errechnung

Was wir nun im Folgenden darstellen, ist ein Schema der Entparadoxierung als Ermöglichung von Selbstbezug, oder anders: Wir zeichnen den einfachsten abstrakten Schaltplan der Komplexitätsgenese. Dies ist ein systemtheoretisches und damit ein transdisziplinäres Anliegen, das – um nur *ein* prominentes Beispiel jenseits der Soziologie zu bringen – auch Antwort auf eine zentrale Frage der KI-Forschung sucht, die etwa im Umfeld von Christoph von der Malsburg erarbeitet und präzisiert worden ist: das *Bindungsproblem*[344] – also profan abgekürzt die Frage, wie Neuronen die notwendige Orientierung organisieren, zu welchem Verbund sie gerade gehören. Damit das Gehirn die elementare Totalität seines Besitzers[345] abzubilden vermag, muss es selbst als eine eigene solche[346] konzipiert sein und funktionieren. Die KI-Forschung hat dieses Problem der Bindung[347] in temporaler Hinsicht über die Idee der pulsierenden Zeit[348] zu fassen versucht und dabei gute Teilerfolge erzielt.

Nachdem wir hier aber Soziologie betreiben, werden wir unser Schema als Funktionsschema der Gesellschaft und ihrer Individuen interpretieren. Was dabei aber nebenher auffällt und verblüffen mag, ist die abstrakte Isomorphie im Operieren von **Gehirn und Neuronen** einerseits und von **Gesellschaft und Individuen** auf der anderen Seite. Als Soziologe wird man künftig viel mit Hirnforschung zu tun haben, denn das *global brain* wird nur zu verstehen sein, wenn man ein *individual brain* versteht – und umgekehrt[349]; es geht um die Verbindungen der Einzelhirne, und diese können nur ausgehend vom Verbund (*global brain*), in dem sie sich verbinden, ganz in ihrer konkreten Form verstanden werden.

Aus einer protologischen Sicht heraus muss für dieses Schema gelten: Was auch immer als Selbstbezug funktioniert, muss im abstrakten Aufbau seiner Schaltung diesem Schema genügen. Wir behaupten damit aber nicht

---

[344] Das **Bindungsproblem** sucht nach den neuronalen Grundlagen sensorischer Integration, also nach der Technik des Gehirns, aus allen einzelnen Sinnesdaten eine einheitliche Wahrnehmung zu montieren (vgl. Ramacher/Malsburg, 2009, S. 168f.)

[345] Also etwa im Sinne der Errechnung eines PSM (phänomenales Selbstmodell) nach Thomas Metzinger in seiner Umwelt (die wohl komplexeste Herausforderung für die Bindungsfrage).

[346] Vgl. dazu: Ross Ashbys Requisite Variety.

[347] „Mit einem Wort, das Datenformat muss Vielfalt durch Kombinatorik hervorbringen. Kombinatorik wiederum ist nur möglich durch strukturierte Bindung von Elementen." (Ramacher/Malsburg, 2009, S. 168)

[348] Vgl. dazu: Pöppel'sches Datenquantum, S. 90.

[349] Vgl. Blume, 2012, S. 105ff.

irgendetwas *berechnen* zu können, sondern wir zeigen *das Schema möglicher Selbsterrechnung.* Und damit die Möglichkeit dieses Errechnen zu verstehen.

Werfen wir einen Blick auf den *Heiligen Geist*: $z_{(n+1)} = z_n^2 + c$. Wenn wir c als distinktionslose Differenz, als Realität im Sinne von Unterscheid*ung* fassen und z^2 als den Distinktionen setzenden Aspekt, als Wirklichkeit, als Operation, eben als Unterscheid*en*, dann ist das Apfelmännchen *errechnetes* Symbol der 2nd-Order-Form. Und auch das scheint neu, ein neuer Weg der Symbolkonstruktion: *explizite Errechnung* eines Bildes, das sich als Leitsymbol menschlicher Erkenntnis anbietet.

6.1 Vorläufer des Schemas der Entparadoxierung

Gesellschaftstheorie wird im Lichte einer Differenztheorie deutbar als der Versuch des Sozialen, sich als globale Einheit selbst zu begreifen.[350] Die Theorie ist hier gefordert, ein begriffliches Instrumentarium zu entwickeln, das Selbstbezug als Denkfigur anschaulich und anwendbar macht. Und zwar weil, wieder aus Gründen der Selbstähnlichkeit, anzunehmen ist, dass der Prozess einer globalen Selbstbenennung der Gesellschaft (also: *nativ-global*, nicht: *international*) analog zu dem funktionieren wird, was Thomas Metzinger bezüglich menschlicher Individuen als Entwicklung eines phänomenalen Selbstmodells (PSM) beschreibt (siehe Abbildung 27).

Oder anders: Wir brauchen ein grundschulfähiges Instrument, also ein möglichst einfaches und doch ausreichend komplexes Schema, in dem sich jedes einzelne menschliche Hirn auf diesem Globus in seiner lokalen Einbettung erkennen kann, und in dem zugleich das Globale als *sein* Ganzes, im Sinne einer Matrix der Einbettung aller lokalen Einbettungen, erkennbar wird. Oder anders: *Raum* muss als topologisches Konstrukt in die Systemtheorie (Bielefelder Schule) integriert werden, um *ein Konzept der Regionen* als Vermittlung von Individuum (lokal) und Gesellschaft (global) zu ermöglichen.[351]

---

[350] Vgl. Luhmann; 1998, S. 879ff.
[351] Schon um die Behinderung positiver Globalisierung durch die überkommene Idee des Nationalen sichtbar zu machen.

```
┌─────────────────────────────────────────────┐
│     Thomas Metzinger: Selbstmodell          │
└─────────────────────────────────────────────┘
```

Das Selbstmodell ist eine ganzheitliche, kohärente Beschreibung der
Selbstrepräsentation des Informationssystems Mensch

Phänomenales Selbstmodell (= Ich-Illusion)
- **Meinigkeit**   Zugehörigkeitsempfinden zu Körper, Gefühl und Denken
- **Selbstheit**   unmittelbare Vertrautheit mit sich selbst
- **Perspektivität** Denken der Subjekt-Objekt-Beziehung

Intentionalitätsrelation   *Phänomenale Transparenz*
⇒ *Erzeugung eines*   ⇒ *Die Tatsache der Repräsentation*
Bewusstseinsraumes   *wird im Bewusstsein nicht sichtbar*
⇒ *Erzeugung der Perspektivität* ⇒ *Naiver Realismus im Alltagsleben*
⇒ *Gegenwartsgefühl*

Neuronale Basis
- **representational**   gerade aktive Datenstruktur des zentralen Nervensystems
- **funktional**   komplexe Kausalbeziehungen regeln die Interaktion zur
                         Umwelt
- **neurobiologisch**   z.B. komplexes Aktivierungsmuster in der Kortex

Grafik nach: Thomas Metzinger: Philosophische Perspektiven auf das Selbstbewusstsein: Die Selbstmodell-
Theorie der Subjektivität. In: W. Greve (Hrsg.), Psychologie des Selbst, Weinheim 2000.

Abbildung 27[352]

6.2 Agil-Schema

Die *schematische Darstellung* im 9er-Schema findet in Talcott Parsons'
Agil-Schema einen idealen Anknüpfungspunkt soziologischer Provenienz.

Ein Aspekt in der Motivation Niklas Luhmanns, eine Gesellschaftstheorie zu verfassen, war sein Wunsch, das Theorielabyrinth seines soziologischen *Wahlonkels*[353] Parsons zu klären und zu lichten. Manch einer
bezweifelt, dass ihm dies gelungen sei. Wir rechnen uns zwar nicht zu diesen Zweiflern, geben aber zu bedenken, dass Luhmann Parsons' Systemtheorie nicht nur von Handlung auf Kommunikation umgestellt hat,
sondern dass er bei dieser Gelegenheit auch das Klarste und Deutlichste,
was Parsons als Orientierungshilfe in seinem Werk geliefert hatte, verwarf:

---

[352] Thomas Metzinger: siehe Beschriftung auf der Grafik.
[353] Luhmann hat Parsons nie als *seinen Lehrer* bezeichnet – vielleicht weil er, als er
1961 für ein Jahr in die USA zu Parsons im Rahmen eines Fellowships ging, schon eine
beachtenswerte Karriere als Jurist im Staatsdienst hinter sich hatte.

149

das kreuztabellierte Vier-Felder-Schema, Parsons' Zusammenfassung aller Theorie, kurz AGIL-Schema genannt.

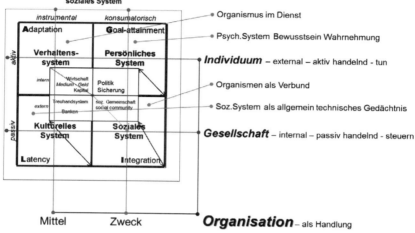

Abbildung 28: Die vier Grundfunktionen eines Handlungssystems bei Parsons:
- Adaption: Anpassung des Systems an seine Umwelt
- Goal-Attainment: Zielsetzung und Zielerreichung
- Integration: Zusammenhalt der Teile des Systems
- Latency: Strukturerhaltung durch latente Muster

Den Anspruch auf Universalität eines Theoriedesigns hat innerhalb der Soziologie nicht erst Niklas Luhmann erhoben. Schon Talcott Parsons sah in seinem AGIL-Schema zumindest die gesamte Conditio humana[354] abgebildet – und meinte damit nicht weniger als den Menschen in seinem *Bezug zur Welt* schlechthin. Zu finden war diese Welt dann bei ihm durch einen – dem Schema impliziten – Mechanismus der Ausdifferenzierung jedes der

---

[354] Es ist ein wirklich alter und schillernder Begriff, den Parsons hier in einem Schema zu fassen versucht: „Der Mythos von der *conditio humana* stützt sich auf eine sehr alte Mystifikation, die seit jeher darin besteht, auf den Grund der Geschichte die Natur zu setzen." (Barthes, 1964, S. 17) Ähnlich wie Luhmann war vor ihm auch schon Parsons mit Kritik am Universalitätsanspruch seines Ansatzes konfrontiert.

vier Felder durch die Anwendung des Gesamtschemas auf eben jedes einzelne der Felder. Niklas Luhmann vermerkte diesbezüglich eine sehr rasch anwachsende Komplexität, weil es sich anböte, dieses Spiel in jeder neu gewonnenen Tiefe zu wiederholen.

Allenfalls aber wuchs die Begeisterung Talcott Parsons'[355] ob seiner Erfindung im Lauf der Jahre – das heißt: unter den prüfenden Augen eines Soziologen, der das von ihm geschaffene Instrument testet.

Parsons' logischer Schachzug, ein Schema im Schema nochmals anzuwenden, um analytische Komplexität zu generieren, das klingt schon fast nach einem *Reentry*. Und zwar nach keinem einfachen Reentry – schließlich nutzt Parsons eine Doppeldifferenz: *Zweck/Mittel* auf der einen Seite und *internal/external* auf der anderen. Das ergibt dann – kreuztabelliert – sein Vier-Felder-Schema.

Parsons' Schema war vorgeworfen worden, es sei starr – strukturkonservativ, unfähig, sozialen Wandel zu fassen. Wir plädieren hier dafür, jede der alten Fragen, ob Parsons' Schema nun *strukturkonservativ*[356] sein muss – oder eben nicht, als falsch gestellt zu behandeln, denn die richtige Frage wäre schlicht: Kann das AGIL-Schema – oder allgemeiner: kann *ein Schema* eine Struktur darstellen, die sich wandelt? Kann eine schematische Darstellung prinzipiell die nötige *Requisite Variety* zur Verfügung stellen, um (operative) Varianzen und Invarianzen eines Systems sauber zu trennen und in ihrer Vermittlung darzustellen? Ist eine *wandlungsfähige* operative Dynamik einfach (schematisch) darstellbar, und zwar als eine Struktur, die als solche dann naturgemäß konservativ operieren wird müssen und die solche Vor-gaben, wie eben den Selbsterhalt in einer sich wandelnden (inneren und äußeren) Umwelt nur erfüllen wird können, wenn sie die Thematik *Varianz/Invarianz*[357] in Bezug auf sich selbst als System und in Bezug auf ihre Umwelt(en) beobachten und auf solches Beobachten adäquat reagieren kann?

Bezüglich Parsons' Schemas hatte auch Niklas Luhmann seine Meinung erst relativ spät zugunsten Parsons' revidiert.[358] Parsons selbst war natürlich an einem dynamischen Modell der Gesellschaft interessiert und sah die Möglichkeiten seines Schemas, diesen Strukturwandel zu erfassen, *in den Verbindungen zwischen den einzelnen Feldern seines Schemas gegeben.*

Wenn wir diese Felder – unabhängig von ihren Inhalten – als Differenzen begreifen, als Zweiseitenformen und zwar vertikal und horizontal (Di-

---

[355] Auskunft gibt hier Luhmann, der ein Jahr bei Parsons gearbeitet hatte (vgl. Luhmann, 2004, S. 18ff. und S. 34).
[356] Vgl. Luhmann, 2004, S. 18ff.
[357] Vgl. Foerster, 1993, S. 116ff.
[358] Vgl. Luhmann, 2004, S. 34f.

agonalen mitzudenken würde das Bild an dieser Stelle unnötig komplizieren), und dazu Spencer-Browns Idee der Koproduktion bedenken, die jede Differenz operativ als Dreiheit denkt, dann wird aus Parsons' Vier-Felder-Schema ein Neun-Felder-Schema. Und was Parsons zwischen seinen Feldern nur vermuten konnte, wird dabei in den abstrakten Operationszusammenhang des Schemas aufgenommen. Damit aber ist Ashbys Gesetz erfüllt, denn mit Norbert Wiener brauchen wir zumindest drei Entitäten, drei verschiedene Variable, drei Unterscheidungen oder Aspekte, um die Welt erfassen zu können. Materie, Energie und Information bei Wiener – und selbst hier noch abstrahierend dann bei Luhmann: Element, Medium und Form.

6.3   Das 9er-Schema

Ein Neun-Felder-Schema scheint uns damit eine erste gültige Reduktion selbstbezugsfähiger Komplexität zu bieten – denn vier Felder (Parsons) unterschlagen eben schlicht noch die Tatsache, dass eine produktive Differenz *drei zu einer Ebene ausdifferenzierte und daher in Bezug auf diese Ebene operationsfähige, nicht aufeinander reduzierbare Positionen* liefert.

Um nun die operative Struktur der Entparadoxierung des Selbstbezuges – und damit: Komplexitätsgenese – darzustellen, ist die Relation der Doppeldifferenz (Einheit/Vielheit // Einheit/Anderheit)[359] zu entwickeln. Einheitslogisch hätten wir von Quantität (Einheit/Vielheit) und Qualität (Einheit/Anderheit) zu sprechen.

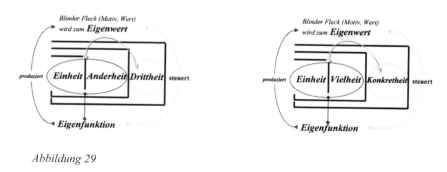

Abbildung 29

---

[359] Damit sind auch die zwei Initialgleichungen der Primären Arithmetik in Relation gesetzt, denn Vielheit ist eine Einheit höherer Ebene und durch das Law of Calling zunächst als distinktionslose Differenz zum Kontinuum zwischen den Ebenen ausgebreitet. Möglich wird dies durch die Distinktionen, die zunächst als Verbindung elementarer Einheiten der gleichen Ebene im Kontinuum entstehen.

Fasst man jede der beiden Differenzen mit Spencer-Brown als produktive (Zweiseiten-)Form, als das rekursive Operieren einer Eigenfunktion, die als solche in Differenz zu ihrem Produkt, dem Eigenwert steht, und bedenkt man, dass beide Differenzen den Selbstbezug nur *einer* Form betreffen, dann ist es naheliegend, sie als ein Quadrat der qualitativen mit der quantitativen Dreiheit in einem Neun-Felder-Schema zu betrachten.

Hier (siehe Abbildung 30a und 30b) wird deutlich, dass die Form des Doppelreentrys *immer* die Kondensation eines Operationszusammenhanges sein muss, der seine paradoxe Anlage nur über die Doppeldifferenz von Qualität *und* Quantität entparadoxieren kann. Gotthard Günthers Proemialrelation kann herangezogen werden, um diese Verdoppelung zu *illustrieren* (siehe Abbildung 31): Was in Abbildung 30b als *das Dritte* bezeichnet ist, *funktioniert* als Differenz von Konkretion und Drittheit. Oder anders: Was in obigem Schema *Relation* heißt, meint die generelle gegenseitige Interpunktation von Qualität und Quantität, also von Zahl und Ordnung.

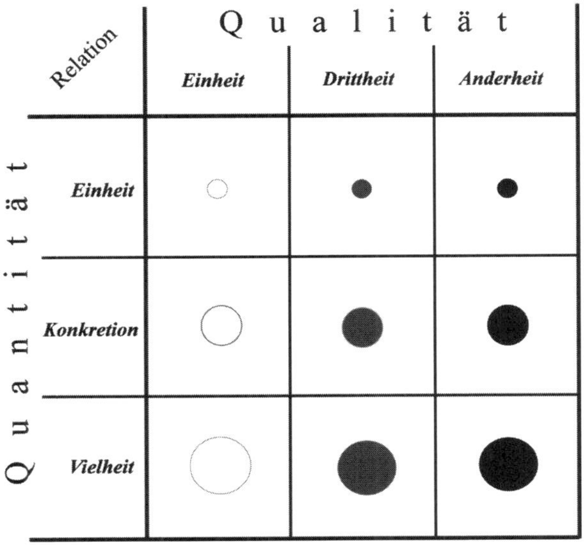

Abbildung 30a

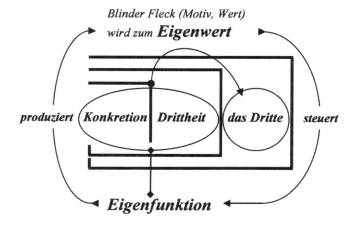

Abbildung 30b

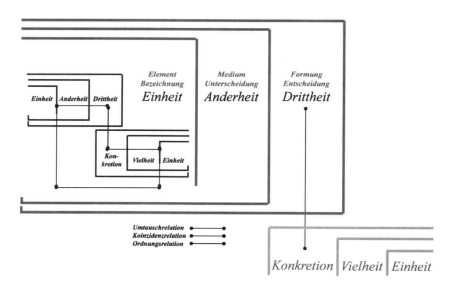

Abbildung 31[360]

---

[360] Zur Veranschaulichung der Günther'schen Proemialrelation soll eine weitere Übersetzung in die Begriffe von Spencer-Brown dienen: Das transklassische Denkmodell

Was die chiastische Figur Gotthard Günthers noch einmal vorführt, ist die Notwendigkeit, die Relation von Quantität und Qualität neu zu denken: **Ordnung und Zahl** (in obiger Abbildung Drittheit und Konkretion genannt) als komplementäres Verhältnis gegenseitiger Ermöglichung. *Ordnung und Zahl* als Umtauschrelation, die sich selbst als Ordnungsrelation ermöglicht und damit die gegenseitige Durchdringung von Quantität und Qualität als basale Form allen Operierens ausweist.

Was sich hier also zeigt, ist eine doppelte Schließung zweier sich gegenseitig interpunktierender Kausalketten, oder besser: zweier sich gegenseitig interpunktierender Operationsfelder je eigener Kausalität.

---

setzt die Grenze zwischen *marked space* und *unmarked space* als Differenz (der Selbigkeit) und dynamisiert sie zu dem, was Dirk Baecker ein Grenzobjekt nennt (Das Grenzobjekt – *boundary object* – ist ein in der KI-Forschung entwickelter Begriff. Grenzobjekte sind Objekte, deren Sinn darin besteht, für die sehr heterogenen Interessen verschiedener Nutzer, Entwickler, Anbieter und Nachfrager einen gemeinsam erkennbaren Schnittpunkt zu bieten. Vgl. dazu Dirk Baecker im Interview zum Grenzobjekt *Dosenpfand* in der taz vom 19.09.2003.) Im Selbstbezug wird der Mensch für sich selbst zum Grenzobjekt der Verbindung zwischen Selbst- und Fremdreferenz.

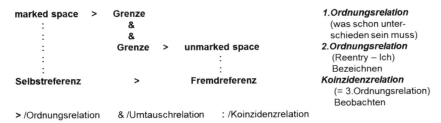

Nur als Umtauschrelation wird die Grenze als operationsfähige Instanz der Unterscheidung fassbar.

Die beiden Seiten der Differenz induzieren die Differenz im Inneren der Grenzlinie – und zugleich ist es diese innere Differenz, die – als Einheit – die Absicht zur Unterscheidung von System und Umwelt darstellt. Diese (anfanglose und kreisförmige) Dynamik ist die operationale Basis von Leben.

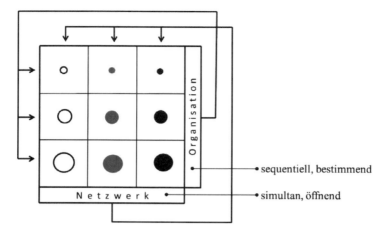

Organisation

○ • •
○ ● ●
○ ● ●

Netzwerk •——————————• simultan, öffnend

•——————————• sequentiell, bestimmend

Abbildung 32

Illustriert am Beispiel der Gesellschaft: Im Raum der simultan-akausalen Gleichzeitigkeit aller global sich ereignenden einzelnen Kommunikationen und ihrer Unbestimmtheit (doppelte Kontingenz) verwebt ein Konstrukt aus impliziten und expliziten Abmachungen die einzelnen Kommunikationen zu Kommunikationssequenzen und organisiert dabei die Geschichte (Zeit) der Gesellschaft.

Heinz von Foerster hatte diese Form der Interpunktation mit der doppelten Schließung der nervösen und der hormonalen Kausalkette gezeigt. Und „um diesem funktionellen Schema auch geometrisch Rechnung zu tragen, können wir die rechtwinklig zueinander fließenden Signalkreise durch Wicklung um eine vertikale und horizontale Achse schließen. Eine ebene Figur, die nach zwei rechtwinkeligen Achsen gewickelt wird, ist aber ein Torus."[361]

---

[361] Foerster, 1993, S. 69.

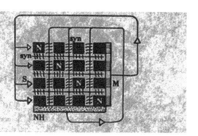

Abbildung 10 Doppelte Schließung der nervösen und hormonalen Kausalkette. Horizontale punktierte Naht (Äquator): Neurohypophyse. Vertikale gestrichelte Naht (Meridian): motorisch-sensorischer ‚synaptischer Spalt'.

Abbildung 9 Nervöser Signalfluß von der sensiblen Oberfläche (linke Begrenzung, S), über Nervenbündel (schwarze Quadrate, N) und synaptische Spalte (Zwischenräume, syn) zu Muskelfasern (rechte Begrenzung, M) einerseits, deren Aktivität die Reizverteilung der sensiblen Oberfläche verändert, und Neurohypophyse (untere Begrenzung, NH) andererseits, deren Aktivität die Zusammensetzung der Steroide in den synaptischen Spalten und damit die Funktionsverteilung aller Nervenbündel moduliert.

Abbildung 33[362]

Den Ebenenunterschied zwischen elementarer Einheit und medialer Vielheit, den Heinz von Foerster in seiner Darstellung als Differenz *Transmittersubstanz/Neuroimpuls* berücksichtigt hatte, werden wir in unserer Darstellung als Differenz zwischen Simultaneität und Sequenzialität der Einzeloperationen berücksichtigen.

In der folgenden Abbildung eines Torus (Abbildung 34) stellen die vertikalen Schnitte alle simultan stattfindenden Elementaroperationen zur Produktion von Drittheiten dar (Beispiel Kommunikation: *Mitteilen* und *Verstehen* produzieren als Elementaroperationen die Form der *Erwartung*. Und *Erwarten* und *Erwartungserwartung* ermöglichen und steuern Mitteilen und Verstehen). Alle diese Elementaroperationen gemeinsam bilden jene Vielheit, die zum Medium der Ausbildung jener Formen wird, die in obiger Abbildung Konkretheit genannt worden war.

Mit einem der vertikalen Schnitte haben wir in der folgenden Torusdarstellung auch schon das konkrete Funktionsschema der operativen Mikrostruktur des 9er-Schemas angedeutet, um dieses einordnen zu können.

Der Torus als solcher ist in der untersten Ebene des 9er-Schemas (in der Ebene der Vielheit) repräsentiert – oder anders: Das Schema erfasst aufgrund der Möglichkeiten der Spencer-Brown'schen Notation die gesamte selbstreferente Operationsstruktur der nachfolgenden Darstellung.

---

[362] Ebenda, S.69f.

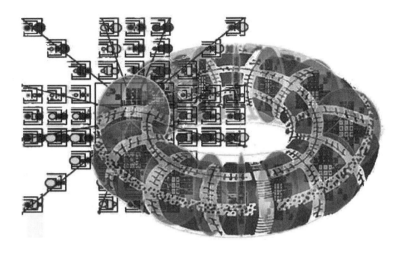

Abbildung 34

Und die operative Struktur dieser im Neun-Felder-Schema kondensierten Form soll nun genauer untersucht werden.

6.3.1 2nd-Order-Komplexität als 9er-Schema

Wenn sich etwa zwei elementare 2nd–Order-Systeme (also z. B. menschliche Individuen) in letztkategorialen Begriffen wechselseitig begreifen, haben sie zugleich auch das Emergenzpotenzial ihrer medialen Totalität vollständig verwirklicht. Alteuropäisch war dieser Gedanke im Worte des Propheten ausgesprochen, wenn er meinte: Wo zwei von euch sich in meinem Geiste treffen, ist auch das Göttliche schon mit dabei.[363] Als soziologische Fassung davon kann man die Behauptung der Anwesenheit eines generalisierten Anderen, wo immer sich zwei Bewusstseine an Kommunikation beteiligten, sehen.

Will man diesen Ansatz im Kontext der Organisiertheit und Vernetztheit von Individuen betrachten, ergibt sich folgendes Bild einer Spielanlage, deren funktionale Struktur die gegenseitige Ermöglichung von Individuum und Gesellschaft in Form ihrer Selbstorganisation zeigt:

---

[363] Denn wo zwei oder drei in meinem Namen versammelt sind, da bin ich mitten unter ihnen. Vgl. dazu: Evangelium nach Matthäus, Kapitel 18/20.

Individuen und Organisationen können sich an Kommunikation beteiligen – nur für die Gesellschaft selbst, für den Menschen als solchen, haben wir noch keine echten (Kommunikations-)Organe organisiert. Das Baby muss erst noch lernen, Ich zu sagen.

6.3.2 Spielanlagen

Abbildung 35 zeigt das abstrakte Schema eines selbstreferenten autopoietischen Unterscheidungszusammenhangs in doppelter Schließung qualitativer, quantitativer (und transitiver) Kausalketten zum Konstitutions- und Schaltschema eines selbstorganisierenden und selbststeuernden (perturbierbaren) Systems ohne direkten Umweltkontakt als Errechnung seiner selbst in einer Umwelt, die erfahren wird als der Ort von Objekten, die stationär sind, die sich bewegen oder die sich verändern." [364]

Jede Scheibe jeder Größe und jeder Farbe ist Teil eines Unterscheidungszusammenhanges, in dem jede Scheibe jeweils selbst als Produkt dieses Unterscheidens – als Unterschied (Scheibe) – in Erscheinung tritt, um an eben diesem Prozess teilzuhaben.

Produktiv sind die drei horizontalen, die drei vertikalen und die zwei diagonalen Differenzen. Diese acht Differenzen erscheinen als Tripel (die Scheiben), sechs davon geordnet im Sinne von Gleichheit[365] (sie bilden Tripel gleicher Größe bzw. Farbe) und zwei geordnet, indem sie nur das Ungleiche verbinden.

Zu jedem Tripel gehören sechs Operationen, die den gegenseitigen Produktionsprozess, also die Selbstorganisation, in dieser Ebene tragen. Jede der drei Entitäten (Scheiben) spielt in zwei dieser sechs Prozesse die aktive Rolle, besetzt also die operative, innerste Seite der Unterscheidung. In zwei weiteren dieser Prozesse dient sie als Kontext und in zwei weiteren ist sie Produkt.

---

[364] Vgl. dazu: Foerster, 1993, S. 118.

[365] Man beachte, dass diese Tripel der Gleichheit in sich sehr wohl auch wieder verschieden (1st Order/2nd Order) sind. Produktive Differenzen spannen eine Ebene auf, indem sie auf ein Drittes verweisen, das nicht auf der Linie liegt, die durch die beiden gegensätzlichen Punkte der Differenz markiert werden. Ist die Ebene geschaffen, dann liegen allerdings alle drei Punkte wieder gleichwertig nebeneinander – eben auf einer Ebene. Und deshalb ist ein gegenseitiger Produktionszusammenhang dreier (nicht mehr weiter reduzierbarer) Entitäten als logische *und* ontologische Grundlage des operativen Aufbaus der Existenz anzunehmen.

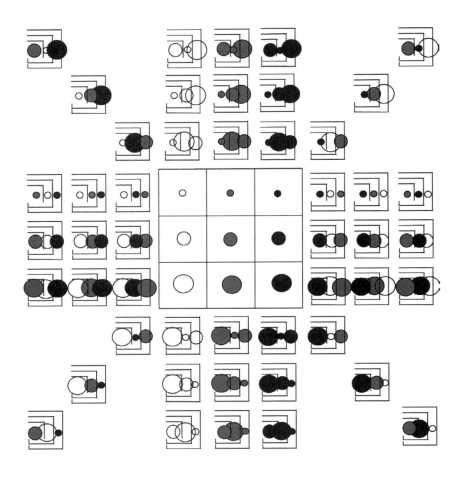

Abbildung 35

Entparadoxiert wird über die Zugehörigkeit jeder einzelnen Scheibe zu einer zweiten Gleichheit (Farbe bzw. Größe).

Die vertikalen Differenzen arbeiten simultan, die horizontalen sequenziell[366] und die diagonalen Differenzen verbinden die sequenziellen mit

---

[366] Im Beispiel der Gesellschaft etwa reproduziert das lokale Mitteilen und Verstehen von Information simultan die globalen Erwartungsstrukturen. In diese unvermittelte Gleichzeitigkeit aller Kommunikationen zeichnen sich per Abmachung zu Kommunikationssequenzen vermittelte Formen menschlicher Selbstorganisation. Wir nennen diese Sequenzen dann *Geschichte*.

den simultanen, indem sie die Elemente über das Zentrum mit der zweiten Seite des Medialen verbinden, was einen (durch Gleichheit) unvermittelten Bezug zwischen Element und Medium bedeutet und eine quer liegende Chance von Element und Medium zur Selbstbestimmung aneinander – unvermittelt durch Form (Bindungen) – inkludiert.

Auf den ersten Blick scheint sich in der Spielanlage eine exponentiell anwachsende und damit unkontrollierbare Komplexität abzuzeichnen – oder besser: eine solche der *Komplexierung*. Jedes Feld stellt schließlich selbst einen komplexen Operationszusammenhang dar und zeigt sich als solche auch noch bestimmt durch mehrere Operationen, die ihrerseits nicht nur gleichermaßen komplex erscheinen, sondern darüber hinaus auch noch andere Operationen gleicher Ausstattung in ihre Bestimmungsoperation einbeziehen. Und damit nicht genug, das bestimmte Feld findet schließlich auch noch sich selbst als funktionalen Teil dessen, was es bestimmt.

Aber wie sollte es anders sein? Es geht um Selbstbezug. Was George Spencer-Brown hier anbietet, liegt im Vermögen des CI, den Horizont seiner Referenzen zu variieren. Damit aber wird es möglich, jede Einheit für sich als *einfach* anzunehmen und nach ihrer *einfachsten Bestimmungskomplexität* zu fragen. Wir können dabei im Zusammenspiel unserer vier *Big Players*[367] rekonstruieren, wie jede Einheit zur Einheit wird. Wir beobachten dabei den inneren Prozess eines Selbstbezuges, der in seiner Möglichkeit voraussetzt, dass er als Einheit Teil eines äußeren solchen Prozesses ist. Oder anders: ein Beobachter orientiert seinen inneren Prozess durch seine Einordnung in einen strukturisomorphen äußeren Prozess. Bezogen auf unser Schema findet er seine Orientierung als ein elementares 1st-Order-Feld in einem Gesamtschema höherer Ordnung.

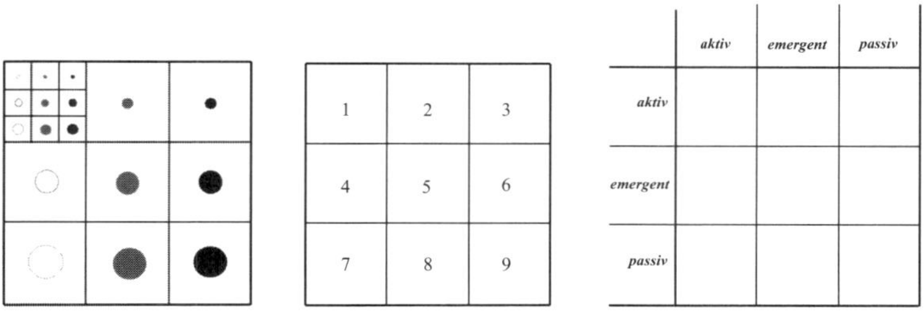

Abbildung 36

Angemerkt sei noch, dass die bewusste und/oder kommunikative Nutzung der diagonalen Differenz 2nd-Order-Kompetenz markiert.
[367] *Big Players:* Einheit – Anderheit – Einheit – Vielheit.

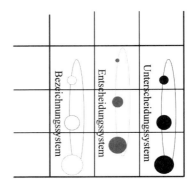

Abbildung 37

Jedes 1st Order Feld[368] (Eckfelder) ist an 18 der 48 verschiedenen Einzeloperationen beteiligt, Feld 5 ist an 24 Einzeloperationen beteiligt und die emergenten Mittelfelder jeweils an 12 Einzeloperationen.

Feld 5 ist des Pudels Kern als Produkt und Steuerung der zwei 2nd-Order-Differenzen (2/8, 4/6) **und** der zwei diagonalen 1st-Order-Differenzen (1/9, 3/7).

Die Interpretation des fünften Feldes hängt natürlich ab von der inhaltlichen Bestimmung der anderen Felder. Belegt man etwa Feld 7 mit *Medium* (mediales Potential, also etwa: die komplexeste mögliche Form, die aus den gegebenen Elementen und bezogen auf ihre Verbindungsmöglichkeiten formbar ist) und Feld 9 mit dem Begriff *mediales Substrat* (hier dann etwa: die bloße Masse aller einzelnen Individuen gesehen als Muster möglicher Individualität), dann wäre Feld 8 mit einem systemtheoretisch überformten Kulturbegriff im Sinne einer Struktur aus grundlegenden Erwartungserwartungen zu belegen. Feld 8 produziert zusammen mit Feld 2 eine aktuelle, bewertete (sinnhafte) Sicht der Welt, die einen Pol in Feld 5 bildet. Zugleich produziert Feld 2 zusammen mit Feld 6 per Entscheid über Entscheidungen im Medium der Macht den zweiten Pol in Feld 5, den Gestaltungswillen der Gesellschaft. Feld 5 reproduziert sich aus dieser seiner inneren Differenz und bildet damit die Steuerung des *Menschen*.

Feld 5 ließe sich metaphorisch als *globales Bewusstsein* bezeichnen. Hierher, in Feld 5, passt dann auch die Rede von *dem Menschen* – wenn

---

[368] Dass die elementare und die mediale Ebene gleichermaßen als *1st Order* bezeichnet werden, verweist auf die kontinuierliche – also (noch) distinktionslose – Qualität der Differenz *Einheit/Vielheit*.

damit ein Hinweis auf seine Absicht als (2nd-Order-)Gattungswesen mitschwingt.

Nur ein selbstreferierendes System, das sich selbst explizit (*bewusst kommuniziert*) als Produkt und Produzent seines horizontalen und vertikalen Differenzengefüges beobachtet, wird frei genug werden, um seine diagonale Differenz wirklich zu nutzen. Aber jeder der sich aktiv, als Spre-Sprecher, an Kommunikation beteiligt, spürt bisweilen, wie sehr es der Kommunikation gelingen kann, ganz Anderes als das individuell Beabsichtigte in den Raum zu stellen. *Man* wird immer auch von der Kommunikation benutzt.

Um nun seine Bestimmungskomplexität zu erkennen, kann sich ein individueller Beobachter in einer ersten Aufstellung im ganzen Schema spiegeln. Beispiel Individuum: Element wäre die Zelle mit ihren Verbindungsmöglichkeiten (z. B.: Sensorium/Motorium // Wahrnehmung = Bewusstsein[369]). Formen könnten die Organe sein, Form der Organismus und Medium die Individualität des Organismus und die seiner Elemente.

Und ein individueller Beobachter kann sich außerdem als Element einer Unterscheidungsstruktur der nächsthöheren Ordnung betrachten. Beispiel Individuum: als mitteilender Sprecher *oder* verstehender Hörer als Feld 1 *oder* 3 (Sprecher/Hörer// Erwartung) = Kommunikation. Es ist offensichtlich, dass diese zweite Aufstellung zugleich, aus der Perspektive der Gesellschaft gesehen, eine erste ist.

Komplexität organisiert sich durch elementare Arbeit[370] unter medialer Steuerung. Oder anders: In einer funktional-operationalen Sicht arbeiten die Begriffe *Steuerung* und *Komplexität* synonym.

An den Außenseiten des 9er-Schemas in der Abbildung Spielanlage sind alle Einzeloperationen angeführt, die die Dynamik des Schemas bestimmen. Was für die Elemente erster Ordnung Zeit erzeugt, also die Abfolge von Mitteilung und Verstehen, wird als Kommunikation wieder Gleichzeitigkeit, als ein elementarer Moment, der wieder von seiner Verbindung zu einem nächsten solchen Moment lebt und in diesen Verbindungen seine unumkehrbaren zeitlichen Strukturen findet.

Wir können für die nächste Gesellschaft von einem symmetrischen Grundtakt ausgehen, von einer globalen Gleichzeitigkeit allen Operierens, welche die Kommunikation gleichförmig rund, im Tag/Nacht-Rhythmus, um den Globus laufen lässt. Aus diesem einen Grundtakt heraus werden lokal asymmetrisierend gemeinsame Vergangenheiten und Zukünfte beob-

---

[369] Oder auch *(Biotion/Kognition // Intention)* = Vorstellung oder Bewusstsein.
[370] Aus Sicht der Gesellschaft wäre hier die global perspektivisch verteilte Wahrnehmungstätigkeit psychosomatischer Systeme **und** ihre Beteiligung an Kommunikation zu nennen.

achtet, die sich zu regionalen Mustern verbinden, die ihren Sinn in globalem Kontext reproduzieren. Lokal reproduzierter Sinn verdichtet sich zur globalen Steuerung, die sich als manifeste und latente Struktur in Form von **Organisation und Netz** ereignet.

Diese Durchdringung von Netzwerk und Organisation macht Organisationen beweglich und flexibel und motiviert die Netzwerke sich aktiv an der Organisation ihrer Knoten zu beteiligen. Und eben das wird zur medialen Ermöglichung bewusst kommunizierter Selbstorganisation der Individuen der globalen Gesellschaft. Aber dies fordert unabweislich 2nd-Order-Kompetenz auf beiden Seiten.

Alternativ, weil eben doch nichts alternativlos ist, können wir auch weiterhin die Finanzmärkte anbeten und den militärisch-industriellen Komplex mit den himmlischen Heerscharen verwechseln, weiterhin in Angst und Gier investieren und auf das (nächste) jüngste Krisen-Gericht warten, statt Schulen, Bildung, Forschung, Kunst und Liebe zu fördern, statt auf den Menschen und seine Zukunft zu bauen.

7 Theoriekonsistenzprüfung: Leitbegriffe im Schema

Alle Theorieteile und Theoriefragmente der Systemtheorie werden im 9er-Schema auf Konsistenz und Kohärenz prüfbar, weil sie als die Aspekte nur *einer* abstrakten Operation(sform) ins Schema passen müssen – oder eben unbrauchbar sind.

Gleiches gilt für alle Theoriespezifikationen. Beobachtet das Schema etwa *Gesellschaft,* also das Operieren von *Kommunikation*, dann müssen beispielsweise *Sinn* und *Evolution* gleichermaßen widerspruchsfrei und deckungsgleich im Schema entparadoxieren. Schließlich kann Gesellschaft als Sinnsystem nur *kommunikativ und sinnhaft evoluieren.* Die Referenzen sind aufs Äußerste verdichtet. Kommunikation wird unmittelbar als Evolution verständlich und durch Sinn erklärt. Und zwar in jeder beliebigen Reihenfolge. Das Schema dient dabei vor allem dem Verstehen der akausalen[371] Seite der Existenz. Diese akausale Seite spielt in Newtons Welt kaum eine Rolle, ist aber Basis von **Bewusstsein** und **Kommunikation**. Und dieses Argument wird erst mit den elektronischen Medien schlagend. Erst das Internet verbindet Menschen **global und in Echtzeit** und produziert damit eine akausal verbindende Simultaneität als Grundlage einer neuen kognitiven Einheit. Erst jetzt stimmt die Analogie – genauer: die Selbstähnlichkeit – im Vergleich Neuron/Mensch. Der Vorgang scheint uns analog zu dem, was in der Entwicklung des menschlichen Gehirns im frühen Kindesalter als Myelinisierung[372] bekannt ist.

---

[371] Vgl. dazu: Kapitel 10.1: Interaktion/Kommunikation und Gesellschaft oder: Sequenzialität/Simultanität und Ereignis.

[372] Bis zum Abschluss der Myelinisierung hat man kaum Probleme, Kinder unter Kontrolle zu halten, aber dann werden sie plötzlich sehr viel schneller und versuchen praktisch überall zugleich Unordnung zu stiften. Dazu Daten:

„Der Trick, eine dünne Faser schnell-leitend zu machen, besteht darin, möglichst große Teile des Axons zu isolieren. Denn APs können isolierte Abschnitte des Axons bis zu einer Breite von ca. 1–1.5 mm einfach überspringen (saltatorische Reizleitung). Der Gewinn an Leitungsgeschwindigkeit ist dabei erstaunlich:

Bei einem Axon mit einem Radius von 1 μm sieht das so aus:

unisoliert: 2 m/s

50% Isolierung: 4 m/s (der isolierte Teil kostet praktisch keine Zeit!)

90% Isolierung: 20 m/s

98% Isolierung: 100 m/s

Die Isolierung wird durch Schwann'sche Zellen übernommen, die sich während der Entwicklung des Nervensystems vielfach um die Axone wickeln und damit die isolie-

Das Internet stellt zum ersten Mal in unserer Geschichte die Voraussetzungen für kommunikative Zustände her, die funktional analog zu dem zu
zeichnen sind, was in der Neurobiologie heute unter *globaler Verfügbarkeit* bezüglich Bewusstsein[373] diskutiert wird.

Und was, so mag sich ein Systemtheoretiker fragen, ist dann ein System,
wenn die Gesellschaft *das System* ist. Globalität macht die Gesellschaft zur
Singularität. Jedenfalls soweit wir heute sehen. Als Singularität ist sie auf
sich selbst angewiesen, auf die Beobachtung ihre inneren Symmetrien,
Asymmetrisierungen und Resymmetrisierungen. Wie fasst die Systemtheorie die Unbestimmtheit dieser Singularität?

7.1 System, das

> Das größte system*ische Risiko ist bis jetzt,*
> *dass das System nicht verstanden wird.*
> Gunnar Heinsohn[374]

Der *konstruktive* Auftrag an eine Soziologie, die sich ihrer eigenen Geschichte bedient, um sich thematisch zu orientieren (Individu-
um/Gesellschaft), und die sich mit dieser Orientierung im Horizont einer
konstruktivistischen Systemtheorie bewegt, besteht darin (so jedenfalls
könnte eine einfache These heute lauten), die Menschen mit *ihrem System
vertraut zu machen*. Und zwar in der Absicht, ein Systemverständnis zu
kultivieren, das Chancen und Gefahren aufzeigt, die aus dem Verhältnis

---

rende, vielschichtige Myelinhülle bilden. Bei schnell-leitenden, myelinisierten Axonen
werden >98% der Oberfläche von Schwann'schen Zellen bedeckt. Nur etwa alle 1–1.5
mm kommt die Axonmembran zum Vorschein. Nur an diesen Stellen (den Ran-
vier'schen Schnürringen) werden APs ausgelöst. Über die dazwischenliegenden Seg-
mente (Internodien), die von jeweils einer Schwann'schen Zelle umwickelt sind, wird
das elektrische Signal tonisch (passiv) und sehr schnell weitergeleitet. Das Ergebnis ist
eine Leitungsgeschwindigkeit von über 100 m/s – die Voraussetzung für alle schnelle
Bewegung, die wir kennen."
(http://www.sinnesphysiologie.de/gruvo03/synapse/velo2.htm)

[373] Lokale und regionale Rechenvorgänge im Gehirn bleiben unter der Bewusstseins-
schwelle, nur global Verfügbares wird bewusst (vgl. Metzinger, 2009b, CD 4).

[374] Heinsohns These, nach welcher ein Überschuss an wehrfähigen jungen Männern
(*youth bulge*) einen Mangel an für diese verfügbaren Positionen (zur positiven Kanali-
sierung ihrer Testosteronsteuerung) innerhalb einer Gesellschaft verursacht, erklärt einen beträchtlichen Anteil an manifester Gewalt (Genozide) in der Geschichte der letzten
Jahrhunderte, denn, so Heinsohn, dieser Überschuss muss sich abbauen, was denn in
Form von Kolonisation, Krieg, Bürgerkrieg und heute eben auf dem Feld des Terroris-
mus auch tatsächlich geschieht.

Individuum/Gesellschaft in der kritischen Phase ihrer gegenseitigen Steigerung emergieren.

Dazu muss sichtbar und verstehbar werden, in welcher Absicht sich die Selbstorganisation des Systems vollzieht und welche Strukturen es dafür gerade entwickelt. Dabei geht es um die Absicht des Systems als solchem und nicht um die Motive rivalisierender lokaler, nationaler oder auch internationaler Gruppierungen.

Und um schließlich zeigen zu können, warum es durchaus berechtigt ist, von *unserem* System zu sprechen und dieses System auch noch für *potenziell liebenswert* zu halten, wird es notwendig sein zu ergründen, wie das System seine Absichten generiert, wie es entscheidet, was immer zu entscheiden ist. Und auch von welchen Operatoren die Operationen getragen werden, vermittels welcher dies geschieht.

Das System als *liebenswert* darzustellen, ist vor allem eine theoretische Herausforderung, denn sogar Niklas Luhmann, der die eben geforderte Beschreibung des Systems als das Operieren von Kommunikation in seinen grundlegenden Aspekten geliefert hatte, sprach schließlich angesichts des Phänomens *Computer* von einer *unsichtbaren Maschine* – und dachte dabei an die globale Vernetzung von Kommunikationsprogrammen, die zwar lokal von Menschen mit Information gefüttert werden, aber von Menschen, die kaum noch ahnen, nach welchen Algorithmen ihre eigenen Eingaben mit allen anderen solchen zu Informationen verrechnet werden, die dann rückwirkend bestimmen, welche Informationen für die *nächste Fütterung* des Computers zu beschaffen sind.

Davon reden zu wollen, **was denn das System will**, grenzt allerdings an wissenschaftliche Blasphemie, denn die zugehörige Offenbarung lautet hier: Eine ordentliche Evolution hat kein Ziel zu haben, weil sie ungerichtet ist. Das wollen wir entschieden bestreiten und stattdessen die These vertreten, dass die Evolution sehr wohl ein Ziel hat, und dass sie zu dessen Erreichen weder Gott noch Design braucht, sondern bloß sich selbst als selbstbezogene Operationsform, als Selbstunterscheidung. Um das Konstrukt greifbar zu machen, wandeln wir hier einen Satz ab, der im esoterischen Sprachgebrauch des letzten Jahrhunderts für genügend Verwirrung sorgte, sodass da und dort dann doch noch ein Erkennen möglich wurde, und formulieren analog[375]: **Der Evolution ist es völlig egal, wie sie ihre Erleuchtung erlangt** – in Form von Spinnen oder Affen –, aber ihr **Ziel ist explizierter Selbstbezug.** Oder anders: Die existenzielle Operationsform –

---

[375] Der Erleuchtung war es damals völlig egal, wie man sie erreichte. Wir wollen damit darauf aufmerksam machen, dass es an uns real Inkarnierten liegen wird, ob wir uns auf dem Weg durch die weitere Geschichte gegenseitig die Hölle bereiten oder aber funktional äquivalente Wege finden, die Evolution – unser System – zufriedenzustellen.

die Form der Form – impliziert (oder noch einfacher: sie *ist*) Komplexitäts-aufbau bis zur 2nd-Order-Kompetenz.

Traditionell löst der Begriff *System* keine positiven Assoziationen aus[376]: George Orwells *1984* ist zwar durchaus noch präsent – aber die Vision einer bedrohlichen Zukunft aus alten Zeiten gilt technisch schon längst als überholt. Mittlerweile scheint Leben in kommunikationstechnischer Hinsicht mehr und mehr überhaupt ersetzbar, und das Besorgen neuer Informationen kann auch ein fliegendes Kameraauge übernehmen (Menschen sehen meist ohnehin schlecht – aufgrund der Arbeit am Bildschirm). Und wenigstens in der kollektiven Phantasie hatte schließlich diese übermächtige elektronische Matrix[377] auch noch *Mr. Smith* geschickt, quasi als sichtbaren Ausdruck der *unsichtbaren Hand*, mit der sie für ihre, uns Menschen fremde, Ordnung sorgt.

Das aber zeigt doch immerhin eines: Man muss sich nicht fürchten – die Maschine hat Humor (siehe Abbildung 38).

Und das System reorganisiert sich gerade auf Basis neuer Technologien, wird schneller, sein Zugriff umfassender[378] – und nur langsam dagegen wird klar, dass wir mittlerweile ein selbstorganisierendes globales Gebilde bewohnen, das seine eigenen Absichten verfolgt.

Und schon steht der Verdacht im Raum, das System könnte sich schon bald dafür entscheiden, seine weiche, wenig belastbare Hardware (menschliche Individuen) durch verbesserte technische Rekonstruktionen zu ersetzen.

Ist das System *eigentlich*[379] tatsächlich *böse*[380]?

Was – oder wer (?) – ist *das System* und welche Absichten hat es?

---

[376] Baecker, 2001, S. 1.

[377] Der Kultfilm *Matrix* – als Beispiel für Ängste, die kollektiv wirklich gut vermarktbar sind.

[378] Vgl. Rosa, 2005.

[379] *Eigentlich* (in eigenem Licht) wieder als Erinnerung an die Selbstbezugsthematik, in der eine Antwort auf diese Frage zu suchen ist.

[380] Das Böse ist das Dumme! Vgl. dazu die Definition von *Dummheit* als Eigenwert der Oszillation von *Gier und Angst* in dieser Arbeit. Wir brauchen eine vergleichbare Definition in dieser Frage (schon um die Finanzmärkte adäquat beobachten zu können), denn die Differenz *gut/böse* als solche „*teilt den Raum der Handlungen in gute und böse, wird dadurch selbst zur Handlung und muss sich fragen, ob sie als Handlung ihrerseits gut oder böse ist. Als Antwort bleibt nur die Wahl zwischen Tautologie und im Fall der Verneinung die Paradoxie.*" (Dür, 2008, S. 56) Oder anders: Die Differenz *gut/böse* ist **absolut** beobachterrelativ, nur wer stattdessen in eine Doppeldifferenz erweitert, etwa *mutig/ängstlich//großzügig/gierig*, gewinnt Kriterien der Unterscheidung und damit relative Beobachterrelativität, weil er dann eben nach Motiven fragt und nicht mehr nur nach den Handlungen.

Abbildung 38: Warum nur auf Proteinbasis? Warum sollte Bewusstsein nicht auch auf Silicium-basierten Maschinen laufen?[381]

7.2 Systemtheorie

In seinem 1782 mit dem Titel „Logische und philosophische Abhandlungen" erschienenen Werk hatte Johann Heinrich Lambert[382] versucht, eine Zusammenfassung logisch-philosophischen Systemdenkens zu geben. Lambert findet dabei drei System*typen*, indem er Systeme nach der Art von *Kräften* unterscheidet, die jeweils die Teile eines Systems zu einem Ganzen

---

[381] Neurobionik arbeitet mit mikroelektronischen Implantaten, um den Ausfall verschiedenster Funktionen zu kompensieren. Hans Werner Bothe, Neurochirurg, Neurobiologe und Konnektionist, sieht in den letzten zehn Jahren Entwicklungsschritte in den Naturwissenschaften, die ihn zur Prognose veranlassen, die Entwicklung künstlicher Intelligenz werde noch etwa zwei bis fünf Jahrhunderte dauern.
Zugleich macht Bothe darauf aufmerksam, dass sich die Relation zwischen Philosophie und Naturwissenschaften umgekehrt habe: Früher vertraten Naturwissenschaftler die Ansicht, *Leib und Seele* seien eins, und die Philosophie beharrte dagegen auf einem echten (nicht bloß prädikativen) Dualismus, und heute finden Naturwissenschaftler wieder zur These einer unabhängigen Existenz von *Geist und Körper*, während Philosophen sich zur Einsicht genötigt fühlen, der Geist sei letztlich auf das Körperliche, das eben zwei Aspekte aufweise, reduzierbar. (Vgl. dazu: Philosophie heute: Gehirn und Bewusstsein – Zukunftswege der Hirnforschung, 13.08.2011. http://www.youtube.com/watch?v=x4Bobxe MwWI&feature=related)
[382] Vielleicht der wichtigste Vorläufer und Wegbereiter Kants (mit dem er in regem Briefwechsel stand).

integrieren: „1. Systeme, die schlechthin nur durch die Kräfte des Verstandes ihre Verbindung erhalten. (…) 2. Systeme, die durch die Kräften des Willens ihre Verbindung erhalten. (…) 3. Systeme, die durch die mechanischen Kräften ihre Verbindung erhalten."[383]

Wir finden hier die Idee vorbereitet, Systembildung als (systematische) Ausdifferenzierung kognitiver, volitiver und materiell-mechanischer Operationen zu verstehen. Lambert gelangt dabei zu theoretisch-analytischen (zum Beispiel: wissenschaftlichen), zu gegenständlichen (mechanischen, organischen, sozialen) und zu ordnend-bestimmenden (zum Beispiel: *Straßenverkehrsordnung*) Systemen.

Lamberts *Kräfte* sind auch in Niklas Luhmanns Systemansatz noch erkennbar – allerdings gefasst als je systemspezifische Operationsart, die ein System als Redundanz in den Konkatenationen seiner aneinander anschließenden Einzeloperationen zur Erscheinung bringt. Einzeloperationen, die strukturell immer gleich gebaut als Unterscheidung von Selbst- und Fremdreferenz funktionieren und die aus der durch diesen basalen Selbstbezug stets notwendigen Entparadoxierungsbewegung ihren Antrieb schöpfen.

Der neuzeitliche Weg, den *das System* in dieser Skizze geht, hat drei zentrale Stationen: Zuerst war da als Ausgangspunkt der Begriff System. System als das eine Ganze, Systeme als Einheiten. Dann kam die immer wieder genannte wesentliche Umstellung des Denkens von Was- auf Wie-Fragen, also die von Substanz auf Operation. Von Leit*begriff* wird auf Leit*differenz* umgestellt. Von *System* auf **System/Umwelt**.

Die *Welt* kann mit Luhmann prinzipiell nicht mehr auf den Begriff, sondern nur noch auf die Differenz gebracht werden, weil jeder Begriff nur in Differenz zu dem, was er nicht begreift, seine Bedeutung generieren kann. Ein System ist etwas, das gelernt hat, vollständig aus einer Umwelt herauskommend sich von dieser als ein eigener Operationszusammenhang zu unterscheiden und zu reproduzieren.

Fragt man also danach, wie denn das System funktioniert, stellt man zugleich auch die Frage nach seiner Steuerung, und dafür reicht die einfache Differenzbildung als Form der Welterkenntnis nicht mehr aus. Erst die Figur des Reentry als Unterscheidung der Unterscheidung durch sich selbst macht Selbstbezug als auf sich selbst bezogenen – oder an sich selbst orientierten – Unterscheidungsprozess explizit, der in dieser Explikation sich selbst als explizite Gestaltungszumutung wiederfindet. Ob als Individuum, Organisation oder Gesellschaft.

Begriffe begreifen, **dass** die Welt **ist,** indem sie unterscheiden und bezeichnen, **was** in der Welt alles (an Unterschieden) zu finden ist. Differen-

---

[383] Seiffert, 2001, S. 99f.

zen zeigen, *wie* dieses Begreifen **funktioniert.** Und die Steuerung dessen, was da funktioniert, zeigt sich mit der Umstellung von Leit*differenz* auf Leit**reentry**. Leitidee ist dabei die Erweiterung der Erkenntnisgrundlagen von der Möglichkeit der *Differenz* zu jener der **Doppeldifferenz** in Form der Gleichung von Selbigkeit und Verschiedenheit. Oder anders: der Gleichung von *Begriff und Differenz*, oder eben der Operation der Identifikation.

In ihrem letzten großen Umbau rekonstruierte die Theorie den *Systembegriff* schließlich im Sinne rekursiver selbstorganisierender und nach dem Prinzip der Selbstähnlichkeit an sich selbst orientierten Strukturen. Fernöstlich weise, jedenfalls aber *paradox* klingende Formulierungen erwiesen sich als erkenntnisleitend: (operative) *Geschlossenheit* (Autopoiesis) der Systeme etwa wurde als Voraussetzung für die Möglichkeit ihrer *Offenheit* erkannt.[384] Oder auch: Freiheit und Abhängigkeit von Systemen sind nur *gemeinsam steigerbar* (je freier sich der Mensch global bewegen kann, desto abhängiger wird er vom Funktionieren der Gesellschaft).

Die Möglichkeiten eines Beobachters, sich selbst in dieser Welt zu verstehen, steigen mit der Komplexität der Denkformen[385], die dafür zur Verfügung stehen. Die neue Systemtheorie hat den Denkansatz grundlegend tiefer gelegt: Sie beobachtet Beobachter (die auch sie selbst sein können) beim Beobachten – und findet ganz analog zur modernen Physik eine Ebene, in der der Beobachter die Natur der Beobachtung (mit-)bestimmt. Alles *Dasein* ist Entfaltung von Paradoxie – oder eher quantenphilosophisch: Manifestation aus der Latenz (Superpositionen) durch Beobachtung. Was uns den Quanten ähnlich macht, ist dann die Umkehr dieses Prinzips im Thema der Selbstbestimmung durch Selbstunterscheidung: Denn: Wer sich selbst beobachtet, ist eben dadurch schon (s)ein Anderer (und lernt dabei den Zustand der Latenz kennen).

7.3   System/Umwelt

System/Umwelt[386] ist auch im postmonoparadigmatischen[387] Zeitalter nach wie vor eine prominente Differenz – schließlich *gibt es Systeme*[388] und vor

---

[384] Was etwa die These plausibilisiert, nach der ein Mensch desto beziehungsfähiger wird, je mehr er mit seinem prinzipiellen Alleinsein positiv zurechtkommt.

[385] – also mit dem Maß der Komplexität, das diese Formen zu reduzieren vermag.

[386] **System** = Einheit der Differenz *System/Umwelt* – operativ verwirklicht als Reentry der Differenz in die operative Seite.
Umwelt = Einheit der Differenz *Umwelt/ System* – operativ verwirklicht als Reentry der Differenz in die operative Seite.

[387] Also: unter polykontexturalen Umständen.

allem die Systemtheorie, die ihren Namen ebendieser Differenz verdankt, noch aus Zeiten, als sie einzige Leitdifferenz war.

Man hatte Luhmann einen Rückfall ins alteuropäisch-ontologische Denken zu attestieren versucht, als er – und an solch prominenter Stelle ganz sicher mit viel Bedacht auf jede Feinheit in der Wortwahl – ganz einfach textete: *Es **gibt** Systeme!*

Um einen Rückfallsfall zu simulieren, hätte er wahrscheinlich geschrieben: ***Das System ist!***

Aber das Verb *geben* ist nicht nur Existenzoperator, sondern zugleich auch noch der Hinweis auf die Existenz eines ***Gebers***. Luhmann dachte hier sicher nicht bloß an Gott, sondern auch an David Hilbert und dessen Technik des Existenzbeweises. Vor allem aber kannte er Heideggers Rede vom Sein: Das Sein als solches *ist* nicht, denn es wäre dann ein Seiendes. Das Sein *gibt es*, als Entbergung, als ***Selbstentbergung.***

Der Begriff *System* stand lange im Verdacht, bloß Ersatz zu sein für einen älteren – und zumindest bei Niklas Luhmann in Ungnade gefallenen – Begriff, nämlich für den des *Subjektes.*

Luhmann hat sich hier für einen begrifflichen Bruch mit der Tradition entschieden, wohl um damit die zentrale Innovation seines theoretischen Anliegens zu betonen.[389] Und vielleicht auch, um die Paradoxie des *Subjektbegriffes* aus ihrem hegelianischen dreifachen Aufgehobensein in einer dialektischen Reduktion auf *nur* geistig-rationales Sein[390] zu befreien und in neuem Namenskleid für eine postpreußische Vergesellschaftungstheorie fruchtbar zu machen.

Für Luhmann stand mit dem Subjekt ein alteuropäischer *Zweckbegriff* infrage, der immer noch an seiner Konzeption „von der Einzelhandlung her"[391] orientiert war und damit jede weitere Einsicht in das verstellt, was

---

[388] Die Betonung verschiebt sich damit auf: *Es* gibt Systeme. Wer versteckt sich hinter diesem *Es? Es* schränkt jedenfalls ein: Vater und Sohn fallen aus – bleibt der Heilige Geist, als das Denken von systemischer *Einheit* aller Vielheiten und Differenzen. Aber *wem* gibt der Heilige Geist da *was*, wenn er *Systeme* gibt? Diese Frage klärt sich in beiden Aspekten (wem, was) zugleich mit der Identität des Heiligen Geistes: Es ist natürlich ***Niklas Luhmann,*** er gibt *uns* die *Systemtheorie.* Oder besser: ***Das System*** hatte in seiner Umwelt diesen Luhmann entdeckt und benutzt, um eine Theorie über sich selber zu schreiben! (Vgl. Sloterdijk, 2001, S. 64)

[389] Der Subjektbegriff schien ihm durch seine strikte traditionelle Bindung an das Individuum kaum auf soziale Systeme übertragbar – man kann allerdings auch fragen, ob ein Gesellschaftssubjekt durch die im Subjektbegriff mitgenommenen Konnotationen nicht auch seinen eigenen Charme gehabt hätte (der für Luhmann vielleicht schon zu nahe an einen persönlichen Gott herangereicht hätte).

[390] In der Absolutheit des sich selbst denkenden Gedankens.

[391] Luhmann, 1999, S. 7.

Luhmann als *Systemrationalität* erkannt hatte. In ihrer **System**rationalität verbinden sich (schon für Parsons) Einzelhandlungen zu einem Handlungssystem. Der Systembegriff eröffnet für Luhmann hier die Möglichkeit, das Soziale als eine eigene Subjektform zu fassen, als System mit jedenfalls eigener Potenz zur Zwecksetzung. *System* setzt sich von *Handlung* ab.[392] Heute kann mit Dirk Baecker **System** als eine „self-similar, non-linear and recursive structure (Turner, 1997) that manifests itself as the latent structure on which any phenomenon able to reproduce 'itself' has to rely when reproducing itself", beschrieben werden. „A system is what we begin to observe when we try to observe how a reproduction is done that has nothing but the uncertainty of the next event and the instability of each current event to build upon."[393]

Mit diesem Systembegriff ist zugleich ein Abstraktionsniveau erreicht, das reine Operationalität als operative Begrifflichkeit zur Theorie montieren will, sodass diese Theorie für jede Spezialdisziplin[394] respezifizierbar wird.

Die realisierte funktionale Ausdifferenzierung des Systems Mensch als multiperspektivische globale Einheit mit, historisch betrachtet, operativ gerade erst einsetzender, medientechnisch gerade erst ermöglichter globaler Selbstbeobachtungsfunktion, muss als Beginn einer ersten Phase postevolutionärer Orientierung seiner Selbstorganisation verstanden werden, die gerade erst dabei ist zu realisieren, dass wir, um mit Heinz von Foerster zu sprechen, von *Zufall auf Freiheit* umgestellt haben, ob wir das wollen (!) oder nicht. Und *diese* Paradoxie ist tatsächlich einfach zu lösen – denn wenn wir sie nicht wollen (die Freiheit), dann *fällt* sie uns *zu*.

---

[392] „Unter Handlung soll jedes sinnhaft orientierte, außenwirksame menschliche Verhalten verstanden werden, unter System jedes Wirklich-Seiende, das sich, teilweise auf Grund der eigenen Ordnung, teilweise auf Grund von Umweltbedingungen, in einer äußerst komplexen, veränderlichen, im ganzen nicht beherrschbaren Umwelt identisch hält." (Luhmann, 1999, S. 7)

[393] Baecker, 2001, S. 68.

[394] Wechselt man mit Luhmann zum Systembegriff und denkt im Rahmen einer allgemeinen Systemtheorie, kann man statt von *Selbstidentifikation* von *Selbstorganisation* sprechen und damit auch über *soziale* Identifikationsprozesse nachdenken. Und bezüglich psychischer Systeme ermöglicht der Begriff *Selbstorganisation* in seiner Darstellung als Operationsstruktur Angaben über Anthropotechniken bewusster Identitätsgestaltung.

Im Rahmen einer Theorie der Organisationsberatung werden Empfehlungen untermauert, die Analyse tautologischer und paradoxer Strukturen der Selbstbeobachtung einer Organisation genau zu differenzieren und von dieser diagnostischen Differenz her Interventionen zu planen.

Was bleibt nun von der Differenz *System/Umwelt* aus der Sicht des 9er-Schemas? Der Umweltbegriff löst sich auf: Die Umwelt eines Systems besteht aus Systemen! Wir reden hier von elementaren Systemen, daraus geformten Systemen und dem zugehörigen medialen System – für den Menschen Individuum, Organisation und Gesellschaft.

Die radikale Reduktion des Theorieansatzes auf (gattungsgleiche Systeme) *System/System//Systeme* eliminiert den Umweltbegriff und eröffnet damit den Blick auf die Funktionalität im Verbund bewussten und sozialen Entscheidens – auf die Organisation menschlicher Absicht. Die Elimination des Umweltbegriffes rechtfertigt sich nicht nur, sondern erweist sich sogar als logisch notwendig, wenn man den Blick auf die ohnehin nur in Form bewusster Wahrnehmung und ihrer sozialen Kommunikation gegebenen Faktizität der Umwelt richtet.

Auch Niklas Luhmann war mit den Möglichkeiten einer Leitdifferenz *System/Umwelt* unzufrieden geblieben. Begriffe wie *Form* und *Medium* dagegen fand er zunehmend interessant.

7.4   Element/Medium und Form

Sucht man in der Geschichte nach den semantischen Spuren der Ideen, die schließlich zur Formulierung der Differenz *Element/Medium*[395] führten, dann stößt man unweigerlich auf den Begriff der **Monade** und auf Spinoza und Leibniz und beider Vorstellung davon, was – *monadenhaft* – der letzte unzerstörbare Stoff sei, aus dem heraus die Welt gemacht ist und aus dem heraus sie auch erklärbar wird.

Spinoza erkannte nur *eine* einzige solche Monade (deus sive natura) und lieferte eine Beschreibung ihrer geometrischen[396] Struktur. Ihn interessierte vorrangig noch die Ordnung (Natur) der Welt. Leibniz dagegen fragt schon nach der Dynamik in dieser Ordnung. Und er konstruierte folglich auch unendlich viele einzelne unzerstörbare Monaden als letzten Grund (oder *scholastisch*) als **Substanz** der Welt, um über Dynamik als *Wechselwirkung* (etwa von Geist und Materie) überhaupt sinnvoll nachdenken zu können.

Leibniz erkannte eine unsichtbare *elementare Körnigkeit* als Grundlage der Welt und Spinoza dagegen ihre ebenso unsichtbare *mediale Einheit.* Ihre jeweiligen Sichtweisen galten zu ihrer Zeit als *unvereinbar* gegensätzlich. Und gegensätzlich waren sie wohl auch, aber in heutiger Sicht dabei

---

[395] Die Unterscheidung Element/Medium ist alles andere als trivial. Dirk Baecker sieht die Analogie zu einer modernen physikalischen Theorie bezüglich der Differenz Sein (Ding, Teilchen) und Nichts (Vakuum, Welle). (Vgl. Münker/Roesler, 2008, S. 134.)
[396] Vgl. Wiener, 1999, S. 40ff.

durchaus *komplementär*, ganz analog zur Denkfigur eines Dualismus von Welle und Teilchen in der gegenwärtigen Physik – oder eben wie hier in der Systemtheorie zur Relation von Medium und Element. Ein Medium bestimmt (ganz analog dem Feldbegriff mit seiner *Aufenthaltswahrscheinlichkeitswolke* bezüglich eines Elektrons in der Quantenwelt) den Möglichkeitsraum, oder besser: *ist* dieser Möglichkeitsraum, in dem seine Elemente nach Maßgabe ihrer Bindungspotenziale Formen bilden können.

Was es sinnvoll macht hier anzuschließen, ist ein neuer Begriff von **Form**, der in der Figur des Beobachters die dynamische Mechanik Leibniz' mit dem eigentlich unerreichbaren (Bestimmungen ermöglichenden, aber selbst unbestimmbaren) Horizont der einen Monade Spinozas verbindet. Ein Begriff der Form, der Relativität zu seiner Denkgrundlage und vergleichendes Unterscheiden zur Methode seines Begreifens macht.

Dies ist ein neuer Begriff der **Form**, der sich tatsächlich absetzt von allen seinen semantischen Vorformen, die ihre Bedeutung analog zur Denkfigur *Form versus Inhalt* generiert hatten.

Form galt traditionell als das unfassbare, als das kreative Moment schlechthin. In den Naturwissenschaften lässt sich alles berechnen, nur nicht der Übergang von einer Form zu einer anderen (Atom zu Molekül). Unser neuer Formbegriff wird das nicht bestreiten wollen und doch darauf bestehen, dass auch dieser kreative Prozess einer ganz bestimmten Form genügen muss. Man wird auch in jedem kreativen Akt **unterscheiden und bezeichnen** müssen – ob mit Pinsel, Ton, mit mathematischen Symbolen oder auch durch die eigene Gestalt: **Form**, heißt das, **ist Operation**.

Form[397], die beschreiben möchte, *wie* aus der Relation zwischen der einen einzigen und den unendlich vielen unzerstörbaren und unsichtbaren Monaden eine konkrete endliche Zahl an episodenhaft erscheinenden (unterscheidbaren) Formen wird.

Niklas Luhmann hatte für seinen Medienbegriff durchaus den Anspruch transdisziplinärer Gültigkeit erhoben – schließlich formulierte er ihn im Rahmen seiner generalisierenden Systemtheorie, die für sich beansprucht, in jede der Einzeldisziplinen respezifizierbar zu sein.

Dazu hatte er den Begriff *Medium* als Einheit der Differenz lose/feste Kopplung[398] von Elementen definiert. Und diese Definition mit einer quer

---

[397] Form (Singular) meint die immer gleiche Operationsform, mit der die unterschiedlichsten Formen sich selbst und andere solche unterscheiden und bezeichnen und damit in Form halten.

[398] Und dabei – gemäß Cassirers Wechsel von Substanz auf Form – von Heiders Differenz *Medium/Ding* auf *Medium/**Form*** umgestellt.

dazu stehenden, aus der Tradition Talcott Parsons' stammenden, kombiniert.[399]

„Heiders Konzept macht darauf aufmerksam, dass zunächst einmal überhaupt ein mediales Substrat vorliegen muss. (...) Parsons' Konzept zeigt, dass die Rigidisierung nicht einfach nur Konkretisierung sein muss, wie Spuren im Sand, sondern ihrerseits zur Emergenz von Allgemeinheit beitragen kann, die als Einheit festgehalten und gerade deshalb hohe Invarianz aufweisen kann."[400]

Als Beispiel für die Konvergenz der beiden Designs bringt Luhmann die Sprache zur Sprache – mit Fritz Heider sind es die einzelnen Worte, die als lose gekoppelte Elemente zusammen mit ihrer Verbindungsmöglichkeit, der Syntax, *Sprache* als Medium ausweisen. Für Parsons[401] dagegen liegt das wesentliche Moment eines solchen Nachweises in der Tatsache, dass Sprache als Möglichkeit erscheint, in einer Verbindung ihrer Elemente einen Sinn zu formulieren, der in den Worten nicht zu finden ist.

„Entscheidend für die Begrifflichkeit ist nicht ein einheitlicher Gegenstand, sondern eine Differenz: die Besetzbarkeit eines medialen Substrats durch eine Form. Das Medium ‚vermittelt' diese Differenz und es kann damit generalisierte Invarianzen ermöglichen, die ihrerseits als mediales Substrat dienen können."[402] In Luhmanns Ausdruck von der *Besetzbarkeit eines medialen Substrats durch eine Form* fassen wir *mediales Substrat* als Einheit der Differenz *elementare Einheiten/mediale Vielheit* (oder eben einfach: *Element/Medium*) und identifizieren diese Einheit als das Kontinuum lose gekoppelter Elemente, als distinktionslose Differenz. Luhmanns *Besetzbarkeit durch eine Form* in obigem Ausdruck bringt eine zweite Unterscheidung ins Spiel, die als *Verbindung/Nicht-Verbindung* zwischen den Elementen (*elementare Einheit/elementare Anderheit*) zu festen Kopplungen führt, was dann Formen ergibt, die zu Elementen einer neuen, komplexeren Elementarebene werden.

Luhmann fasst den ganzen Komplex in einer einfachen Differenz zusammen: „Wir müssen dann die *Einheit* dieser Unterscheidung als Medium bezeichnen, nennen die lose gekoppelten Elemente mediales Substrat und

---

[399] Luhmann, 1990, S. 183 ff.

[400] Ebenda, S. 186.

[401] Für Parsons wesentlich: Geld. Geld erscheint – denkt man an Münzen – fast wie Sand, in den sich immer wieder neue *Zahlungen* einprägen lassen.

[402] Luhmann, 1990, S. 188.
Ein dritter wesentlicher Aspekt des Luhmann'schen Begriffs vom Medium – jener den McLuhan mit dem berühmten Satz *the medium is the message* zum Ausdruck brachte – ist hier nicht explizit zu verhandeln, sondern im medialen Selbstbezug als solchem impliziert.

die festen Kopplungen (deren Außenseite jeweils das mediale Substrat ist) Formen."[403]

In Luhmanns differenzlogischer Schreibweise *Medium/Form* wird zwar das Mitdenken der Dynamik eines *medialen Substrats* empfohlen, doch das reicht für unser Vorhaben nicht aus, denn wir brauchen, um Operation wirklich erfassen und darstellen zu können, auch die Differenz *Form/Element*. Diese aber verschwindet schlicht im *blinden Fleck* der Unterscheidung (*Medium/Form*). Luhmann selbst macht darauf aufmerksam, indem er, mit Blick auf den Begriff *mediales Substrat,* zur Differenz *Medium/Form* anmerkt, dass diese „ihrerseits nur eine Unterscheidung ist, also selbst nur ein Beobachtungsinstrument ist, das sich, wenn man es faktisch verwendet, einem ‚unmarked state‘ als Form oktroyiert."[404] Und in der Fußnote dazu deklariert er offen, dass in der Differenz *Medium/Form* „die Paradoxien des Universalismus und des Elementarismus"[405] zunächst übergangen werden.

Die semantische Reduktion der operativen Triade auf eine einfache Differenz verdeckt also die Möglichkeit zwischen dem (globalen) ***Emergenzpotenzial*** *eines Mediums* und den (lokalen) ***Verbindungsmöglichkeiten*** *der einzelnen Elemente* zu unterscheiden.[406] *Emergenzpotenzial* eines Mediums meint die Möglichkeiten, die durch ein Zusammenwirken **aller** Elemente als Einheit, also ihrer Vielheit, gegeben sind, und behandelt damit die Paradoxie des Universalismus, also der Einheit der Differenz von Einheit(en) und Vielheit. Dagegen stellen die Verbindungsmöglichkeiten der einzelnen Elemente die lokale Umsetzung dieses Potenzials als Entparadoxierung der Paradoxie des Elementarismus, also der Einheit der Differenz Einheit und Anderheit, dar.

Unsere Aufgabenstellung, selbstreferente Operationalität zu erfassen, verlangt damit die Darstellung der Ermöglichung ihrer Entparadoxierung in Form wechselseitiger struktureller Ermöglichung ihres Unterscheidens[407]: Nur wer *Quantität* (als Differenz) vorgibt, kann den qualitativen Unterschied zwischen den einzelnen Elementen (als Einheit/Anderheit) sehen,

---

[403] Luhmann, 2000b, S. 31.
[404] Luhmann, 1990, S. 185.
[405] Ebenda.
[406] Order from noise – Heinz von Foersters Würfel. Die Differenz *Teil/Ganzes* wird in ihrem operativen Potenzial ununterscheidbar.
[407] Spencer-Brown tut dies mit den beiden Initialen seiner Primären Arithmetik (Law of Calling, Law of Crossing).

und nur wer solche *Qualität* (als Differenz) vorgibt, kann Einheit und Vielheit (Quantität) als Differenz denken.[408]

Alle aus den Elementen eines medialen Substrats gebildeten neuen Formen werden zu Elementen eines medialen Substrats nächster Stufe und so fort – immer komplexere elementare Einheiten bildend, bis schließlich in solchen Einheiten **Selbstreferenz** als solche auf sich (selbst) aufmerksam wird und damit beginnt, eine Evolutionstheorie ihrer Selbsterkenntnis formulieren zu lernen. Oder anders: Sobald es um Konstitutionsmedien und damit um Selbstbezug im Sinne von Selbstorganisation geht, steht eine doppelte Differenz *Element/Medium//Form/Medium* als operative Dynamik im Fokus der Aufmerksamkeit. Verkürzend könnte man von Element/Medium sprechen und fände dann die Differenz *Form/Medium* in der Barre zwischen *Element/Medium*, also in ihrem blinden Fleck, wieder. Die Verkürzung auf *Form/Medium* dagegen scheint problematisch: Nimmt sie in ihrer Mitte wieder Form als Markierung, verliert sie eine Ebenendifferenz (*Element/Form*). Nimmt sie Element, kann sie nur noch entropische Prozesse erfassen.

Was also in einer einfachen Gleichsetzung von Element und Form aus dem Blick verschwindet, ist genau jene Ebenendifferenz, die die Arbeit des Komplexitätsaufbaus leistet. Und der Medienbegriff selbst wird unscharf, weil er nicht mehr zwischen verschiedenen medialen Substraten und deren Potenzial eindeutig zu differenzieren versteht: Meint Medium in der Differenz *Medium/Form* das mediale Substrat der Elemente – oder jenes der Formen, die ja ihrerseits wieder zu Elementen eines neuen medialen Substrats werden? Oder anders: Was verloren geht, ist die *Relativität* der Begriffe *Element, Form, Substrat, Medium* und damit aber auch ihr Potenzial, Operation als solche zu beschreiben.

7.5   Knoten im Netz und Netz im Knoten

Spätestens an dieser Stelle, nachdem mit der Betrachtung der Luhmann'schen Differenzen *Identität/Differenz, System/Umwelt* und *Medium/Form* ein universeller theoretischer Raum markiert ist, der beansprucht,

---

[408] Als transdisziplinäre Spekulation ließe sich hier anfügen, dass in diesem Sinne ein im allgemeinsten Medium (*Quantenurgrund*: das Nichts als Latenz oder reine Absicht) angelegtes globales Emergenzpotenzial in Differenz zu den lokalen Bindungsmöglichkeiten im aktuellen medialen Substrat (Welt als *Realität* – im Gegensatz zu Welt als *Wirklichkeit* – *Glasersfeld*) den impliziten Kontext bildet, der die angedeutete (Re-, De-)Konstruktion von **Form** in ihrem Komplexitätsaufbau antreibt, während die Form selbst ihn steuert. Oder anders: Die Welt hat zwei Aspekte – *Realität und Wirklichkeit* –, die einen dritten produzieren, der die *Welt* selbst ist.

alle Phänomene (von sequenziell bis funktional) der Ausdifferenzierung von Gesellschaft zu erfassen, wird es notwendig, einen weiteren Begriff in diesem Umfeld zu positionieren: den Begriff des *Netzwerkes*, der, so alt er auch sein mag, in seiner Verbindung mit dem Internet zu einem neuen Leitbegriff[409] zu werden scheint. Ein Begriff, der, nur leicht überspitzt formuliert, immer am Gegenpol zur großen, vermeintlich rein[410] makrosoziologisch ausgelegten Systemtheorie angesiedelt war. Der Begriff *Netzwerk* hatte traditionell konkrete Beziehungsgeflechte analysiert, war mikrosoziologisch orientiert und – abgesehen von eigenen Kennzahlen – traditionell als eher *theoriefern* ein-gestuft.

Spätestens mit dem Auftreten des *Social-Media*-Phänomens (zum Beispiel: *Facebook*, *Twitter*) im Internet ist ein erhöhter gegenseitiger Integrationsbedarf von *Netz* und *Theorie* offensichtlich. Das globale Netz ist eindeutig ein makrosoziologisches Phänomen, das sich in seiner Erklärung nicht auf mikrosoziologische Analysen allein wird berufen können. Und eine Systemtheorie, die nicht in der Lage ist, den Netzbegriff sauber zu integrieren, wird auch bald nicht mehr wissen, wie sie den Systembegriff fassen soll, der als Universalbegriff schließlich auch für das Netz zuständig zu sein hat.

Was ist der Unterschied[411] zwischen Netz und System? Holzer zitiert White mit der Feststellung, „networks do not have boundaries" und befindet, dass Systeme dagegen eben dadurch ausgezeichnet seien, dass sie sich „durch eine eigene Operationsweise *abgrenzen* (Hervorhebung durch B. Holzer)".[412] Aber, könnte man entgegnen, dieses *Abgrenzen* der Systeme ist mit der Systemdefinition *System = System/Umwelt* eben (wie Holzer selbst auch schreibt) als eine **Operation** zu verstehen: Das System hat keine

---

[409] Boris Holzer meint sogar, dass „sich für die Soziologie vor diesem Hintergrund die Frage stellt, ob eine Netzwerktheorie als Alternative zu bestehenden Theorieprogrammen (inklusive der Systemtheorie) aufgefasst werden muss, Netzwerk also als ein Grundbegriff zu verstehen ist, von dem alle weiteren Begriffsentscheidungen abhängen. Oder ob es nicht vielmehr (nur) darum geht, soziale Netzwerke als Gegenstände soziologischer Forschung zu berücksichtigen und zu theoretisieren und dabei die Begrifflichkeiten etablierter Paradigmen allenfalls entsprechend zu ergänzen, ohne am grundsätzlichen theoretischen Zugriff etwas zu ändern." (Holzer, 2009, S. 97)

[410] Als Gegenbeweis für die oft unterstellte Untauglichkeit der Luhmann'schen Theorie bezüglich einer Anleitung auch mikrosoziologischer Empirie hat der Soziologe **Kieserling** gerade seine Studie zur Interaktionsforschung veröffentlicht, die sich vollständig auf Luhmann berufen kann. (Vgl. Kieserling, 1999).

[411] Holzer wirft etwa Stephan Fuchs und Gunther Teubner vor, Netzwerke zu Systemen bzw. umgekehrt Systeme zu Netzwerken zu erklären und dadurch produktive Differenzen zu verdecken (vgl. Holzer, 2010, S. 97).

[412] Holzer, 2010, S. 97.

Grenzen, aber es zieht Grenzen. Wo sind die Grenzen eines psychischen oder eines sozialen Systems, wenn sie sich nicht in aktualisierten Vorstellungs- oder Kommunikationshorizonten als aktuelle Selbstunterscheidungen finden? Und eine solche *ereignishafte* Eindeutigkeit von Grenzen generiert notwendig auch Netzwerke. Verschiedene Systeme haben für verschiedene Beobachter verschieden stabile Grenzen. Und alle diese Systemarten haben von innen her, aus der Sicht ihrer Elemente betrachtet, also etwa aus der Sicht eines Netzknotens (scheinbar) keine Grenzen: Alle Knoten eines Netzes sind zumindest indirekt[413] mit allen anderen verbunden und landen über diese Verbindungen nie bei einer Grenze, sondern schließlich wieder bei sich selbst. In der Sicht, in der White von der Unbegrenztheit von Netzwerken spricht, ist die Grenze eines Netzwerkes immer nur mit dem Vorkommen/Nicht-Vorkommen einbeziehbarer Knoten definierbar, aber in diesem Sinne eindeutig begrenzt und eindeutig geschlossen!

Damit wäre aber der Netzbegriff nur eine Übersetzung dessen, was heute *globale Gesellschaft* heißt. Und traditionell wäre er nur deshalb nicht auf Gesellschaf*ten* angewandt worden und hätte sich also nur deshalb in mikrosoziologischen Gefilden versteckt, weil er sich eben zur Untersuchung von Nationalgesellschaften oder dergleichen nicht eignen konnte, weil das Netz aller Netzwerke eben durch politische Grenzen nicht begrenzt ist. Und selbst regionale Netzwerke halten sich nicht an solche Grenzen. Ein (National-)Staat muss sich organisieren und ist in diesem Aspekt seiner Organisation notwendig von jedem Netzwerk (und dessen Grenzen) unterschieden.

Niklas Luhmann selbst hat, soweit wir sehen, den Netzbegriff zunächst eher unspezifisch (etwa in der Definition von Autopoiesis, in der er *ein Netzwerk von Operationen durch das Netzwerk eigener Operationen reproduzieren* lässt[414]) gebraucht, und erst in den 90er-Jahren finden sich bei ihm in Zusammenhang mit dem Thema Inklusion und Exklusion einschlägigere Bemerkungen, die aber insgesamt den Netzbegriff noch unterschätzen und im Bereich kleinteiliger Gunsterweisung und mafiöser Strukturen[415] ansiedeln. Er stellt fest, dass Netzwerke nicht in der Lage sind, eigene Strukturen zu institutionalisieren, und versucht sich nie an einer eindeutigen Begriffsdefinition. Dirk Baecker stellt schließlich den

---

[413] Nach der Milgram-These *Six degrees of separation* steht die ganze Menschheit über nur jeweils sechs Kontaktschritte miteinander in Beziehung (vgl. Füllsack, 2011, S. 294).
[414] Luhmann, 2004, S. 109.
[415] Luhmann, 2008, S. 239ff.

Netzbegriff neben den des Systems und versucht schon früh[416], ihn für die Soziologie Bielefelder Schule nutzbar zu machen.[417]

Netzwerke finden sich überall, innerhalb und zwischen den gesellschaftlichen Subsystemen. „Durch die Freigabe sozialer Bindungen in der modernen Gesellschaft können sich *unterhalb der Funktionssysteme* Netzwerke bilden"[418], deren Bedeutung als gesellschaftliche Differenzierungsform kaum noch zu überschätzen ist.

Zur Diskussion der Frage einer Integration von *Netz und System* werden wir als Ausgangspunkt die Tatsache nutzen, dass auch Netzwerke *Formen* sind, deren Elemente Kommunikationen bilden. Wir werden beobachten, was an einer Kommunikation Netzwerk produziert, was Organisation und wozu man dann noch einen Begriff wie *System* braucht. Und wir wollen dabei zeigen, dass Netz und Organisation ein komplementäres Begriffspaar bilden, das die Dynamik eines Systems vollständig bestimmt.

Der Netzbegriff als solcher wird fruchtbar, wenn er als Verbindung seiner eigenen Mikro- und Makroebene zu funktionieren beginnt, um die Emergenz einer Mesoebene fassen und darstellen zu können. Dazu muss der Netzbegriff analog zum Systembegriff als Differenz rekonstruiert werden, um aus den so beobachtbar werdenden Wechselwirkungen (Knoten/Knoten, Knoten/Netz) seine Funktionalität bestimmen zu können. Wie die (lokalen) elementaren Knoten im (globalen) medialen Netz konkrete Netzwerke (2nd-Order-Knoten) bilden, ist dabei die Frage, der wir in obersten Abstraktionslagen nachzugehen beabsichtigen. Denn theorietechnisch bleibt zu klären, wie die Begriffstriaden Netz/Netzwerk/Knoten einerseits und Gesellschaft/Organisation/Individuum andererseits operativ verbunden sind. Denn, so Dirk Baecker: „Die Strukturform der nächsten Gesellschaft ist nicht mehr die funktionale Differenzierung, sondern das Netzwerk. An die Stelle sachlicher Rationalitäten treten heterogene Spannungen, an die Stelle der Vernunft das Kalkül, an die Stelle der Wiederholung die Varianz."[419] Wir werden dies aufgreifen und versuchen zu zeigen, wie das Netzwerken mit den Organisationen verbunden ist. Und zwar ge-

---

[416] 1996 erscheint sein Artikel zu Identity and Control von Harrison White in der Zeitschrift Soziale Systeme.

[417] Dazu Dirk Baecker 2011: „Moreover, we define a network as consisting of second-order observers trying to account for different observers, their perspectives, and their distinctions. We are thus obliged to include you and me, reader and author, in such a network communicating about the network of observers. And you and I are body, mind, culture, and machine." (Baecker, 2011, S. 10ff.)

[418] Vgl. Weyer, 2011, S. 319.

[419] Dirk Baecker: *Zukunftsfähigkeit: 16 Thesen zur nächsten Gesellschaft*, Zeppelin University, Juni 2011. Baecker extrahiert diese Thesen aus seinem vielbeachteten Buch *Studien zur nächsten Gesellschaft*.

nau analog dieser Formulierung als Tätigkeit (netzwerken) in Tatsachen (Organisationen).

8 Kommunikation

Ernst von Glasersfeld war es ein Bedürfnis, die Worte, mit welchen Heinz von Foerster einer ganzen Generation die konstruktivistische Definition des Begriffs *Kommunikation* erklärt hatte, ausführlich zu kommentieren.[420] Statt zu sagen: *„Der Hörer, nicht der Sprecher, bestimmt die Bedeutung einer Aussage"*[421]*,* hätte er doch besser und genauer sagen sollen: der Hörer bestimmt *seine* Bedeutung des Gesagten, was es für *ihn* bedeutet. Mit Hinweis auf operationale Geschlossenheit und die Tatsache, dass auch der Sprecher *seine* Version von Bedeutung des Gesagten habe.

Alles durchaus richtig, aber nicht in Widerspruch zu Heinz von Foersters Diktum! Von Foerster hatte hier allerdings den *Luhmann'schen Blick*, er redete von Kommunikation, also der triadischen Einheit aus der Differenz von Hörer, Sprecher und deren Motiv bezüglich einer Information, die sich zwischen ihnen als erwartbare Erwartung rekonstruiert.

Der Sprecher bestimmt dabei das Thema – und trägt damit das Risiko, sich der Kontingenz von Annahme und Ablehnung auszusetzen. In diesem Sinne *setzt* der Sprecher eine *Bedeutungslatenz oder -welle*, die erst durch den Hörer, der hier in Analogie zur Physik als *Messinstrument* dient, konkret bestimmt (quantisiert) wird. Erst diese Kombination, erst die *operative Einheit* von Setzung und Bestimmung[422], ist ein Element von Kommunikation.[423] *Ein Individuum kann nicht kommunizieren*, heißt es daher auch folgerichtig bei Niklas Luhmann.

Die sich kommunikativ bildende *Einheit* wirkt auf beide, Hörer und Sprecher, zurück, ist aber als solche weder für den einen noch den anderen

---

[420] Vgl. Glasersfeld, 2005.

[421] Foerster/Pörksen, 2004, S. 100.

[422] Man vermerke die Isomorphie zu Spencer-Browns Ausgangsbedingungen im CI, die sich zeigt, wenn *Setzung* mit *Unterscheidung* und *Bestimmung* mit *Bezeichnen* gleichgesetzt wird.

[423] Der Mitteilende asymmetrisiert die Welt, indem er in dieser etwas auswählt und zum Thema macht, der Hörende resymmetrisiert die Welt, indem er das Gehörte durch seine Bewertung in den Kontext, also die Welt (der er angehört), zurückholt. Aber nie so ganz. Schließlich ist noch alles zugrunde gegangen, worüber Menschen lange genug geredet hatten. Selbst Gott – ist tot. Und vielleicht hat Luhmann recht, wenn er meint, dass die toten Fische im Rhein nur dann eine ökologische Katastrophe sind, wenn sie als solche bezeichnet werden. Dass die Fische trotzdem tot blieben, auch wenn wir dazu schwiegen, hat er nie bestritten.

Sicher kann man heute nur sagen: Sie *sind* eine ökologische Katastrophe, denn wir *haben* sie so genannt und nennen sie daher zu Recht weiter so.

direkt zugänglich, sondern nur als (latent) stets präsentes Gefüge von Erwartungen und Erwartungserwartungen gegeben. In dieser Struktur verwirklicht sich ein völlig eigenes, geschlossenes, autopoietisches **System**: *Gesellschaft*, auf deren kontraintuitive Existenz als ein Eigenes Heinz von Foerster mit seiner Definition der Kommunikation wohl auch hinweisen wollte.

Menschen können nicht kommunizieren – das kann nur: Gesellschaft, denn die **ist** Kommunikation, sagt Luhmann. **Und** Menschen können nicht nicht-kommunizieren, weil auch Kommunikationsverweigerung Kommunikation ist, sagt Paul Watzlawick.

Wir wollen es hier – ganz traditionell – mit Luhmann *und* genauso auch mit Watzlawick halten. Zwecks größerer Klarheit definieren wir aber Watzlawicks Diktum um: Menschen können ihre Beteiligung an Kommunikation nicht verweigern, denn auch eine Verweigerung beteiligt an Kommunikation.

Während *Kommunikation* als das Phänomen aller global und zugleich stattfindenden Interaktionen für konkrete Menschen unerreichbar ist.

8.1 Interaktion/Kommunikation und Gesellschaft oder: Sequenzialität/Simultanität und Ereignis

Heinz von Foerster zitiert Albertus Magnus[424] als frühen Zeugen eines Denkens, das die andere Seite der Kausalität zu fassen und auf den Begriff zu bringen weiß. Es sei nicht die *Verursachung* eines Weltzustandes durch einen anderen, der die Welt erklären könne, sondern ein **gemeinsamer Wandel der Zustände in Konstellationen**.

Von Foerster erinnert hier an die simultan-akausale Seite der Welt, an das **Zugleich** allen Geschehens, das geschieht. An dieses *Zugleich,* das in seinem *Nebeneinander* füreinander unmöglich Ursache und Wirkung sein kann. Das klassisch-zweiwertige Denken Alteuropas hatte sich in seinem Entweder-oder-Zwang für die der naiven Reflexion unmittelbar zugängliche Seite – also für die Seite der Kausalität – entschieden. Aus dieser einseitigen Festlegung heraus konnte sich die Entwicklung der Technik bis zum heutigen Problemzustand dynamisieren; ein Zustand, der nun unabweisbar die Frage nach seiner Steuerung stellt.

Heinz von Foerster hatte als Kybernetiker der ersten Stunde erkannt, dass Fragen der Steuerung immer Fragen der Steuerung dieser Steuerung implizieren, und dass jede mögliche Lösung dieser Frage die andere Seite der Kausalität einbeziehen muss. Auch in Fragen der Kausalitäten ist also

---

[424] Vgl. dazu: Foerster, 2002, S. 222.

wieder eine Horizonterweiterung von *Entweder-oder* auf ein *Sowohl-als-auch* gefordert.

Damit ist es unsere Aufgabe, die **Kovarianz kausaler und akausaler Aspekte** zu erforschen. Und die These lautet hier: Jede Kommunikation differenziert als Operation kausale und akausale Aspekte; die *kausalen* differenzieren *digital* mit der Unterscheidung *Abmachung/Nicht-Abmachung* (und zwar sowohl *implizite* als auch *explizite*) und die *akausalen* konditionieren zugleich den Raum möglicher Abmachungen, bilden also *das analoge Raster, das sich als* diese Digitalität reproduziert – wie Abbildung 39 zeigt.

Das Simultane kann sich nur sequenziell *ereignen* und das Sequenzielle nur simultan.[425] Kommunikation operiert als Entparadoxierung der Einheit der Differenz simultan/sequenziell.

Kommunikation verbindet in sich einen simultanen Aspekt, der Information generiert und die allgemeinen Erwartungshaltungen in allen an Kommunikationen beteiligten psychischen Systemen simultan ändert, mit einem sequenziellen Aspekt, der die einzelnen kommunikativen Ereignisse in ihrem Nacheinander zu verbinden sucht.

Die Simultaneität der globalen Kommunikation reproduziert in allen sich zugleich ereignenden elementaren Kommunikationsereignissen ihre Struktur, bestehend aus Erwartungen und Erwartungserwartungen. In diesem globalen, transperspektivischen Aspekt kann kein einzelnes Kommunikationsereignis ein anderes direkt (kausal) beeinflussen. In der nächsten Sequenz (der Simultaneität) wechseln die Kommunikationspartner und rekonstruieren mit anderen erneut ihre – und dann deren – Erwartungshaltungen. Wieder als Teil im globalen *Zugleich* und daher parallel und akausal neben anderen Kommunikationsereignissen.

Der simultane Aspekt der Kommunikation zeichnet also ein globales Bild einzelner, kausal unverbundener, sich gleichzeitig ereignender (Torus-Darstellung), nebeneinander in loser Kopplung stehender, elementarer kommunikativer Ereignisse: das sich von Moment zu Moment reproduzierende **Medium** Gesellschaft als eben jene berühmte Struktur aus Erwartungen und Erwartungserwartungen.

---

[425] Vgl. Kaehr, 1993, S. 159.

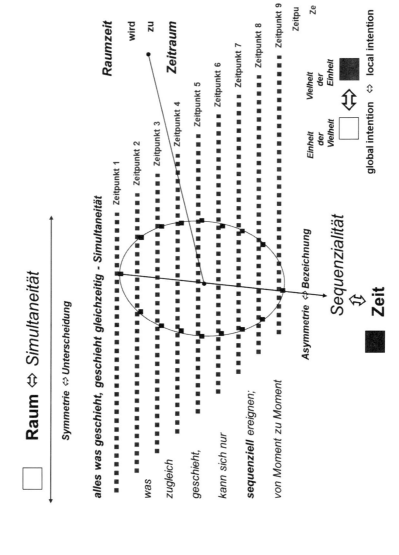

Abbildung 39

186

An dieser Stelle wird die strukturelle Isomorphie zwischen Kommunikationstheorie und Quantenphysik greifbar: Das *Atom* der Kommunikation – Luhmanns bekannte *Einheit* dreier Selektionen, die ein **manifestes Erwartungsatom** liefert – beruht auf der Wechselwirkung subatomarer beziehungsweise hier eben *subkommunikativer* Teilchen. Denn in jeder Kommunikation interagieren *zwei* (bezüglich Kommunikation) **latente Partikel**: Was da zusammentrifft, sind zwei Erwartungs*vorstellungen*, nicht schon: **Erwartungen**. Erst im kommunikativen Austausch rekonstruiert und aktualisiert sich ein **manifestes Erwartungsatom**, das dann eben zusammen mit allen anderen zugleich aber anderswo produzierten Erwartungsatomen die mediale Grundlage[426] (Gesellschaft) aller sozialen Formbildungen darstellt.

Die (Re-)Konstruktion konkreter **sozialer Formen** erfolgt in Koproduktion mit der Erwartungsstruktur in exakt denselben kommunikativen Ereignissen. Das Mittel dazu sind **implizite** und **explizite Abmachungen**, die den sequenziellen Aspekt der Kommunikation ausmachen und die sich als **Vernetzungen** und als **Organisationen** verwirklichen. Und natürlich reproduzieren sich dabei zugleich auch wieder neue *latente* Erwartungspartikel, in Form jeweils veränderter Erwartungs*vorstellungen*.

8.2 Globale Kommunikation

Die symmetrische Grundrelation von Kommunikation und Interaktion erneuert sich heute in Form der **Komplementarität von Netzwerk und Organisation.** Diese neue Symmetrie tritt fast schon wieder so deutlich zutage wie jene in den archaisch-tribalen Gesellschaftsformen, in welchen Interaktion (in herkömmlichem Sinn als Möglichkeit einer direkten Kommunikation unter Anwesenden) und Kommunikation noch den gleichen Radius an Reichweite hatten. Die elektronischen Medien haben diese beiden Radien der Reichweite von informeller und formeller (vernetzter und organisierter) Kommunikation wieder auf gleich gestellt. Diese Medien haben dabei eine weitere Differenz im Operieren von Kommunikation auffällig gemacht: die Differenz virtuell/real in Bezug auf den Modus der Inklusion der Individuen durch die Gesellschaft. Diese neue Differenz substituiert funktional den Inklusionsverlust, den die Individuen im Laufe der funktionalen Ausdifferenzierungsphase der Gesellschaft erfahren hatten. Die Umstellung von Totalinklusion in der alten göttlichen Ordnung auf stets nur partielle Inklusion

---

[426] Niklas Luhmann würde hier von *medialem Substrat* reden, um die körnige, aber doch kontinuierliche Qualität zu betonen und zugleich die Relativität des an seinen Elementen bestimmten Mediums (daher *Substrat*) nicht aus dem Blick zu verlieren.

in der modernen Welt relativiert sich mit dieser neuen Differenz: Über das Netz erfährt der Zeitgenosse virtuelle Totalinklusion und über Organisation partielle Realinklusion.

Und erst diese Entwicklung erlaubt die Reduktion, die wir im 9er-Schema bezüglich ebendieser Entwicklung vorgenommen haben. Erst in Hinblick auf die Erkundung einer voll ausdifferenzierten globalen 2nd-Order-Gesellschaft (von den archaischen Stammeskulturen zum globalen *Stamm der Stämme*) macht es (wieder) Sinn, das 9er-Schema zu benutzen. Solange die Reichweite des simultanen und des sequenziellen Aspekts der Kommunikation (systematisch und einseitig) differieren, reduziert das Schema gegebene Komplexität unzulässig.

	Gesellschaft der Gesellschaft	**Qualität, Law of Crossing** Distinktionen setzende Operation		
		1st Order **Psychisches System** EGO / ICH	**2nd Order** **Soziales System** WIR	**1st Order** **Psychisches System** ALTER / DU
Quantität, Law of Calling — **Distinktionslose Differenz**	**Individuum** **Systemelement** **1st Order**	denken, vorstellen **Mitteilen**	kommunizieren **Information Erwartung**	denken, vorstellen **Verstehen**
	Organisation **Systemform** **2nd Order**	kommunizieren von Denken **Führung**	denken, vorstellen und kommunizieren des Denkens, Vorstellens und Kommunizierens **Steuerung Entscheidung**	kommunizieren von Vorstellungen **Gefolgschaft**
	Gesellschaft **Systemmedium** **1st Order**	Denken der Kommunikation KULTUR **Vision** Medium	Kommunikation der Kommunikation **Wissen Glauben**	Vorstellen der Kommunikation NATUR **Tradition** Mediales Substrat

Abbildung 40

188

Wollte man *die herkömmliche präelektronische Differenz Kommunikation/Interaktion* heute nutzen[427], müsste man *Interaktion* vom Gebot der Körperlichkeit lösen und könnte dann den sequenziellen Aspekt der Kommunikation mit *Interaktion* gleichsetzen und sagen: *Kommunikation* bezeichnet den **simultanen Aspekt** aller Interaktionen und *Interaktion* die **Sequenzialität** aller Kommunikationen. Das Simultane der Kommunikation als Einheit in Form der Vielheit aller gleichzeitig stattfindenden Interaktionshandlungen[428] kann sich nur sequenziell, von Moment zu Moment, ereignen. Und das Sequenzielle – alle Interaktionen, in Form konkreter strukturgebender Ketten und Verkettungen (Konkatenationen) aller direkt aneinander anschließenden interagierenden kommunikativen Handlungen – ereignet sich notwendig simultan. Alles, was geschieht, geschieht gleichzeitig. Überall ändert sich durch alle gleichzeitig stattfindenden Kommunikationsereignisse das globale Erwartungs- und Erwartungserwartungsgefüge, das seinerseits die Ketten aneinander anschließender konkreter Interaktionen steuert, die dabei ebendieses sie steuernde Erwartungsmedium – als den kommunikativen Aspekt ihres Interagierens – reproduzieren.

---

[427] Wir müssen hier darauf achten, keine Begriffsverwirrungen zu stiften, denn einerseits gilt es, für die Theorie entscheidende Aspekte des Interaktionsbegriffes (**direkte wechselseitige Verbindung in Echtzeit**) auf der Ebene der elektronischen Medien (im Internet) zu installieren, und andererseits ist nicht zu übersehen, dass ein unreduzierbarer Rest an körperlicher Präsenz dabei (bislang noch) nicht mitgenommen werden kann und gesonderte Aufmerksamkeit verdient. Interaktionen im Netz werden künftig reale Inter-aktionen (z. B.: *Intimität*) organisieren (was natürlich nicht heißt, dass sich Intimität nicht auch direkt aus realen Interaktionen reorganisieren könnte!).

[428] Vergleichbar dem *Gewahrsein* eines psychischen Systems, das aus der parallelen Arbeit aller Neuronen gleichzeitig emergiert. Vgl.: *Globale Verfügbarkeit* weiter oben.

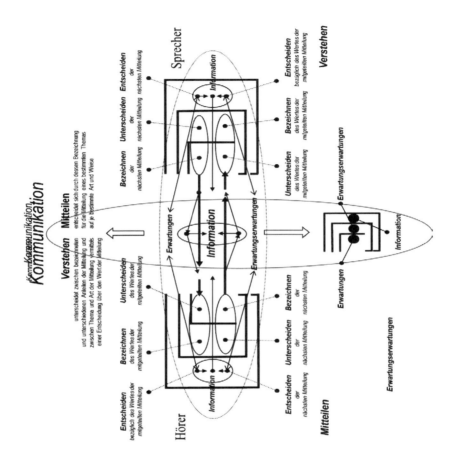

Abbildung 41

190

9 Sinn

Sinn – ein einziges Wort – erschließt sofort riesige semantische Felder,
führt in die Welt hinaus, reiht unbremsbar Bild an Bild,
und ehe man sich's versieht, sind die Gedanken oder Gespräche
weit von ihrem Ausgangspunkt entfernt.
Wolfgang Dür

Der Mensch, Individuum und Gesellschaft, in seiner sozialen Form als Netz und Organisation, ist ein sinngesteuertes System. Ein geschlossenes, autopoietisches, autonomes Sinnsystem (Kommunikation), geformt aus Elementarsystemen von gleicher geschlossener, autopoietischer und autonomer Systemqualität (Bewusstsein) – beide gleichermaßen auf der Basis lebender Systeme.

Selbstbezug als generelle existenzielle Operationsweise wird für (explizite) 2nd-Order-Beobachter (also Sinnsysteme) notwendig zur Sinnsteuerung, denn Sinn ist kommunizierter und vorgestellter Selbstbezug, der vermittels der Differenz *Aktualität/Potenzialität* permanent rekonstruiert wird.

Sinn im Sinne Luhmanns meint Selbststeuerung des Systems *Mensch* durch Selbstbeobachtung. Diese selbstreferente Operationsweise entparadoxiert in der strukturellen Kopplung zwischen Bewusstsein und Kommunikation.

Und nachdem der Mensch mit seinem 2nd-Order-Potenzial im Selbstbezug der Welt beinhaltet ist, erscheint er als ein Kondensat auf der operationalen Seite der in sich differenten einen Absicht. Oder anders: Das System Mensch ist Ausdruck der aktiven Komponente der Schöpfung, er ist die operative Seite im planetaren Unterscheidungsprozess der Evolution. Was das genau bedeutet, kann erst im letzten Satz dieses Kapitels, nach einer Diskussion des Sinnbegriffes, deutlich werden.

9.1 Schwere Geschütze

Niklas Luhmann ist im Laufe der dreißig Jahre seiner Theorieentwicklung durchaus und immer wieder auf Kritik gestoßen. Und nicht immer war dies produktiv.[429] Der Versuch, wesentliche Kritikpunkte dingfest zu machen

---

[429] Wie etwa die große Auseinandersetzung mit Jürgen Habermas am Anfang der Bielefelder Theorieproduktion. Ganze Bücher wurden dagegen aber geschrieben, deren einziger Zweck und Inhalt Kritik an Luhmanns Systemtheorie sein will, aber der Versuch, ein Extrakt dieser Kritik zu formulieren, will nicht gelingen, weil nur diffuser Widerwil-

und klar und deutlich auf den Begriff zu bringen, erwies sich bisweilen als äußerst komplexes Unterfangen.

Urs Stäheli versucht immerhin, *Sinnzusammenbrüche* durch eine Verbindung Luhmann'scher Theoriekonstruktion mit dem Pariser Poststrukturalismus (Derrida) zu inszenieren. Allein die Dekonstruktion will nicht gelingen, denn was er findet, „beschränkt sich darauf, einen Modus des sinnhaften Umgangs mit Sinnzusammenbrüchen aufgezeigt zu haben, in dem gerade die Grenze des Sinns als Grund des Politischen sichtbar wurde"[430].

Doch dabei wird auch sichtbar, was sich eben nicht verdecken lässt: Wer mit Sinnzusammenbrüchen sinnhaft umgeht reproduziert – Sinn.

Nina Ort, vom Reflexionsniveau transklassisch virtuos, aber bezüglich Niklas Luhmann mit eigenartigem Widerwillen und einer schon absichtsvoll wirkenden Unbelesenheit agierend[431], die viele an Gotthard Günther orientierte Transklassiker auszeichnet. „Denn gemäß Luhmanns Theorie besitzt jedes System eine Umwelt, die keinerlei Informationen enthält, sie ist, wie sie ist, und mehr lässt sich über sie nicht sagen."[432] Dieser eine (auf ein Diktum Heinz von Foersters bezogene) Satz reicht hier, um zu wissen, dass Luhmanns System die Umwelt nicht erreichen kann und daher auch Selbstreferenz undenkbar bleiben muss. Luhmann wird im gleichen Absatz dann noch auf (angebliche) Oppositionspaare wie System/Umwelt, Form/Medium, Kommunikation/Bewusstsein et cetera – mit Zusatz *Tertium non datur* – reduziert und sein Theorieentwurf damit als unverbundene Sammlung monothematischer, miteinander nicht korrelierbarer binärer Schematismen dargestellt. Die Definition des Begriffs *System* als *System/Umwelt* wird ebensowenig zur Kenntnis genommen wie die Idee des Reentrys Spencer-Browns.

Niklas Luhmann hatte allenfalls aufgerufen, Spencer-Brown mit Gotthard Günther zu verbinden. Und das zeugt von Weitsicht, denn damit wäre ein Kalkül, der alles über nichts sagt, mit einem verbunden, der nichts über alles sagt.[433]

---

le gegen eine unverstandene Theorie artikuliert wird, die nicht zu den Resten Habermas'scher Lebenswelten passen will.

In *Invasive Introspektion* von Bernd Ternes etwa dominiert ein in jeder Zeile spürbarer Widerwille gegen eine relativistische Theorie und ihre paradoxe Grundlegung, findet aber nie zu diskutablen Argumenten und bleibt in der Trauer um den von Luhmann angeblich aus Soziologie und Lebenswelt verbannten Menschen stecken.

[430] Stäheli, 2000, S. 318.

[431] Vgl. Ort, 2007, S. 111ff.

[432] Vgl. ebenda, S. 117.

[433] „Wenn man dieser Strategie bis an ihre Grenzen folgt, werden wir in der Lage sein, nichts über alles zu sagen. Das ist natürlich der Zustand letzter Weisheit und liefert den

Auch Michael Opielka kommt in seiner Kritik nicht wirklich über die Aufregung hinaus, die Niklas Luhmann mit seiner Überwindung des Subjektbegriffes ausgelöst hatte. Und wenn Luhmann ein Begreifen der eigenständigen Dynamik des Sozialen einfordert, dann „ist das nicht nur aus mikrosoziologischer Sicht unsinnig, mit Verlaub"[434]. Opielka schiebt noch ein Zitat Luhmanns ein, in dem dieser ein Entkoppeln von Subjekt und Individuum fordert, und bringt als vernichtendes Argument dagegen den Satz: „Ich kannte Herrn Luhmann nicht persönlich und nicht die Leute, die er kennt."[435]

Was Opielkas[436] Werk dann doch interessant macht, ist schlicht das Thema als solches: *Gemeinschaft in Gesellschaft* und die Sympathie für ein Grundanliegen Habermas', nämlich „die falsche Alternative von Gemeinschaft und Gesellschaft zu sprengen"[437]. Denn hier hatte tatsächlich ein Begriff in Luhmanns Theorie gefehlt. Wir haben in diesem Text versucht, diese Lücke für die rezente globale Gesellschaft mit der Integration des Netzbegriffs in die Theorie zu schließen, und lassen damit keinen Zweifel daran, dass wir *Gemeinschaft* im alten Blut-und–Boden-Duktus[438] als aussterbendes 1st-Order-Phänomen ansehen, weil es uns abhängig scheint von naiver Ungebrochenheit der Reflexionen, von fraglosen Eingebundenheiten, von unhinterfragter Zugehörigkeit. Und gerade diese naiven Qualitäten sind im Kontext der Globalität notwendig gebrochen und auf Neubeschreibungen angewiesen. Es war daher historisch-semantisch notwendig, an der begrifflichen Stelle *Gemeinschaft* eine Lücke zu schaffen. Auch dafür ist Niklas Luhmann zu danken.

In der *nächsten Gesellschaft* werden **neue Gemeinschaften** ganz anderen Kriterien folgen (müssen), sie werden wie jede andere Organisationsform aus Netzwerken heraus emergieren und jeweils reflektierte Absichten

---

Kern eines Kalküls der Liebe, in dem Unterscheidungen aufgehoben werden und alles eins ist. Spencer-Brown hat einen wichtigen Schritt in diese Richtung unternommen, und sein Buch sollte in den Händen aller jungen Leute sein – ein Mindestalter ist nicht erforderlich." (Foerster, 1993c, S. 11)

[434] Opielka, 2006, S. 376.

[435] Ebenda.

[436] Opielkas Widerwille gegen Niklas Luhmann ist besonders bedauerlich, weil er in anderer Hinsicht wertvolle Arbeit leistet, indem er beispielsweise das Thema *Grundeinkommen* mit sozialwissenschaftlicher Argumentation befördert. Vgl. dazu: http://grund-einkommen-news.blogspot.co.at/2006/06/prof-dr-michael-opielka-artikel-und_14.html

[437] Ebenda, S. 311.

[438] Mit Bezug auf *Ferdinand Tönnies*, den wir weniger von der Theoriekonstruktion her kritisch sehen, sondern der schlicht mit seiner Sprache und ihren Konnotationen in vormodernen Verhältnissen siedelt.

zu gemeinsamen machen. Zum Beispiel als Abmachung bezüglich Intimität und Kindererziehung in der Frauenwohngruppe oder als Abmachung bezüglich Biolandbaus in einer Kommune, oder aber es wird *abgemacht*, es *einfach so* zu machen, wie man es immer schon gemacht hatte. Aber unter zunehmenden 2nd-Order-Bedingungen eben auch in intimsten Lebenswelten immer weniger nur *einfach so*; immer seltener kommt man ohne *eigene Abmachung* aus, noch getragen von einer (irgendeiner) einzigen (göttlichen) Ordnung.

Eine herausfordernde Zukunft droht mit Freiheit und Selbstverantwortlichkeit, mit der belastenden Notwendigkeit, *eigenen Sinn* zu produzieren und zu reproduzieren, einen Sinn, von dem man weiß, dass er, im Gegensatz zu Gott, gnadenlos ist, denn er bleibt Sinn und wird nicht Unsinn, weil selbst der Tod sich seine Bedeutung nicht nehmen lassen will.

Wir suchen also weiter und wollen sehen, ob es nicht auch konstruktive Kritik[439] an Niklas Luhmann gibt, Kritik, der es gelingt, das Kind dazubehalten, wenn das Bad auszuschütten ist. Und finden unter dem Titel *Sinn als Grundbegriff bei Niklas Luhmann* eine sehr klare und dichte Studie von Rainer Schützeichel. Sinn im Sinne Luhmanns findet bisweilen doch auch eine fundierte und differenzierend begrenzte Anerkennung. „Die Systemtheorie hat ein Defizit in der Mikrofundierung sozialer Phänomene. Im Unterschied zu diesen Analysen machen wir dieses Defizit in der Mikrofundierung aber nicht darin fest, dass ihr eine operative Ebene fehlt, sondern darin, dass diese operative Ebene zu keiner operativen Logik gefunden hat. Im Unterschied zu solchen Positionen, die die Systemtheorie um eine Handlungstheorie ersetzen oder ergänzen wollen, wird hier das Defizit nicht auf eine falsche Grundlegung, sondern auf die Asymmetrie zurückgeführt. Die operative Ebene liegt in der Kommunikationstheorie vor. Diese wie die ihr vorgeordnete sinntheoretische Grundlegung sollen hier nicht in Zweifel gezogen werden. Im Gegenteil, die Argumentation für ‚Sinn als Grundbegriff' und für Kommunikation als Basiselement von Sozialität sind überzeugend. Diese Grundlagen der Systemtheorie sind nicht revisionsbedürftig."[440]

---

[439] Opielkas Kritik könnte nur positiv werden, wenn er (was die meisten Kritiker Luhmanns durchaus schon getan haben) sich bemühen wollte, zu sehen, *warum* Niklas Luhmann auf den Subjektbegriff verzichtet hatte, und vor allem auch zu sehen, in welchen Begriffen die Funktionalität des Subjektbegriffes *aufgehoben* wurde.
[440] Schützeichel, 2003, S. 274.

9.2 Sinnsystem und Metaphysik

Niklas Luhmanns hatte seine Systemtheorie mit einer finalen, unhinterfragbaren Abschlussbegrifflichkeit zu schließen versucht. *Sinn* steht dabei für den alles Operieren anleitenden Entscheidungs- oder Motivfaktor[441] sinngesteuerter[442] Beobachtersysteme.[443] Das hat ihm den Vorwurf eingebracht, seine Theorie nach dem Muster alteuropäischer Metaphysiken zu konstruieren. Und zwar als notwendige Konsequenz seines eigenen universellen Theoriegeltungsanspruches. Warum nannte Niklas Luhmann seine Arbeit nicht einfach System*theologie* – so jedenfalls könnte da gefragt werden, wo man glaubt, Luhmann hätte in der globalen Gesellschaft *Gott* (wieder-)erkannt.[444]

Der Unterschied Luhmann'scher Systemtheorie zur alteuropäischen Metaphysik liegt, so ließe sich in gleichem Duktus antworten, in der Beschränkung des Luhmann'schen Universalitätsanspruches auf den Heiligen Geist *allein*. Die Systemtheorie hat keine Meinung zum Menschen (Sohn) und keine zu Gott (Vater). Aber sie beansprucht, das abstrakte Muster der Operationen begreifen zu können, die es ermöglichen, Fragen nach Mensch und Gott zu stellen – und gegebenenfalls auch eine Systemtheorie zu schreiben, die systematisch reflektieren kann, warum sie sich als System*theorie* schreibt (und nicht als Systemtheologie).

Theologie war immer schon *System*theologie, weil zwar *eine* Offenbarung genügen mag, um einen Glauben zu begründen, man aber ein System (von Offenbarungen) braucht, um ihren Logos zu entfalten. System*theorie* meint den Logos der Entfaltung – und System*theologie* beschränkt diesen Anspruch auf den Logos der Entfaltung Gottes. Beschränkung meint hier eine unzulässige Reduktion *relativistischer Sinnproduktion* im Versuch, stattdessen eine *absolute Sinn-Instanz* zu installieren.

Aber *Gott* als Sinn ist nur zu haben als die *Einheit* der Differenz von *Gott und Welt*, und zwar *in dem*, der diese *Unterscheidung trifft* (und daher nur relativ als dessen Sinnkonstrukt).

---

[441] Analog zu George Spencer-Browns *Motiv* des Unterscheidens – das immer im *blinden Fleck* der Beobachtung zu finden ist.

[442] Psychische und soziale Systeme.

[443] Psychische und soziale Systeme bilden ihre Operationen als beobachtende Operationen aus, die es ermöglichen, das System selbst von seiner Umwelt zu unterscheiden – und dies, obwohl die Operation nur im System stattfinden kann. Sie unterscheiden, anders gesagt, Selbstreferenz und Fremdreferenz. Für sie sind Grenzen daher keine materiellen Artefakte, sondern Formen mit zwei Seiten (vgl. Luhmann, 1984, S. 177f.).

[444] Eine qualitativ hochwertige theologische Auseinandersetzung mit dem Gottesbegriff der Systemtheorie Luhmanns bietet Andrea Nickel-Schwäbisch, 2004: *Wo bleibt Gott?*

Und eine relativistische Systemtheorie (also etwa eben die Systemtheorie Bielefelder Schule) hat dann in Sinnfragen sich selbst zur Voraussetzung und muss dies erst einmal *theoretisch* verarbeiten.

Luhmann hat als *Religionsstifter seiner Theorie* denn auch nur eine knappe und gut definierte Offenbarung hinterlassen: **Sinn** als die **Einheit** (!) von Aktualität und Virtualität. *Das* aber ist mehr als *Gesellschaft, mehr als System,* das ist alles, was als Sinn begriffen werden kann (also auch *Unsinn*!), System **und** Umwelt als Aktualität **und** Virtualität. Das aber ist eben *alles,* ist Gott. Und Luhmann ist überführt! Er war gar nicht der *diabolische Allesdifferenzierer,* wie einst Kant ein *Alleszermalmer* oder gar wie Crowley[445] das *Tier* 666[446], sondern ganz im Gegenteil der einsame Zeuge eines *Heiligen Geistes*[447], der als *Sinn* verkleidet *alle Sinn*systeme gleichermaßen anleitet.

Und damit haben wir zugleich mit dem *letztkategorialen Sinn* auch den *Sohn* (lokaler Sinn) und den *Vater* (globaler Sinn) wieder: Mensch und Menschheit, Individuum und Gesellschaft. Aber eben verlassen von Gott, stattdessen verbunden in gemeinsamer relativistischer Sinnproduktion, eben verbunden im Heiligen Geist.

---

[445] Aleister Crowley, Mitglied im Hermetic Order of the Golden Dawn (Hermetischer Orden der goldenen Morgenröte), leitete später den Ordo Templi Orientis und den von ihm gegründeten Orden Astrum Argenteum. Seinem Buch Liber AL vel Legis (Buch des Gesetzes) folgend, begründete er das philosophisch-religiöse System Thelema.
Crowley selbst spielte mit Klischees und Vorstellungen, die mit Satan assoziiert werden: Die Zahl 666 spielte für ihn eine wichtige Rolle, er selbst bezeichnete sich unter anderem als „To Mega Therion" („Das Große Tier"). Er verstand sich aber selbst nicht als Satanist.
(http://de.wikipedia.org/wiki/Aleister_Crowley)
Sechshundertsechsundsechzig (666) ist eine biblische Zahl aus der Offenbarung des Johannes, der im Rahmen des Okkultismus und der Zahlenmystik besondere Bedeutung zugeschrieben wird. Sie wird auch als *Zahl des Tieres* oder *Zahl des Antichristen* bezeichnet. (http://de.wikipedia.org/wiki/Sechshundertsechsundsechzig)
[446] Was wissen wir schon von den Inspirationen des Niklas Luhmann, von seinen Begegnungen mit dem Teufel, auf den er sich sehr tief eingelassen haben muss?
Wie sonst kommt, nach einer langen „Nullserie" von Veröffentlichungen, sein zentraler erster Band – „Soziale Systeme" – zur Seriennummer 666?
Hat er dafür einen Verlagsarbeiter bestochen oder ist dies ein schwerer Fall von Koinzidenz oder gar ein Teil von jener Kraft, über die nichts gesagt werden kann, die sich aber „zeigt" (Wittgenstein)? Klassisch als *Pudel* und bisweilen als treffsichere Seriennummer?
[447] Niklas Luhmann verwendet den Begriff *Heiliger Geist* zu Beispiel als Synonym für *öffentliche Meinung*: „Sie ist das Medium der Selbst- und Weltbeschreibung der modernen Gesellschaft. Sie ist der ‚Heilige Geist' des Systems, die kommunikative Verfügbarkeit der Resultate von Kommunikation." (Luhmann, 1998, S. 1107f.)

Aber: ist **Sinn** als zentraler Arbeitsbegriff einer operativen Theorie geeignet, die Idee von Selbststeuerung und Selbstorganisation als systematischen Selbstbezug zu erfassen? Was war die Absicht hinter Luhmanns Begriffswahl? Warum antwortet er mit **Sinn**, warum nicht einfach mit **Absicht**? Ist es nicht immer eine Absicht, die motivierend hinter jedem Sinn steht und ihn so erst als Sinn erscheinen lässt – so erst zum Sinn *macht?* Und für wen zum Sinn macht (?) – doch wieder für einen Beobachter, der sein Beobachten gemäß seiner **Absichten** steuert, die als solche allerdings dabei im Dunklen, im blinden Fleck allen Beobachtens dieser Welt, verbleiben.

Vielleicht war genau dies die tiefste theoretische Intuition des Niklas Luhmann: **Absicht** ist nur als **Sinn** zu fassen. Was Absicht ist, lässt sich nie direkt sagen, Absicht ist ungerichtet in dem Sinne, als sie nur auf sich selbst gerichtet ist. Absicht ist Wille (physikalisch: *Welle*), der unsichtbar (latent) bleibt, wird er nicht in einem Wollen (*Teilchen*) gebunden. Sinn ist die Erinnerung des Wollens an seinen Willen und umgekehrt das Verlangen (zu unterscheiden) des Willens nach (irgendeinem) Wollen (das Sinn macht), oder anders: Sinn meint den Transformationsmechanismus, der überall und permanent Wille als Wollen reproduziert, und Sinn kann daher nur als ein Prozess der Identifikation, also: in Form von Selbstbeobachtung vermittels der Differenz Selbst-/Fremdreferenz, in Erscheinung treten.[448]

Sinn ist genial. Ohne ein diabolisches Element zu brauchen, ist er unhintergehbar. **Sinn macht Sinn. Unsinn auch.** Sinn ist nur durch Sinn, eben *sinnhaft* und daher *nicht negierbar*. Sinn ist Unbestimmtes, das bestimmbar scheint. Und tiefster Sinn generiert sich als Antwort auf unbeantwortbare Fragen.

Und Sinn macht *das System* **sympathisch.** Denn Sinn kann als von allen Sinnsystemen gemeinsam produzierter Sinn nicht anders: Sinn **verbindet**, ob als Gleichung oder als Ungleichung ist eine **Entscheidung** des Systems, die im System vom System für das System ermöglicht (Netz) und organisiert (Organisation) werden muss.[449]

---

[448] Alles, was *ist*, funktioniert als Manifestation eigener Absicht und ist damit genau der Sinn, der Motiv und Steuerung seiner Reproduktion bildet. Und das ist – immer noch – ein sehr frisches, unverbrauchtes Theoriestück. Sinn ist je eigene Absicht. Sinn ist das Eigene im Allgemeinen der Absicht. **Sinn** meint das Interface von Individuum und Gesellschaft. Und ohne Verankerung in einem Menschenrecht auf menschlichen Sinn, also einer wechselseitigen elementaren und medialen Orientierung des Menschen am Menschen, ist Leben bloß banal, und das kann zwar unmöglich **sinnlos** heißen – aber doch *sprachlos* und *bewusstlos* – oder anders: frei von 2nd-Order-Kompetenz.

[449] Damit bleibt der Aufklärung als Bringschuld vor ihrer endgültigen postmodernen Auflösung noch eine letzte Arbeit zu tun: Aufzuklären bezüglich der inhaltlichen Di-

9.2.1 Aktualität und Virtualität

Dass es *der Sinn ist, der Sinn macht,* kann jetzt kaum noch überraschen und will nur wieder die strukturelle Isomorphie zur Differenz *Beobachtung/Operation* verdeutlichen und damit auf seine (des Sinns) funktionale – und damit: *operative*[450] – *Neubeschreibung* hinweisen (siehe Abbildung 42).

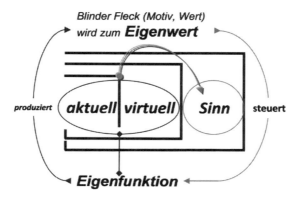

Abbildung 42

Die Schwierigkeiten, den Operationszusammenhang von *Aktualität und Virtualität* als *Sinngenerator* plausibel zu machen, liegen (auch hier wieder) im *wechselseitigen Vorausgesetztsein* der beiden Seiten dieser Differenz. Um Aktualität in seiner Bedeutung bestimmen zu können, muss Virtuelles schon bekannt sein. Und Virtuelles bezeichnen zu wollen, setzt Aktualität als Bezug voraus. Oder anders: Die Unterscheidung *Aktualität/Potenzialität* setzt den Sinn, den sie produzieren soll, als Kriterium der Konstruktion ihres Unterscheidens schon voraus. Die Entparadoxierung erfolgt wieder sequenziell und simultan in den zwei geschlossenen, sich gegenseitig interpunktierenden Kausalkreisen, die im Menschen zwischen Individuum und Gesellschaft vermitteln (siehe Abbildung 43).

---

mension des Wortes *Wir* in ultimativ globalen Zeiten. Oder anders: einer 1.-Person-Perspektive in diesem *Wir* bei ihrer Selbstexplikation behilflich zu sein.

[450] „Sinn ist demnach ein Produkt der Operationen, die Sinn benutzen, und nicht eine Weltqualität, die sich einer Schöpfung, einer Stiftung, einem Ursprung verdankt. Es gibt demnach keine von der Realität des faktischen Erlebens und Kommunizierens abgehobene Idealität." (Luhmann, 1998, S. 44)

Sinn meint Einheit (Produkt) von *Aktualität und Potenzialität*[451], so wie sie sich aus der Sicht eines Beobachters errechnet, der gar nicht anders kann, als seine aktuelle Lage in bewertendem Vergleich mit früheren Erfahrungen und Erwartungen und mit – von hier aus – möglichen künftigen solchen zu verstehen.

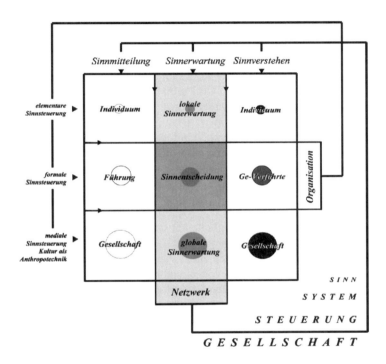

Abbildung 43

Und *Steuerung* meint damit eine *Motivation* von *Entscheidungen, von Selektion* durch (den eben dafür produzierten) Sinn. Sinnsystemsteuerung meint, dass Sinn in der allgemeinen und grundlegenden Systemoperation –

---

[451] Man kann Sinn phänomenologisch beschreiben als *Verweisungsüberschuss*, der von aktuell gegebenem Sinn aus zugänglich ist. Sinn ist danach – und wir legen Wert auf diese paradoxe Formulierung (Luhmann, 1984) – ein endloser, also unbestimmbarer Verweisungszusammenhang, der aber in bestimmter Weise zugänglich gemacht und reproduziert werden kann. Man kann die Form von Sinn bezeichnen als Differenz von Aktualität und Möglichkeit.

also im Gebrauch der Differenz *Selbst-/Fremdreferenz eines sinngesteuerten Systems* – generiert *und* angewandt wird.

Angewandter Sinn, also das Motiv einer Unterscheidung, arbeitet zunächst notwendig aus dem blinden Fleck eines Systems heraus.

Man findet einen alten Satz bestätigt: *Sinn* ist nicht zu fassen. Und das, wie man aus systemtheoretischer Sicht hinzufügen muss, obwohl es unmöglich ist, ihn nicht zu nutzen und sich dabei für seine Reproduktion nutzen zu lassen. Sinn ist nicht zu fassen – aber (operativ) herstellbar.

Sinnkonstruktion ist demnach systemische Selbst(re)konstruktion, oder: Der Begriff *Sinn* beobachtet Selbstbezug mit dem Fokus auf der Motivation von Entscheidungen, die am Erhalt der Autopoiesis unter sich wandelnden Bedingungen orientiert ist. Und weil Selbstreferenz nur als die eine Seite der Differenz *Selbst-/Fremdreferenz* zu haben ist, heißt Selbstbezug und damit Sinnkonstruktion immer: Bezugnahme eines Systems auf sich selbst vermittels anderer Systeme. Und daher lässt sich ein Motivfaktor auch ganz analog zur Systemdefinition bestimmen: *Selbsterhalt = Selbst-/Fremderhalt.*

9.2.2   Gedächtnis

Sinn setzt als die ihn erst ermöglichende Grundfunktion eines Systems ein Gedächtnis voraus.

Niklas Luhmann hatte – auch hier wieder den Spuren Heinz von Foersters folgend – einen Begriff von Gedächtnis entwickelt, der wesentlich komplexere Operationen beschreibt als bloß eine Möglichkeit, vergangene Erfahrungen zu repräsentieren. „Ein Gedächtnis ermöglicht den Wiedereintritt der Zeit in die Zeit.“[452] Vergangenheit wird hier eben *nicht* als Repräsentation verfügbar gehalten, sondern vergangene Erfahrungen werden als genuine Leistung des Gedächtnisses neu geordnet, indem sie als Verweise auf künftige Möglichkeiten gewichtet werden und sich damit eignen, gegenwärtiges und künftiges Operieren anzuleiten.

Für Luhmann stellt sich dabei im Begriff eines (sozialen[453]) Gedächtnisses die Frage nach der Möglichkeit der operativen Integration der Horizonte von Vergangenheit, Gegenwart und Zukunft (siehe Abbildung 44).

Die Elementarebene produziert die gegenwärtige Vergangenheit eines Systems und die mediale Ebene die gegenwärtige Zukunft. Die gegenwärtige Gegenwart erschließt sich als Oszillation zwischen vergange-

---

[452] Luhmann, zit. nach Schützeichel, 2003, S. 202.

[453] Für Luhmann ist es immer wichtig, Begriffe – hier eben *Gedächtnis* – so zu fassen, dass sie für psychische *und* soziale Systeme verwendbar werden.

ner/künftiger Gegenwart einerseits und gegenwärtiger Vergangen-
heit/Zukunft andererseits.

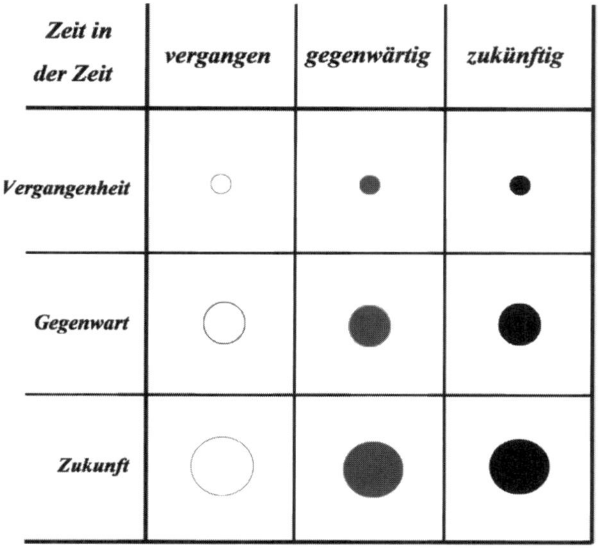

Zeit in der Zeit	vergangen	gegenwärtig	zukünftig
Vergangenheit	○	●	●
Gegenwart	○	●	●
Zukunft	○	●	●

Abbildung 44

9.2.3 Kommunizierter und vorgestellter Sinn

Die Struktur der Gesellschaft existiert latent als mehr oder minder bewusste
Vorstellung von Erwartungen. Das verhindert aber keineswegs, dass in dieser Struktur die Operationen der Gesellschaft als die eines eigenständigen
autopoietisch-geschlossenen Systems laufen. Kommunikation bedient sich
dieser Struktur und verändert sie dabei. Strukturdeterminiertheit verliert
ihren Schrecken, wenn man in Rechnung stellt, dass Funktionen sich die
Strukturen, von welchen sie sich determinieren lassen, selbst schaffen und
zwar eben zum Zweck, die eigene Existenz als Entwicklung dieser Struktur
auf Dauer zu stellen.

Wechselt man die Beobachterperspektive, dann bilden dieselben Erwartungen als Kommunikation für die Vorstellung einen Rahmen, eine latente
Struktur, die eigenes Vorstellen erst möglich macht. Und auch das hindert
ein psychisches System nicht, im selben Sinn wie oben Gesellschaft, ein
eigenständiges autopoietisch-geschlossenes System zu sein. Erwartungen

reproduzieren sich zwischen Vorstellung und Kommunikation, zwischen kommunizierten Vorstellungen und vorgestellten Kommunikationen. Erwartungen sind das Agens der strukturellen Kopplung von Individuum und Gesellschaft.

Exakt an dieser Stelle einer Einsicht in die Mechanik gegenseitiger Steuerung aus dem blinden Fleck allen Operierens wird auch der evolutionäre Schritt in die 2nd-Order-Kompetenz möglich: Jedes System verschiebt naturnotwendig seinen blinden Fleck von Moment zu Moment. Die Oszillation zwischen Selbst- und Fremdreferenz, zwischen eigenem und fremden Sinn, zwischen *ego und alter, diesem und jenem* und *vorher und nachher*[454], dieses Oszillieren stellt eine rekursive Funktion dar, die einen Eigenwert in von Foerster'schem Sinn produziert, eben als eine je eigene Perspektive, eine je eigene Sicht, die eigenen Sinn, also **Eigensinn,** reproduziert.

Ob dieser Eigensinn nun seinen Besitzer bloß eigensinnig macht, oder ob dieser Besitzer einen eigenen Sinn kreiert, das eben macht einen weiteren Unterschied. Und gerade auf diesen Unterschied gilt es zu achten, denn dass Sinn als solcher alles steuert, was irgendwie ein funktionales Äquivalent zu einem Gedächtnis besitzt, ist schon des Öfteren vermerkt worden. Über Gedächtnisse verfügen auch Mäuse und Küchenschaben, und auch ein Baum hat seine Jahresringe. Es gilt also nach der Besonderheit des Sinns psychischer und sozialer Systeme zu fragen, denn um die war es wohl auch Luhmann gegangen.

9.2.4   Sinn machen

In erdgeschichtlichen Maßstäben gerechnet hat unser Sinn erst vor kurzem begonnen, seine sinnstiftenden Wirkungen auf diesem Planeten zu entfalten, und hat doch der Gesamtsituation schon so gewaltig seinen Stempel aufgedrückt, dass es sinnvoll scheint, die Frage nach dem Sinn sinngesteuerter Systeme zu stellen, weil mit der Frage nach dem *Sinn* die Frage nach Motiven und nach der Herkunft dieser Motive gestellt ist. Weil diese Frage nach dem Sinn zum Blick in den eigenen blinden Fleck nötigt und weil wir dann sehen müssen, dass es dieser blinde Fleck ist, der uns steuert. Was zur Frage führt, wie denn ein Sinn, dem wir vertrauen können, dann eben als *unser Sinn* in diesen blinden Fleck kommen könnte. Wer aber diese Frage stellt, der ist für die Sache selbst schon gewonnen. Für die Entwicklung von 2nd-Order-Kompetenz.

---

[454] Um hier Luhmanns drei Sinndimensionen (Sach-, Sozial- und Zeitdimension) anzudeuten.

Als Einheit der Differenz von Aktualität und Potenzialität zeigt Sinn Alternativen für Anschlusshandlungen auf und produziert damit Entscheidungsbedarf.

Wird eine Entscheidung getroffen, reduziert sich Sinn zu einer (neuen, anschließenden) aktuellen Situation, in welche die Unterscheidung Aktualität/Potenzialität erneut eingeführt wird, um aus der neuen Situation wieder Sinn zu gewinnen.

Sinn ist an Sinn orientiert und das schafft zunächst paradoxe Verhältnisse zwischen allen Sinnsystemen, denn sie alle teilen eine Gegenwart und haben doch alle differente Vergangenheiten/Zukünfte. Diese Verschiedenheit der Zeit aller Beobachter, die gleichzeitig beobachten, wird erst mit zunehmender Gedächtnisleistung auffällig. Sprache und ihre medialen Steigerungen bis zum Internet haben diese Thematik im Menschen in eine exponentielle Steigerung getrieben, die nur funktioniert, weil zugleich mit den Möglichkeiten, je eigene Systemgeschichte zu kultivieren, immer auch die Notwendigkeit mitläuft, sie an anderen Systemgeschichten zu orientieren. Oder anders: Entparadoxierung funktioniert, weil sich die Verschiedenheiten der verschiedenen Systemgeschichten immer schon aneinander bestimmt entwickelten und dabei, in ihren je eigenen Doppelhorizonten von Vergangenheit und Zukunft oszillierend, immer schon darauf angewiesen waren, ihren in diesen Oszillationen entstandenen Eigensinn in einer notwendig gemeinsamen Gegenwart in seiner Tauglichkeit zu prüfen, eben Luhmanns *Konsistenzprüfung* zu unterziehen. Als Chance, Eigensinn von eigenem Sinn zu unterscheiden.

Sinn ist als Medium der Steuerung ein allgemeines Medium. Was Sinn in Bezug auf den Menschen speziell macht, ist bloß die Tatsache, dass der Mensch prinzipiell die Möglichkeit hat, sich als sinngesteuert zu erkennen und nach dem Sinn des Sinns zu fragen. Und der Sinn des Sinns, so lässt sich dann elegant antworten, *ist der Sinn*. Das leuchtet ein, weil sonst ja alles sinnlos wäre. Oder eben doch nicht? Weil ja auch Unsinn Sinn macht?

Diese letzte Verunsicherung bringt uns zurück an den Anfang dieses Kapitels und erinnert damit an unser Versprechen, in seinem letzten Satz zu zeigen, was das Diktum: *der Mensch ist Ausdruck der aktiven Komponente der Schöpfung* bedeuten möchte. Es will die Eigenverantwortung eines selbstorganisierenden Systems herausstellen: Heinz von Foerster würde an dieser Stelle vielleicht daran erinnern, dass da draußen kein Sinn ist – es sei denn, **jemand**[455] **macht** ihn.

---

[455] Das erinnert an einen anderen alten Spruch: *Wer, wenn nicht wir?!*

Abbildung 45[456]

---

[456] http://civitasdiaboli.tumblr.com/page/25 (Download am 3.5.2008).

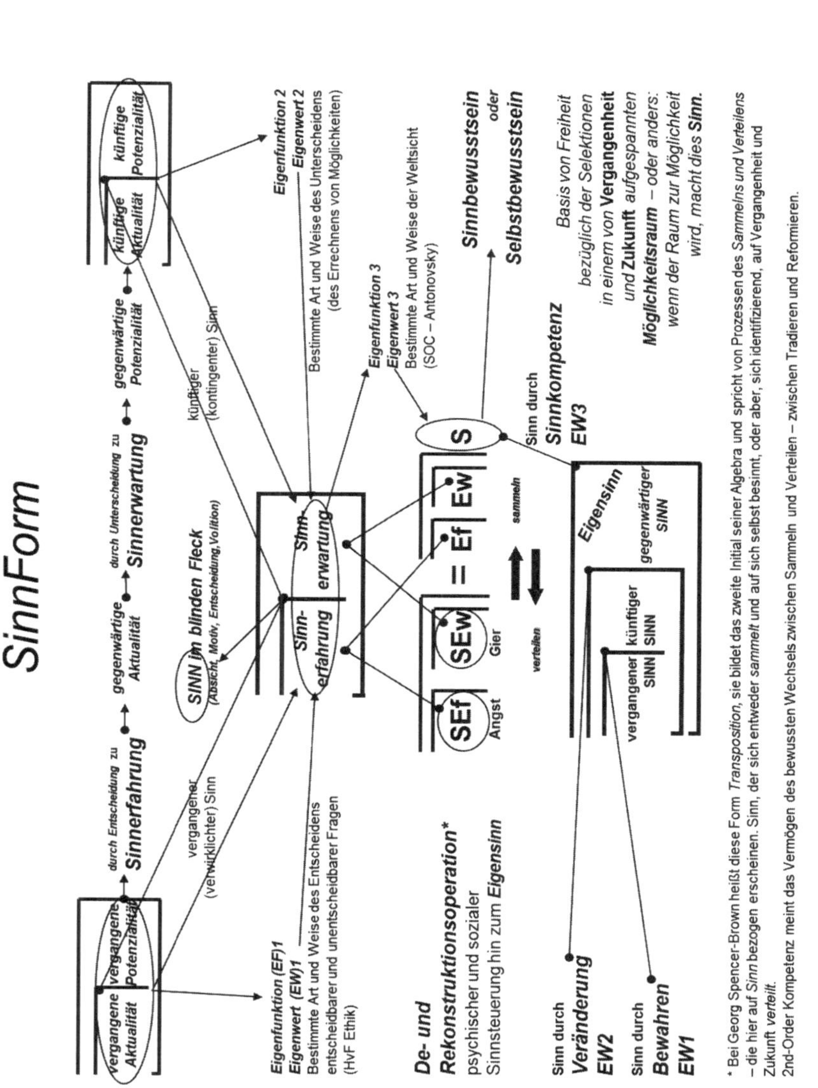

SinnForm

Vergangene Aktualität — Vergangene Potenzialität

durch Entscheidung zu **Sinnerfahrung**

gegenwärtige Aktualität

durch Unterscheidung zu **Sinnerwartung**

gegenwärtige Potenzialität

künftige Aktualität — künftige Potenzialität

vergangener (verwirklichter) Sinn

künftiger (kontingenter) Sinn

SINN im blinden Fleck
(Absicht, Motiv, Entscheidung, Volition)

Sinn-erfahrung

Sinn-erwartung

Eigenfunktion 2
Eigenwert 2
Bestimmte Art und Weise des Unterscheidens
(des Errechnens von Möglichkeiten)

Eigenfunktion 3
Eigenwert 3
Bestimmte Art und Weise der Weltsicht
(SOC – Antonovsky)

Eigenfunktion (EF)1
Eigenwert (EW)1
Bestimmte Art und Weise des Entscheidens
entscheidbarer und unentscheidbarer Fragen
(HvF Ethik)

De- und Rekonstruktionsoperation*
psychischer und sozialer
Sinnsteuerung hin zum *Eigensinn*

SEf Angst

SEw Gier

$= Ef$

EW

sammeln

verteilen

S

Sinn durch **Sinnkompetenz**
EW3

Sinnbewusstsein oder **Selbstbewusstsein**

Basis von Freiheit
bezüglich der Selektionen
in einem von **Vergangenheit**
und **Zukunft** aufgespannten
Möglichkeitsraum – oder anders:
wenn der Raum zur Möglichkeit
wird, macht dies **Sinn**.

Eigensinn

gegenwärtiger SINN

vergangener künftiger SINN SINN

Sinn durch **Veränderung**
EW2

Sinn durch **Bewahren**
EW1

* Bei Georg Spencer-Brown heißt diese Form *Transposition*, sie bildet das zweite Initial seiner Algebra und spricht von Prozessen des *Sammelns und Verteilens* – die hier auf *Sinn* bezogen erscheinen. Sinn, der sich entweder *sammelt* und auf sich selbst besinnt, oder aber, sich identifizierend, auf Vergangenheit und Zukunft *verteilt*.
2nd-Order Kompetenz meint das Vermögen des bewussten Wechsels zwischen Sammeln und Verteilen – zwischen Tradieren und Reformieren.

Abbildung 46

205

10 Evolution

*„It is not the strongest of the species
that survives, nor the most intelligent
that survives. It is the one
that is most adaptable
to change."*

Charles Darwin

Abbildung 47[457]

Heinz von Foersters Umstellung der Leitdifferenz der Theorien *menschlicher Evolution* von *Zufall/Notwendigkeit* auf *Freiheit/Notwendigkeit* wollte eine Neuorientierung des Denkens erreichen.

Jenes beschränkte, aus der Differenz *Zufall/Notwendigkeit* heraus funktionierende Bild, das *Überleben* als evolutionären Siegespreis in einem permanenten Ausscheidungswettkampf der Arten und Individuen zu erklären versucht hatte (und das seinerzeit das Phänomen des Sozialdarwinismus inspirierte), war in keiner Weise geeignet, den Menschen selbst als ein Produkt dieser Evolution zu erklären.

Aber genau *das* muss der Anspruch an eine Evolutionstheorie sein: Evolutionstheorie kann nur autobiografisch gedacht werden, schließlich hat die Evolution selbst diese Theorie hervorgebracht.[458]

Mit dem gleichen Anspruch, theoretischen Selbstbezug reflektierbar zu machen, hatte Niklas Luhmann eine Theorie der Evolution in seine Systemtheorie rekonstruiert und integriert.

---

[457] Frei nach: http://www.linchpinseo.com/a-charles-darwin-quote-explains-why-most-big-companies-fail-at-seo (Download am 3.5.2008).

[458] Das Motiv selbst ist natürlich alt: Schelling etwa *ließ die Natur im Menschen die Augen aufschlagen*. Und der hatte sich da wohl an Spinoza orientiert.

10.1 Evolution der Geschichte als Geschichte der Evolution

Das alteuropäische *Entweder-oder* in allen logisch-theoretischen Belangen hatte *Geschichte* scharf und sauber von *Naturgeschichte* unterschieden und dazu letztere den Gesetzen der Evolution überantwortet. *Geschichte* dagegen galt als davon unvermittelte Singularität eigener Gesetzlichkeit.[459]

Zwei gegensätzliche Positionen innerhalb der Evolutionstheorie wiederholen die alte Differenz (generalisieren, historisieren) in ihrem eigenen Raum. *Teleologisch* wird Evolution als Ausdifferenzierung einer *vorgegebenen Struktur* gedeutet und *darwinistisch* als *Charakteristik einer Operation*, die einen Wandlungsprozess als solchen in seinen Merkmalen beschreibt.

Wir erkennen hier die Analogie zu Luhmanns operativer Leitdifferenz *Unterscheidung/Operation* und sehen damit teleologisch-strukturelle und darwinistisch-operative Momente in einem permanenten Verhältnis gegenseitiger Ermöglichung. Sie rücken nahe aneinander und bilden zusammen eine *operierende Struktur*, die zugleich auch eine *sich strukturierende Operation* ist. Ganz analog zu Realität und Wirklichkeit, die damit als an sich selbst orientierte Redundanz erkennbar wird, und zwar *für sich selbst* erkennbar wird – für wen auch sonst? Womit wir auch hier wieder bei der Notwendigkeit von Drittheit angelangt sind. Struktur (Materie) und Operation (Energie) sind notwendig von etwas gleichursprünglichem Dritten unterschieden, sonst wären sie nicht *unterschieden* und *wären* damit auch nicht, weil ihr Unterschied nur beobachterrelative Gültigkeit haben kann und so ohne Beobachter weder Realität noch Wirklichkeit hätte. Und das hat nichts mit Einsteins Mond und der Frage zu tun, ob dieser Mond noch da ist, wenn keiner hinschaut. Denn der Mond – und dazu noch das gesamte Universum – *ist* der Beobachter. Oder eben besser: das **Beobachten** als gegenseitiges Unterscheiden und Bezeichnen aller im Beobachten verbundener und durch dieses auch getrennter Beobachter, die die Welt ausmachen.

Die Struktur der Evolution wird auch von Luhmann differenztheoretisch gefasst, also nicht als eine Struktur, in der ein Prozess fließen kann, son-

---

[459] Die Evolutionstheorie hat schließlich aber den Affen doch noch relativ friktionsfrei an den Menschen anschließen können. Wir stammen zwar nicht vom Affen ab, sondern Affe und Mensch haben vielmehr nur gemeinsame Vorfahren – d. h. der Mensch ist eine Affenart, und möglicherweise sind wir den anderen Affen bloß um ein paar Runden in der Evolutionsarena voraus. Dass sie aber nicht zu Ende laufen werden können, um uns nachkommen, liegt nicht an Gott, sondern an Affen.

dern als zweiseitige Unterscheidung, die beobachterrelativ als Struktur und/oder als Operation rekonstruierbar ist.

Die Theorie der Evolution nach Darwin hatte zunächst mit zwei evolutiven Operationen das Auslangen gefunden. Das System produzierte Variationen und die Umwelt besorgte die Selektion (natural selection). Donald T. Campbell war dann jener *Neodarwinist,* an den Niklas Luhmann in vielen Punkten anschließen konnte, denn Campbell bot bereits eine dreistufige rekursiv vernetzte Operationsdynamik, die sowohl mit einer angenommenen Blindheit der Variationen als auch mit der Unwahrscheinlichkeit von Evolution (von *evolutionären Errungenschaften*[460], wie es dann bei Luhmann heißen wird) überhaupt zurechtkommt. Mit dieser neodarwinistischen Vertiefung der Theorie wird das alte, Evolution motivierende Prinzip der Anpassung relativiert und Evolution wird stattdessen zuständig für Evolution. Anpassung ist Voraussetzung und nicht Resultat von Evolution. Luhmann zitiert Varela, also Biologie, wenn er sagt: „Sich-abkoppeln-Können erklärt die ungeheure Stabilität und Durchhaltefähigkeit des Lebens und aller darauf aufbauenden Systeme."[461] Sich-abkoppeln-Können korrespondiert natürlich mit der Idee systemischer Geschlossenheit. Um die Evolutionstheorie dafür fit zu machen, musste der ganze *evolutive Operationszusammenhang* **in das Innere** *eines evoluierenden Systems* integriert werden. Der Umwelt, die jetzt, in der Idee ihrer Koevolution mit dem System zur Mitwelt geworden war, wird nur noch ein nachträglich positiv oder negativ bestätigender Effekt zugebilligt.

Luhmann fordert für die **Form** einer Evolutionstheorie schließlich ein Reentry der dreiteiligen Mechanik der Evolutionsdynamik, um den Übergang von einer Ordnung zu einer solchen auf nächster Ebene funktional abzubilden.

Um ein Beispiel zu geben, welche Fragen man dem Schema zum Thema Evolution stellen kann, fragen wir hier nach der Verantwortung des Einzelnen im Evolutionsgeschehen und wollen dabei wissen, warum die Besten und Begabtesten unter uns, unsere Eliten – und das sind vornehmlich Wirtschaftseliten –, warum die tun, was sie tun. Denn sie wissen, was sie tun, sie kennen die Risiken und bewegen doch ohne zu zögern Kapital, das anderswo den Regenwald abholzt und Menschen von Grund und Boden vertreibt (um hier bei den harmloseren Beispielen zu bleiben). Warum tun sie das, warum lassen sie sich auf wüste Finanzspekulationen ein, die dann Jahre der Arbeitslosigkeit für 20 oder 30 Prozent einer Population bedeu-

---

[460] Vgl. Luhmann, 1998. Luhmann interessieren hier vor allem Kommunikationsmedien und deren Evolution.
[461] Luhmann, 1990, S. 556.

ten? Warum steigern sie ihre Boni ins Frivole, und warum dürfen sie das auch dann noch ungestraft, wenn sie am Pranger stehen, weil schon wieder Krise ist?

Weil Komplexität sich als elementare Arbeit unter medialer Steuerung organisiert!

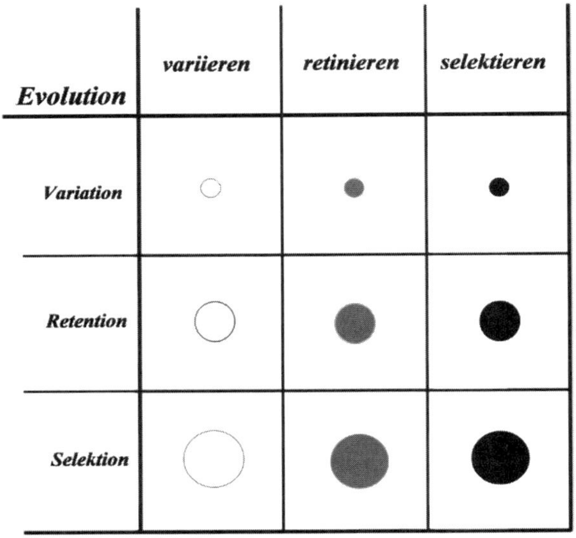

Evolution	variieren	retinieren	selektieren
Variation	○	●	●
Retention	○	●	●
Selektion	○	●	●

Abbildung 48

Unsere Eliten steuert mittlerweile eine globale Struktur aus Erwartungen und Erwartungserwartungen, in der historisch gewachsene (und durchaus noch feudal inspirierte) Bilder des Erfolgs wider jede systemische Vernunft ans falsche Maß gebunden erscheinen.

Der Referenzwert unseres menschlichen Eigenwertes ist heute **Geld.** Gott ist Kapital geworden und *will über uns leben.*[462] Dieser Referenzwert Geld, der für das System die Funktion bedienen sollte, freien Waren- und Leistungsaustausch über die Doppeldifferenz *liefern/nicht-liefern//zahlen/*

---

[462] Wie im Fußballstar Marko Arnautovic (23), der bei einer Verkehrskontrolle aus seinem Porsche Cayenne heraus seinen Drohungen gegen den Polizisten, der ihn angehalten hatte, mit den Worten: *„Du hast mir nichts zu sagen. Ich verdiene so viel, ich kann dein Leben kaufen (...). Ich bin etwas Höheres als du."* Nachdruck zu verleihen suchte. (Vgl. österreichische Tageszeitungen am 23.06.2012)

nicht-zahlen (Feld eins und drei[463]) zu ermöglichen, dient heute als Referenzwert für den Wert des Menschen selbst. Die Aufklärung hatte getrachtet, *Gott* als Maß des Menschen zu überwinden, in der Hoffnung, ihn selbst als dieses Maß zu installieren. Doch Gott hatte schon mit Max Weber um 1900 im Geist des Kapitalismus seine protestantische Ethik wiedererkannt und damit auf die friedliche Ausübung von Verfügungs*gewalt (!)* in Staat und Wirtschaft (Lohnarbeit statt Sklaverei) gesetzt. Und Walter Benjamin[464] sah schließlich, dass Religion, gleich dem Kapital, den Menschen

---

[463] In diesem Sinne können **alle Codes der gesellschaftlichen Subsysteme** im Neun-Felder-Schema platziert werden. **Macht** wäre mit anordnen/nicht-anordnen//gehorchen/nicht-gehorchen oder **Recht** mit recht/unrecht//sich beugen/nicht-beugen anzusetzen. In obigem Beispiel der Wirtschaft entstünde aus dieser spezifischen Kommunikation (Feld 1/3) ein lokaler Handel (Feld 2) im Kontext des Welthandels (Feld 8). Als Nächstes könnte man Banken und Realwirtschaft im Schema verorten und noch Geschäftskultur und -gesetze platzieren und könnte **Waren- und Geldfluss analog zu Organisation und Netz deuten und damit das Schema selbst als Markt deuten.**

[464] Kurzes Resümee des bekannten Wirtschaftswissenschafters Gerhard Senft zu Walter Benjamins Text *Kapitalismus als Religion* in *Der Standard*: „Eine Kapitalismuskritik, die die Auseinandersetzung mit den religiösen und ideologischen Befangenheiten des modernen Menschen einschließt, könnte zum Kern einer neuen Aufklärung werden. Nichts braucht die Gesellschaft heute dringlicher, nachdem die alte Aufklärung lendenlahm und systemkonform geworden ist."
(Vgl. http://derstandard.at/3248631/Den-Kapitalismus-mit-den-Mitteln-des-Ordoliberalismus-ueberwinden)
Aus dem Text Walter Benjamins:
„Die Freudsche Theorie gehört auch zur Priesterherrschaft von diesem Kult. Sie ist ganz kapitalistisch gedacht. Das Verdrängte, die sündige Vorstellung, ist aus tiefster, noch zu durchleuchtender Analogie das Kapital, welches die Hölle des Unbewußten verzinst. Der Typus des kapitalistischen religiösen Denkens findet sich großartig in der Philosophie Nietzsches ausgesprochen. Der Gedanke des Übermenschen verlegt den apokalyptischen ‚Sprung‘ nicht in die Umkehr, Sühne, Reinigung, Buße, sondern in die scheinbar stetige, in der letzten Spanne aber sprengende, diskontinuierliche Steigerung. Daher sind Steigerung und Entwicklung im Sinne des ‚non facit saltum‘ unvereinbar. Der Übermensch ist der ohne Umkehr angelangte, der durch den Himmel durchgewachsne, historische Mensch. Diese Sprengung des Himmels durch gesteigerte Menschhaftigkeit, die religiös (auch für Nietzsche) Verschuldung ist und bleibt[,] hat Nietzsche pr<ä>judiziert. Und ähnlich Marx: der nicht umkehrende Kapitalismus wird mit Zins und Zinseszins, als welche Funktion der Schuld (siehe die dämonische Zweideutigkeit dieses Begriffs) sind, Sozialismus. (…). Das Christentum zur Reformationszeit hat nicht das Aufkommen des Kapitalismus begünstigt, sondern es hat sich in den Kapitalismus umgewandelt.
Methodisch wäre zunächst zu untersuchen, welche Verbindungen mit dem Mythos je im Laufe der Geschichte das Geld eingegangen ist, bis es aus dem Christentum soviel mythische Elemente an sich ziehen konnte, um den eignen Mythos zu konstituieren." (Benjamin, 2009, S. 16f.)

mit einer Erbschuld ausgestattet hatte – einer Schuld, die anzuerkennen war, wollte man Mitglied jener Gemeinschaft der Gläubigen werden, die auf Erlösung von der Schuld und auf Aufstieg ins Himmelreich hoffen durften.

Ganz analog zur Mitgliedschaft der Religiösen muss auch der angehende Kapitalist, um dabei sein und investieren zu können, zunächst bei einer Bank einen Kredit aufnehmen. Er bezahlt also seine Möglichkeit zum Aufstieg in den Himmel der Reichen mit seiner Anbindung an Schuld und durch diese an Hölle beziehungsweise Bank – wieder eben dadurch verstrickt in die endlose Kette jener, die nach immer mehr streben müssen, um nicht am Zins der Schuld zu scheitern, die da abzutragen ist.

Die Entwicklungen sind unumkehrbar (schon wegen ihrer Beschleunigung): Wachsende Schuldenberge auf den diversen Konten des Menschen scheinen das Signum dieser heißen Phase der Menschheitsentwicklung zu sein. Der durch alle seine „Himmel durchgewachsene, historische Mensch" (W. Benjamin) hat keine Chance, diese Berge je abzutragen. Was bleibt, ist ein bewusst konstruktiver Schritt, der schlicht jede Schuld ablehnt und dafür die Bereitschaft bietet, Verantwortung zu übernehmen. Der Schritt von der Schuld zur Verantwortung ist – logisch betrachtet – der Schritt von einer 1st- zu einer 2nd-Order-Orientierung des Denkens. Oder anders: Verantwortungsübernahme gründet in Schuldeinsicht. Das ist in alteuropäischer Begrifflichkeit das Thema der Erbsünde: Denkt man etwa daran, dass der Mensch in genetischer Sicht die Komplexion der gesamten durch das Leben selbst evoluierten Informationen und Möglichkeiten darstellt, dann sind wir fraglos von besonderer Bedeutung und zumindest fähig, unsere Verantwortung *zu sehen*. Wenn wir sie aber sehen und nicht bedienen, werden wir schuldig. Was uns jeweils zufällt, ist damit eine Frage der Ebene, in der unsere Denkgewohnheiten siedeln. 1st Order lebt in Schuld und ist dabei doch schuldunfähig (vgl. Willensdebatte). Und auch 2nd-Order-Kompetenz kann die Berge nicht abtragen.

Will sie aber auch nicht, sie bewohnt sie stattdessen verantwortlich. Und macht aufmerksam auf die herrliche Aussicht.

Die Verantwortung des Einzelnen, das zeigt unser Schema, ist dabei kaum zu überschätzen, denn er besetzt die Stelle *aktiver Variation*. Nur er kann variieren, was die Gesamtstruktur des Schemas als Variationsmöglichkeit selektiert. Und nur ein Einzelner kann situativ (und wann und wo sonst?) diese variierten Variationen wieder selektiv variierend zurückbinden (kommunikativ *bestätigen/verwerfen*) in den Raum der Gesellschaft.

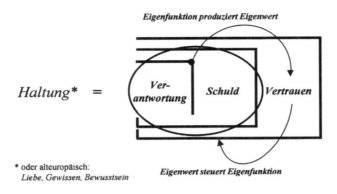

Abbildung 49[465]

Ein freier Markt würde aus der Sicht des Neun-Felder-Schemas nur funktionieren, wenn er tatsächlich ein freier Markt wäre und wenn zugleich der Referenzwert des Geldes wieder auf Waren- und Leistungswert begrenzt würde, um endlich Raum zu schaffen für das Werden höherer Referenzen[466] zur Bestimmung von Status und Eigenwert des Menschen. Man hatte Marx und seinem Sozialismus vorgeworfen, das kommunistische Modell in vorindustriellen Sozialstrukturen (mit dafür noch nicht reifen Menschen) historisch falsch platziert zu haben. Aber Adam Smith und die Verfechter des freien Markts trifft der gleiche Vorwurf bezüglich der berühmten *unsichtbaren Hand*: „Nachdem sie zunehmend unter Arthrose zu leiden begann, übernahm das Desiderat des wirtschaftlichen Wachstums selbst diese Funktion."[467]

---

[465] **Gewissen:** So wie der Begriff *Bewusstsein* aus den Tiefen der historischen Semantik bis in die kognitiv hochgerüsteten Selbstbewusstsein*e* der Gegenwart steigt, hat er es fast geschafft, seine Herkunft gänzlich zu leugnen. Der postmoderne *Mind* assoziiert hier gerne *Wachheit und Präsenz* – und das hier und jetzt. Schon seit Descartes hat der Begriff nichts mehr zu tun mit Gewissen, mit jenem Akt, der eigenes Verhalten in einen – zwar sozial vermittelten, aber wieder *eigenen* – Horizont besseren Wissens stellt, der die Qualität eigenen Entscheidens und Verhaltens jederzeit beurteilt.
Wen kein *gutes/schlechtes* Gewissen begleitet, der ist entweder biologisch krank oder er hat andere Gründe, die dies verhindern (Angst, Depression, Rationalisierungen …).
Gewissen meint Selbstbeobachtung und Letzteres produziert Bewusstsein.
[466] Mit Dirk Baecker lässt sich vermuten, dass ein solcher Referenzwert im Bereich dessen liegen wird, was mit dem Begriff Information umschreibbar ist. Das Ansehen des Menschen, sein Wert und Status, variieren mit dem Wert der Information, die er zu bieten hat.
[467] Luhmann, 1988, S. 99f.

Der freie Markt ist erst frei, wenn er sich aus seiner **Angst/Gier-Steuerung** befreit hat. Und dazu braucht er *neue Menschen*, die ihm neue Regeln geben. Oder anders: Auch der Markt muss auf eine Bildungsreform und die 2nd-Order-Kompetenz einer nächsten Gesellschaft hoffen.

Der Markt muss, um funktionieren zu können, wieder sehr einfach werden.[468] Was wir heute als *Markt* beobachten, ist *Chaos* im Sinne des Übergangs von einer Ordnung zu einer Ordnung höherer Stufe.

10.2 Chaos

Chaos ist **unberechenbar**, aber es hat doch seine eigene Ordnung. Chaos meint Selbstorganisation, Selbst**errechnung**. Nimmt man zum Beispiel einen tropfenden Wasserhahn, so hört man zunächst bei konstantem Durchfluss ein gleichmäßiges Tropfgeräusch. Steigert man den Durchfluss vorsichtig, wird das Tropfgeräusch schneller, bleibt aber zunächst in direkter Abhängigkeit vom gesteigerten Durchfluss gleichmäßig und linear berechenbar. Aber an einem bestimmten Punkt wird der Takt ganz plötzlich

---

[468] Schematischer Selbstbezug als Operationsorientierung empfiehlt zur Rekonstruktion einer positiven Realwirtschaft aus den Trümmern der Finanzwirtschaft natürlich eine global einheitliche Währung (im Sinne einer realwirtschaftlichen relativen Bestimmung der Währungen aneinander, was am einfachsten durch die Einführung einer globalen Währung funktioniert). Was wir im Moment haben, ist nur vergleichbar mit mehreren Blutgruppen und Untergruppen in nur einem Körper. Die chinesische Führung hatte vor kurzem (2009 und 2011) die Einführung einer globalen Referenzwährung gefordert. Weil das aber zurzeit vor allem Chinas Finanzposition gesichert hätte *(China kauft seit Jahren Dollar auf, um Wertsteigerungen der eigenen Währung Yuan entgegenzuwirken)*, war der Rest der Welt reflexartig dagegen – statt diesen ersten Schritt zu einer globalen Währung sofort aufzu-nehmen und einen gemeinsamen Weg dahin zu suchen.
Dazu die Tagesschau am 24.03.2009: **Neue globale Leitwährung gefordert**. Chinas Wirtschafts-Funktionäre … möchten eine dauerhafte Alternative zum Dollar schaffen. Und so lässt der Chef der chinesischen Zentralbank nun verlauten, man solle die sogenannten Sonderziehungsrechte des Internationalen Währungsfonds (IWF) zur neuen Leitwährung küren. (Vgl. http://www.tagesschau.de/wirtschaft/leitwaehrung100.html)
Und am 06.08.2011: **China rüttelt an der Leitwährung.** So scharf und deutlich war die Kritik aus China selten zuvor: Nach der Herabstufung der Kreditwürdigkeit der USA durch die Ratingagentur Standard & Poor's erhöht die Regierung in Peking den Druck auf die größte Volkswirtschaft der Welt. Als größter Gläubiger der einzigen Weltmacht habe China „jetzt alles Recht, von den USA zu fordern, dass diese ihr strukturelles Schuldenproblem in den Griff bekommen und die Sicherheit von Chinas Dollar-Vermögen sicherstellen", heiß es in einem Kommentar der staatlichen Nachrichtenagentur Xinhua. Die USA müssten ihre „Schuldensucht heilen", indem sie die Militär- und Sozialausgaben kürzten. Sonst sei die jetzige Herabstufung nur der „Auftakt" zu noch „verheerenderen" Bonitätsnoten. Xinhua ist das Sprachrohr der Pekinger Führung. (Vgl. http://www.tagesschau.de/ausland/ chinakritik102.html)

chaotisch. Es ist dies der Punkt, an dem die lineare Funktion als ein Ganzes mit sich selbst in Wechselwirkung tritt.

Die einzelnen Wassertropfen waren zuerst unverbunden, sie ergaben eine kontinuierliche Abfolge einzelner Tropfen. Aber als sie schneller und damit dichter wurden, begannen sich die Tropfen gegenseitig in ihrer Oberflächenspannung zu beeinflussen und in sich hin und her zu schwappen und schließlich zusammenzufließen, gleich auch noch den nächsten mitziehend und dadurch hinter diesem wieder eine größere Lücke schaffend. Für eine Darstellung dieser Entwicklung muss die lineare Beschreibung der Tropfenfolge mit der Wechselwirkung zwischen den Tropfen (und deren dadurch ausgelöstem inneren Hin- und Herschwappen) kombiniert werden.

Steigert man die Durchflussmenge weiter, kommt man schließlich wieder zu einer neuen Gleichmäßigkeit in Form eines kontinuierlichen Wasserstrahls. Aber der Übergang vom kontinuierlichen Tropfen zum kontinuierlichen Fließen ist chaotisch.

Und eben dieses Chaos ist das von uns zu erkundende Gebiet: Nutzt man dieses Bild als Metapher, dann liegt im Bereich des Chaos alles, was an Wissenswertem über Organisation und Vernetzung heute gesagt werden kann. Und natürlich erst recht auch alles, was über Evolution gesagt werden kann, denn die Theorie der Evolution will Heinz von Foersters *Maxwell'schen Dämon*[469] verstehen. Also den Aufbau von Komplexität und damit den Übergang von einer Ordnung zu einer höheren solchen. Niklas Luhmanns Gedanken zur gegenseitigen Steigerung von Individualität und Gesellschaftlichkeit zeichnen das Bild menschlicher Evolution analog zu obigem Wasserhahn, aber eben mit selbststeigernder Durchflussstärke. Und wir sind mitten im Chaos.

Auch logisch-mathematisch betrachtet: Lineare Logik reicht schon lange nicht mehr, um die Unregelmäßigkeiten der Tropfgeräusche zu erklären. Man versucht wegzuhören. Oder erfindet eine Fuzzy-Logik, die dann aber zu ganz anderen Problemen passt. Was wir nicht haben, ist eine Möglichkeit, die das Chaos tatsächlich (voraus-)berechnen kann.

Das Neun-Felder-Schema (Abbildung 50) zeigt die abstrakte Operationsdynamik des Chaos, also dessen Art und Weise, sich selbst zu ordnen. Dazu zeigt es für jede der neun logischen Positionen ein Set an Unterscheidungen, das sie in ihrem jeweiligen Unterscheiden orientiert. Die Dynamik dieser Orientierung führt, wenn sie stark genug wird, aus dem Chaos heraus in eine wieder einfache und doch höhere Ordnung. Das zu sehen orientiert die eigene Orientierung.

---

[469] Vgl. Füllsack, 2011, S. 236.

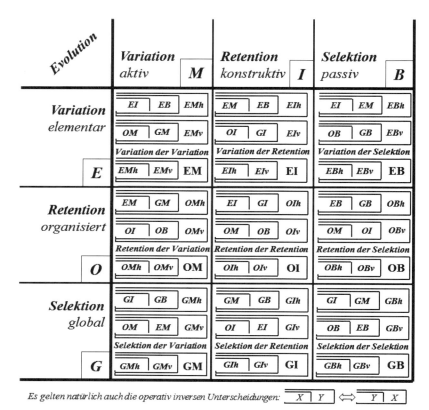

Es gelten natürlich auch die operativ inversen Unterscheidungen: $\boxed{X \mid Y} \Longleftrightarrow \boxed{Y \mid X}$

E... elementar, *O*... organisiert, *G*... global
M... mind, *I*... intention, *B*... body
h ... horizontal, *v* ... vertikal

Abbildung 50

Hätten wir also die Überschrift dieses Abschnittes doch besser *Geschichte der Evolution als Evolution der Geschichte* formulieren sollen? Wir brauchen auch hier wieder sowohl die eine als auch die andere Formulierung.

Natürlich ist Evolution auch Geschichte, das ist heute einfach zu sagen.[470] Aber was ist dann der Unterschied?

---

[470] Jedenfalls in Europa! In den USA könnte man bald wieder vorsichtig sein müssen; schließlich greifen da die Mormonen nach der Macht – und zwar mit dem Argument, die besseren Kapitalisten zu sein. Jedenfalls bleibt die Frage nach dem Unterschied von

Eigentlich auch einfach: Evolution wird Geschichte, sobald sie sich als solche selbst beobachten kann. Expliziter Selbstbezug verwandelt Evolution in Geschichte. Wenn das verstanden ist, dann endet dieser Tage, wie ja auch schon prominent behauptet[471] wurde, die Geschichte eben nicht, sondern sie kann vielmehr endlich anfangen: als die Geschichte des Menschen nach dem Wechsel von Zufall/Notwendigkeit (natürliche Ordnung) über Bestimmung/ Pflicht//Notwendigkeit (göttliche Ordnung) zu Freiheit/Verantwortung//Notwendigkeit (menschliche Ordnung).

Geschichte und Evolution, und der ist sicher keiner der Berechenbarkeit – Evolution ist nie trivial!

[471] Lyotard hatte das Diktum vom Ende der großen Erzählungen als Epochendiagnose der Postmoderne in den 1980er Jahren in die Diskussion gebracht. Nach dem Fall der Berliner Mauer (der selbst nach großer Erzählung roch) verlagerte sich die Thematik in eine Kontroverse um Francis Fukuyamas These vom *Ende der Geschichte*.

11 Macht, Wille und Freiheit

„Ganz entgegen dem üblichen Tenor der Machtkritik stellt Luhmann…fest, dass die Willkür eine gesellschaftliche Errungenschaft erster Ordnung ist. Denn Willkür im Sinne der Fähigkeit zu willkürlichen Entscheidungen ist identisch mit der Entdeckung von Freiheit schlechthin. Was sonst soll man unter Freiheit verstehen, wenn nicht die Möglichkeit zu unbedingten, also arbiträren Entscheidungen?"[472] Niklas Luhmanns Überlegungen[473] zur Möglichkeit von Freiheit nutzen das Schema der Kommunikation, denn die Idee der Freiheit braucht hier eine Form mit zwei Seiten, eine, die den Mut zur Willkür aufbringt, und eine zweite, die diese Willkür als solche beobachtet. Wo immer Machtverhältnisse herrschen (![474]), nötigt dies zur Einsicht, dass „man frei wäre, wäre man nicht der Macht unterworfen, sei es als Machthaber, sei es als Gehorchender oder als sich Widersetzender. Die Freiheit der Entscheidung ist ein Produkt der Ausübung von Macht, nicht etwa umgekehrt."[475] Erst in einer Situation der Einschränkung von Wahlmöglichkeiten werden diese *als solche* deutlich. Und erst konkrete Machtbeziehungen definieren einen Möglichkeitsraum freien Entscheidens.

Kein Mensch entgeht dieser Erfahrung der Relativität seiner Bestimmung und seiner Bestimmungsmöglichkeiten, die immer nur im Modus des Differenzgebrauches von Selbst-/Fremdreferenz zu haben sind. Oder anders: Jede Form von Freiheit ist notwendig relativ, weil abhängig von anderem, woran sie sich bestimmen muss. Der Gebrauch der Differenz *Einschränkung/Ermöglichung*[476] wird dabei zum konstitutiven Faktor jeder Form von Freiheitsgewinn.

Ist es etwa eine Einschränkung oder eine Ermöglichung, geboren zu sein? Und auch diese Frage kann nur die Einsicht bestätigen: Ermöglichung ist nur durch Einschränkung zu haben. Relativität erweist sich als Konstitutionsprinzip im Sein des Daseins. Wer *hier sein* will, muss das *jetzt tun* – muss sich selbst als eigenes Unterscheiden im *Kontinuum der Raumzeit* bezeichnen, um so als *Zeitraum* ihre *Distinktion* zu werden.

Jede Freiheit ist notwendig in einer Beschränkung gegründet. Und menschliche Freiheit baut damit ebenso notwendig immer auf bewusster und kommunizierter Selbstbeschränkung auf.

---

[472] Baecker, 2008, S. 31.
[473] Vgl. Luhmann, 1998, S. 355ff.
[474] Wir haben vor zu zeigen, dass Macht eben *nicht* herrschen kann.
[475] Baecker, 2008, S. 32.
[476] Dirk Baecker sieht in den Möglichkeiten, mit genau dieser Paradoxie umzugehen, eines der überzeugendsten Argumente für eine Verwendung des CI.

11.1 Willensfreiheit

Man kann das Pferd zum Wasser führen,
aber man kann es nicht zum Trinken zwingen.
Das Trinken ist seine Sache.
Aber selbst wenn das Pferd durstig ist, kann es nicht trinken,
solange Sie es nicht zum Wasser führen.
Das Hinführen ist Ihre Sache.[477]
Gregory Bateson

Das bisher Gesagte ändert das Anforderungsprofil des Begriffs **Willens-freiheit** im Vergleich mit älteren Semantiken, die noch zwischen Handlungs- und Willensfreiheit unterschieden hatten und unsicher waren, ob man nur **tun kann, was man will,** oder ob man auch **wollen kann, was man will.**

Eine konstruktivistische Sicht kann in solchen Fragen mit der These beginnen, dass es unmöglich ist, keinen freien Willen zu haben. Jeder Mensch **hat** den seinen und weiß zumeist auch, dass sich hier die Besitzverhältnisse nur allzu schnell auch umkehren können. Denn *Willensfreiheit* heißt nicht erst seit Schopenhauer bisweilen auch: frei sein von *der Plage durch eigenes Wollen*. Und mit dem Wunsch, sich vom eigenen Wollen lösen zu können, geht dann natürlich der Wunsch einher, sich auch von diesem Wunsch noch zu lösen.[478] Aber lässt sich dann wunschloses Glück noch von wunschlosem Unglück unterscheiden? War etwa auch *das* ein Einstieg in postmoderne Beliebigkeit, ein Einstieg in eine neue Suche – oder doch schon *Sucht* nach einem *Flow*, in dem *man* (wieder) *eins* wird mit dem, woran man eben gerade hängt: *Maschine*, Tempo, Geld und/oder Droge?[479]

Und damit sind wir auch schon im Zuständigkeitsbereich von Suchtmedizin und Suchtforschung angekommen, jenen Spezialdisziplinen, die wirklich in der Lage sein sollten, Auskunft zu geben über mögliche Freiheiten an der Willensfront: Die Frage, ob die Suchtforschung[480] heute

---

[477] Bateson, 1982, S. 128.

[478] Schopenhauer scheint in dieser Frage einer der ersten *Sucher* gewesen zu sein, die Lösungen in der buddhistischen Lehre vermuteten.

[479] Die Suche der Individuen nach ihrer Ganzheit erscheint hier schon als die moderne systemimmanente Sucht gesellschaftlich immer nur teilinkludierter Einzelner nach Totalinklusion.

[480] Die seit etwa zwei Jahrhunderten heraufdämmernde Suchtepidemie als Zentralpathologie der (post-)modernen Psyche fällt in die Rubrik „unerwünschte Nebenwirkungen" der Arznei Leitdifferenzwechsel von Teil/Ganzes auf System/Umwelt. Oder anders gesagt: Süchtige sind die Verlierer des Freiheitsgewinnes der Menschheit, die sich aus den Grenzen ihrer alten, einwertigen Ontologie und der dazugehörigen zwei-

weiß[481], was der Wille (oder eben doch sein angehender Besitzer) zu lernen hätte, um seine Freiheit zu finden: nämlich *Gebrauch statt Missbrauch* – des Lebens[482] –, muss hier offen bleiben.

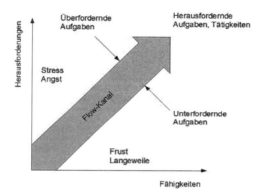

Abbildung 51[483]

---

wertigen Logik hervorzuwagen beginnt. (Vgl. Uchtenhagen/Zieglgänsberger, 2000, S. 8ff.)

[481] „Die Unklarheit, wie Drogenkonsum wirklich einzuordnen ist, verweist darauf, daß die gesellschaftlichen Auseinandersetzungen um den richtigen Umgang mit psychoaktiven Substanzen noch zu keinem klaren Ergebnis gelangt sind." (Uchtenhagen/ Zieglgänsberger, 2000, S. 582.)

[482] Sucht ergreift den ganzen Menschen, und daher kann die Kompetenz des Gebrauchs der Differenz *Gebrauch/Missbrauch* kaum je im Umgang eines Süchtigen mit seinem Suchtmittel erworben werden, sondern nur Resultat einer insgesamt gelungenen Erziehung sein.

[483] Abbildung: http://ibuddhismus.blogspot.co.at/2012/03/get-in-flow.html oder http://www.boxesandarrows.com/view/design-for-emotion.

Dirk Baecker schildert das Phänomen *Flow* am Beispiel eines Börsenmaklers und weist darauf hin, dass im heute heiß erstrebten Phänomen des *Flow* nicht unbedingt nur Positives oder gar schon Freiheit zu finden ist: Auch Mörder berichten vom *Flow*, in dem sie waren, während sie mordeten.

Und auch ein Broker im *Flow* ist gefährlich, wenn er Milliardengeschäfte im Sekundentakt macht, bis ein *dicker Finger* den *Flow* jäh stoppt (Phänomen des „dicken Fingers": Händler vertippt sich um einige Nullen und irritiert so den Markt mit einer massiven Verkaufsorder).

Gerade verlegt man ein neues Lichtfaserkabel zwischen den Börsen Londons und New Yorks, um durch die kürzere Übertragungszeit (etwa fünf Millisekunden) Vorteile im computerbasierten Börsengeschäft zu lukrieren. Bedenkt man die Kosten eines Tiefseekabels, muss einiges an Geld zu machen sein in diesem Spiel, das Computer schon nur noch untereinander ausmachen. Der Händler kann da nur zuschauen und das bringt kei-

Sicher ist nur, dass die Differenz *Gebrauch/Missbrauch* auch und gerade Drogen einzuschließen hat. Denn Drogen[484] machen selbstverständlich nicht süchtig, sondern der Süchtige macht sie zu seinen Suchtmitteln. Aber das tun Süchtige auch mit *Arbeit, Sex, Medikamenten* und *Lebensmitteln.* Und Drogen sind auch nicht kriminell, das werden sie erst im Spiel zwischen internationaler Verbotspolitik und organisiertem Verbrechen: Einer der größten Kriege der Gegenwart, der Drogenkrieg in Mexiko, hat bisher schon über 50 000 Menschenleben gekostet. Selbst bei einer abrupten völligen Drogenfreigabe (was sicherlich auch nicht besonders intelligent wäre), könnte es unmöglich so viele Opfer geben, wie all die großen und kleinen Drogenkriege samt Kollateralschäden heute produzieren.

Der Gebrauch der Differenz *Gebrauch/Missbrauch* gehört zur Basis dessen, was wir an verschiedenen Stellen dieses Textes **2nd-Order-Kompetenz** genannt hatten. Und *diese* Differenz vermittelt zugleich den **Sinn dieser Kompetenz**, denn sie verbindet 1st- und 2nd-Order-Wünsche, indem sie das (unmittelbare) **Brauchen**, das der Freiheit zu handeln (Handlungsfreiheit) entspricht, mit der Differenz **ge-/miss**brauchen beurteilt, was potenziell dem Vermögen entspricht zu wollen, was man will (Willensfreiheit).

Weil Willensfreiheit[485] eine Frage des Willens ist[486], muss auch sie Ziel und Grundlage von 2nd-Order-Kompetenz sein: Man **muss** frei sein **wollen**

---

nen Flow. Und ob die Computer schon genügend Bewusstsein haben, das sie ausblenden können, um vermittels der neuen fünf Millisekunden in den Flow zu kommen, muss zum gegenwärtigen Zeitpunkt noch bezweifelt werden.

[484] Eine prominente europäische Stimme, die in dieser Richtung argumentiert, ist Peter Sloterdijk. Akademische Diskussionen in den USA sind längst dabei, die zentrale Rolle und Dimension zu studieren, die *Kognitionsverbesserer* aller Art künftighin in der Gesellschaft spielen werden und durchaus auch spielen **sollen**. (Vgl. Metzinger, 2010, CD 2)

[485] Willensfreiheit wird notwendig sozial vermittelt und ist, damit tatsächlich ein Eigenes werden kann, was sozial vermittelt war, ebenso notwendig zusätzlich von einem Akt der Selbstübernahme (Kant) abhängig.

Sogenannte *primitive* Kulturen wussten dies noch und hatten ihre Einweihungsrituale, um Heranwachsenden diesen Schritt zugleich sozial zu vermitteln **und** individuell zu ermöglichen (die *Wilden* gingen dazu in die Wildnis, machten ihre eigene Erfahrung mit den Göttern, die natürlich allgegenwärtig sind, wenn man allein ist in der Wildnis – als Wilder, dem man zuvor gesagt hat, was ein Gott ist). Funktional haben wir Derartiges heute durch den **heimlichen Lehrplan** ersetzt, der eben vor allem eines lehrt: Wer frei sein will, muss seine Freiheit am System vorbei, trotz oder gegen das System, erlangen.

[486] Verantwortung dagegen nicht, denn zur Verantwortung gezogen wird jeder, ob er will oder nicht. Wer sich daneben benimmt, wird *behandelt*, ob mit oder ohne freien Willen und einer in diesem begründbaren Schuldfähigkeit. Etikettierungen variieren: Der eine landet im Zuchthaus, der andere in der Psychiatrie. Den einen behandelt man

– *und* bereit sein, es zu *lernen*. Das heißt: lernen, die sozial vermittelte[487] Idee einer *Verbindung von Freiheit und Wille* als Herausforderung zu lesen, sich im Kontext eigener Konditionierungen und Gewohnheiten zu hinterfragen, sich also selbst zu beobachten – beim Beobachten.

Die Aufforderung, *sich selbst beim Beobachten zu beobachten,* meint eine systemtheoretisch genau definierte Operation: Denn *Beobachten* bedeutet zunächst zu *unterscheiden* und zu *bezeichnen.* Und in seiner *Selbstbeobachtung* richtet sich das Beobachten auf sich selbst als Unterscheid**ung** *im Kontext ihrer Alternativen*, um im eigenen Unterscheiden das *Motiv* zu bezeichnen, das es zu ebendieser und nicht einer anderen, auch möglichen Unterscheidung bestimmt hatte. Selbstbeobachtung[488] ist damit *Dekonditionierung* – Motive, die man kennt, kann man auf Distanz halten. Und Selbstbeobachtung ist zugleich *Rekonditionierung*, weil man, um dies tun zu können, neue, andere Motive braucht. Der ganze Prozess, einmal in Schwung gekommen, meint dann eine permanente bewusste und kommunikativ getestete Selbstkonditionierung: abstrakte Blaupause jeder 2nd-Order-Anthropotechnik (siehe Abbildung 53).

Wille, mein / freier
Ich habe einen freien Willen:
Er tut was er will.
Er ist der blinde Fleck meine(r) Steuerung.

Mal verbindet er sich mit meinem ‚*body*'
und heißt dann Eros, Trieb und Gier.
Mal verbindet er sich mit meinem ‚*mind*',
um Thymos, Geist oder Geltungssucht zu werden.[489]

---

wegen seines freien Willens und dessen falschen Wollens, den anderen, weil diesem der freie Wille abhandengekommen zu sein scheint und *etwas* ihn zu Devianzen zwingt.
[487] Umweltkomplexität kann nur durch soziale Vermittlung so weit reduziert werden, dass sie als eine Anzahl funktionaler Äquivalente, die zur Wahl einladen, erscheint.
[488] „Selbstbeobachtung und Selbstbeschreibung haben, mit anderen Worten, einen Informationswert, aber nur deshalb, weil das System für sich selbst intransparent ist." (Luhmann, 1998, S. 886)
[489] Sowohl Eros als auch Thymos variieren in sich zwischen positiven und negativen Ausprägungen. Peter Sloterdijk sieht sie als die zwei Brennpunkte in einer Ellipse; es komme darauf an, sie im Gleichgewicht zu halten: *„Gier ist sicher ein zentrales Wort der nuller Jahre. Lassen Sie mich dazu kurz ausholen: Ich habe in meinem Buch* Zorn und Zeit *unterschieden zwischen Thymos und Eros. Sehr vereinfacht gesagt, ist Thymos das stolzgetriebene Bewusstsein, etwas geben zu können. Eros hingegen ist das Habenwollen, das mangelgetriebene Begehren. Im Idealfall pendeln sich Eros und Thymos aus. Aber wir haben unsere Kultur derart übererotisiert, dass das Habenwollen zum*

Nur wenn dieser Wille sich in seinen zwischen *Body* und *Mind* oszillierenden Identifikationen als ein Eigenes zu unterscheiden lernt, wird er (relativ) frei, sich wahlweise mit dem einen oder anderen zu identifizieren – oder auch gelegentlich beidem zu widerstehen. Erst dann wird der Wille zum Vermögen, in – sozial vermittelten – menschlichen Möglichkeitsräumen frei zu wählen, ohne dabei durch *sich selbst* oder *andere* schon vorbestimmt zu sein. Zu wählen auch ohne Angst vor der eigenen Gier, im Vertrauen auf die eigene *Haltung*, die gelernt hat, zwischen Schuld und Verantwortung zu unterscheiden, und die Verantwortung gewählt hat, weil dies die leichte Seite des Lebens ist, ihr freiwilliger, erhebender Aspekt, der positive Zirkel der Selbststeigerung.

11.2 Sein des Nicht-Seins

Was bringt es an Sicht und Einsicht, eine Theorie davon zu haben, wie das Beobachten beobachtet? Welche Fragen beantwortet eine solche Theorie angesichts der Todesgewissheit allen menschlichen Seins? Angesichts der ultimativen Unfreiheit des Sterben-Müssens?

Aber wäre das Fehlen des Todes nicht Leben-Müssen? Technisch gesehen wird die Menschheit Alter und Krankheit besiegen. Und erst dadurch wird der Tod in seiner wahren Bedeutung und Schönheit erkennbar werden.

Die Frage nach dem Wesen des Todes ist zunächst die Frage danach, was aus einem menschlichen Bewusstsein wird, nachdem es gestorben ist. Kann man tot *sein*? Welche Form von Operation wäre das?

Der Tod ist nicht Teil des Lebens! Eine aufgeklärte Aussage, mit der sich ein moderner und auch noch ein postmoderner Geist durchaus sehen lassen konnte. Und natürlich ist der Tod nicht Teil des Lebens. Aber der Tod ist nicht einfach *nichts*, ist nicht nihilistische Inexistenz. Der Tod ist nicht Teil des Lebens, aber sehr wohl Teil des Menschen.

Der Tod gleicht einem schwarzen Loch, so wie es im Zentrum jeder Galaxie zu finden ist. Die ungeheure Materieverdichtung im Zentrum führt zum Materiekollaps, der schließlich nicht zu einem Punkt unendlicher Dichte im Raum führt, sondern zu einem solchen Punkt in der Zeit. Schwarze Löcher sind ein Sog, der die Raumzeit als solche zu verschlingen scheint – es mag aber sein, dass diese schwarzen Löcher ihre eingesogene Energie noch im gleichen Moment als Urknall verausgaben, dass sie die Stelle sind, an der ein kosmischer Uroboros sich in den Schwanz beißt.

Leitaffekt wurde, es ist jetzt in keiner Weise mehr ausbalanciert durch das Gebenwollen. Der Slogan ‚Geiz ist geil‘ passte perfekt in die Zeit." (Sloterdijk: Die Freiheit ist das Opfer. Interview mit Sloterdijk, in: *Die Zeit*, 11.12.2008, Nr. 51.)

Man ist als *Bewusst*sein Teil des Lebens *und* des Todes. Schließlich macht es sehr wohl einen Unterschied in der Ewigkeit, ob man nie geboren wurde, nie gelebt hat – oder eben doch. Jedes Leben markiert die Ewigkeit mit seiner einzigartigen Vergänglichkeit. Spencer-Brown Kalkül zeigt diese komplexere Sicht auf die Frage nach dem Wesen des Tods: Sein ohne Nicht-Sein, Leben ohne Tod, *marked* ohne *unmarked* werden in der Notation des CI als Verengung auf nur die eine Seite einer funktionalen Differenz entlarvt. Jenseits der Raumzeit, die immer Zeit eines sich räumlich bewegenden Beobachtersystems ist, also im transdefiniten ewigen Hier-Jetzt eines beliebigen Bewusstseins, sind Leben und Tod immer zugleich gegeben.

Es ist die Differenz Sein/Nicht-Sein, die Bewusstsein produziert. Nicht der lebendige Körper alleine. Bewusstsein ist die Dauer des Vergänglichen und zugleich der Moment der Ewigkeit. Und es ist die Differenz Bewusstsein/Sein, also das Leben, das den Tod produziert. Man muss gelebt haben, um tot sein zu können. Es braucht aber zugleich die Differenz Bewusstsein/Nicht-Sein, also den Tod als ein *Nicht-Sein-Bewusst*sein, um (s-)ein Leben zu beabsichtigen, zu initiieren und zu produzieren.

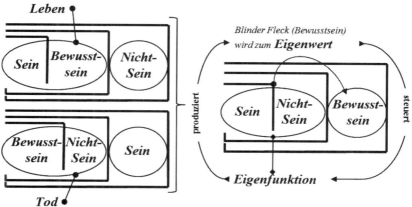

Abbildung 52

Neben Sein und Nicht-Sein ist Bewusstsein die dritte Entität, die nötig ist um Existenz funktional zu fassen. Sein und Nicht-Sein sind die basalen Einsen und Nullen der quantisierten Existenz. Und Bewusstsein ist das basale Analoge dazu, ist informierte Absicht, das basale Dritte zu Realität und Wirklichkeit (oder auch zu Materie und Energie).

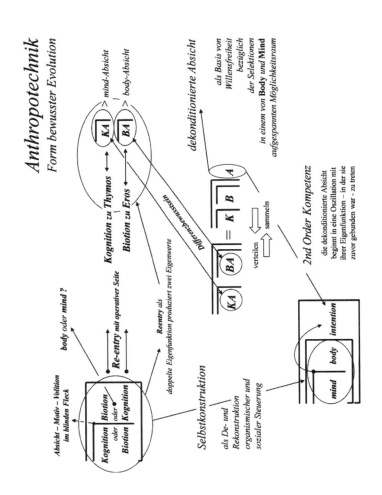

Abbildung 53

11.3 Unfrei?

Neurowissenschaftler hatten vorgeblich „bewiesen", dass wir keinen freien Willen haben.[490] Sie wiesen Versuchspersonen an, sich zu entscheiden, welchen Arm sie heben wollten und es dann zu tun – und konnten messen, dass der Impuls zum Heben der Hand schon ausgelöst war, noch bevor die Person fertig war mit ihrer Entscheidungsfindung. Das reicht: Der Delinquent „Aufklärung" (dessen Axiom gerade die Freiheit des Willens war) ist überführt – es gibt keinen freien Willen!

Aber andererseits – schon Heinz von Foerster wurde nicht müde zu betonen: „tests test tests".[491]

Was soll die arme Versuchsperson schon tun? Genötigt sich frei zu entscheiden, welchen Arm sie nun heben will, bleibt ihr nichts anderes übrig, als sich selber überraschen zu lassen: Denn sie hat da einfach *keine eigenen Absichten*. Oder technisch: Da macht nichts einen Unterschied, da ist kein irgendwie greifbares Motiv gegeben, da testet ein Test sich selbst. Und *er* ist durchgefallen.

Der Test misst einfach, wie sich eine Versuchsperson, die sich – hoffentlich freiwillig – für den Versuch zur Verfügung stellt und somit guten Willens ist mitzuspielen, der Aufgabe entledigt, sich in einer Angelegenheit frei zu entscheiden, die weder für sie selbst noch für sonst jemanden auf der Welt von irgendeiner Bedeutung ist (man lauscht dann einfach in sich hinein, um mitzubekommen, ob der Kollege (im Hirnareal x) schon ausgerechnet hat, was man denn da wollen soll. Und natürlich bemerkt der Wissenschaftler an den Messgeräten, dass wir haben *rechnen lassen*, statt uns selbst (Hirnareal y) die Mühe zu machen.)[492]

Noch scheinen wir einer Aufklärung verpflichtet, die immerhin (mit Kant) verstanden hatte, dass sie ihren Kindern Freiheit unterstellen muss, um ihnen die Chance zu geben, danach greifen zu lernen. Noch sind wir frei und daher verantwortlich. Jedenfalls im Zentrum unseres Menschseins, denn wo immer wir Entscheidungen treffen und dies auch anders tun könnten (und das betrifft alle *unentscheidbaren Fragen*, denn alle anderen sind schon entschieden, weil man sie ausrechnen kann und daher keine Entscheidung Platz hat), sind wir frei und für unser Entscheiden verantwortlich. Und das negiert keineswegs das Potenzial von Gewaltandrohungen

---

[490] Experimentell: Benjamin Libet 1979.

[491] Foerster, 2004, S. 67.

[492] Oder anders: Willensfreiheit ist nicht in den Oszillationen unseres Antriebes zu suchen, sondern in den Eigenwerten, die sie als unsere *Haltung* produzieren! Der Handelnde ist – schon mit Goethe – gewissenlos, aber gerade deshalb zeigt sich in seinem Handeln notwendig seine Haltung.

jeder Art, aber die Idee systemischer Geschlossenheit zwingt auch dann noch zur – *freien* – Entscheidung, wenn es darum geht, ob man sich denn lieber umbringen lassen will oder doch tut, was als Alternative vorgeschlagen wird.

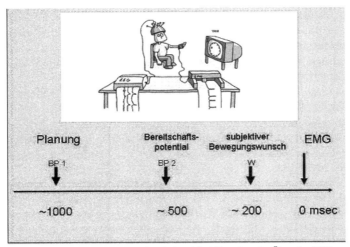

Schematische Darstellung des klassischen Libet-Experiments. Über das EMG definiert wird die tatsächliche motorische Bewegung als Zeitpunkt 0 definiert. Etwa 200 ms vor der Bewegung wird subjektiv der Bewegungswunsch wahrgenommen. 300 bis 800 ms früher können Bereitschaftspotentiale nachgewiesen werden

Abbildung 54[493]

11.4 Organisation der Freiheit

Führung heißt Sog erzeugen, nicht Druck machen.
Götz Werner

Moderne Organisationen sind als Exekutivorgane der funktional differenzierten Gesellschaft und ihrer Subsysteme entstanden. Dass sie als Form Verbindung von Gesellschaft und Individuum bilden, zeigt sich signifikant daran, dass sie in der Lage sind, „mit Systemen in ihrer Umwelt zu kom-

---

[493] http://www.uniklinik-freiburg.de/onlinemagazin/live/forschung/willen.html

munizieren. Sie sind der einzige Typ sozialer Systeme, der diese Möglichkeit hat, und wenn man dies erreichen will, muss man organisieren."[494]

Und Günther Teubner erkennt diese Möglichkeit von Organisationen, „selbst als ein an Kommunikation partizipierendes System" aufzutreten, als den „Ausgang der Gruppe aus ihrer selbstverschuldeten Unmündigkeit". [495]

Organisationen waren immer schon qua ihrer Mitglieder von Netzwerken durchzogen, auch unterwandert und im Rahmen ihrer Zwecksetzung durchaus auch selbst vernetzt. Aber erst in den letzten Jahrzehnten hat sich nach und nach herauskristallisiert, dass *Netzwerk und Organisation komplementär funktionieren*. Diese Komplementarität kommt in den Blick, sobald die Reproduktion der gesellschaftlichen Organisation aus den Operationen ihrer Elemente heraus erklärbar werden soll, weil man wissen will, wie Wandel funktioniert; ein Wandel, der erst im historischen Heute zum Grundthema (Operation) werden konnte, weil er erst jetzt schnell genug läuft, um auch innerhalb der individuellen Perspektive nach permanenter Neuorientierung und damit nach Selbstorientierung und nach 2nd-Order-Kompetenz in jedem Element dieser Gesellschaft verlangt. Nach 2nd-Order-Kompetenz, um in die Lage zu kommen, aus einer *kommunikativ global vernetzten gemeinsamen Wahrnehmung* heraus die Re-Organisation dieser Wahrnehmung zu kommunizieren. Wir denken hier die Idee globaler Verfügbarkeit von Information wieder auf gesellschaftlicher Ebene und diesmal zusammen mit jener Funktionalität, die etwa im *small-world*-Begriff gefasst ist und *globale Verfügbarkeit* netzwerktechnisch erst ermöglicht. In dieser globalen Komplementarität von Netz und Organisation gewinnt die Dynamik des globalen gesellschaftlichen Wandels ein radikal neues Moment: Der Wandel, von dem wir zwar sahen, dass wir ihn offensichtlich selbst verursachen, den wir aber trotzdem nicht zu steuern in der Lage waren, wird endlich tatsächlich ein *globaler* Wandel[496] und kommt damit erstmals in Reichweite möglicher Selbststeuerung.

Fasst man den Organisationsbegriff abstrakt, so lässt sich sagen, dass jede Form von *Abmachung*, die zwischen Menschen getroffen wird, als Vorentscheidung bezüglich künftigen Entscheidens der Abmachungspartner interpretierbar ist und diese daher tatsächlich organisiert. Organisa-

---

[494] Luhmann, 1998, S. 834.

[495] Teubner, 1987, S. 117.

[496] *Globale Einheit* – als Begriff scharf abgesetzt von der Versammlung aller *Nationalitäten*, die als *Internationalität* immer wieder den Raum für die Entwicklung einer gesunden Globalität verstellt und das Denken neoliberaler Dummheit überlässt. Man kann hier an John Lennons *Imagine* (1971) denken, das die 68er-Bewegung nochmals auf den Punkt gebracht hatte, und an die eigenartig negativ und unterbewertenden Kommentare zum 40. Jubiläum (2008) dieser ersten globalen Revolution.

tionen unterscheiden sich dann bezüglich der **Form**[497] ihrer Abmachungen – diese können von formal bis informal variieren (Armeeorganisation bis Liebespaar), aber natürlich ist in den beiden Extrempositionen der Unterschied *formal/informal* jeweils (als Reentry) rekonstruierbar.

11.5 Organisation und Führung – Kommunikation im Medium der Macht

Führung in Organisationen ist ein autologischer Begriff. Sie ist Teil der von ihr geführten Organisation.[498]

Wenn es um Führung geht, stellt die Kommunikation um von *Mitteilung, Information und Verstehen* auf *Anweisung, Information und Gehorsam*[499] – und ganz analog zu Heinz von Foersters Diktum (der Hörer, nicht der Sprecher, bestimmt die Bedeutung einer Mitteilung) heißt es dann: Der Gehorchende bestimmt, ob er folgt oder nicht.

Führung ist Kommunikation im Medium der Macht. Macht meint Freiheit, wenn beide Seiten einer Machtbeziehung einig sind – und auch anders könnten. Und vor allem: dies noch nicht vergessen haben.[500] Macht in einer 2nd-Order-Sicht (als Möglichkeit zur Freiheit) setzt auf beiden Seiten der Machtbeziehung *Abmachungsfähigkeit* voraus – als Selbstdispositionsvermögen zur partiellen Selbsttrivialisierung –, um im Rahmen der Abmachung rechenbar zu sein.

Eine Gesellschaft ist in eben dem Maße **frei** zu nennen, als ihre Führung Freiheit durch Macht zu produzieren in der Lage ist. Führung beansprucht dabei **Autorität**, die daran gemessen wird, dass sie Entscheidungen im Kontext ihrer Alternativen kommuniziert und sich damit dem Vergleich aussetzt und diesen positiv besteht. „Man kann sagen, dass sich Funktion

---

[497] Organisation durch Abmachungen: von impliziter, naiver Abmachung (*still*schweigend vorausgesetzt – Urvertrauen) bis zu expliziter, reflektierter Abmachung (ausgesprochen – Vertrag).
a) naive Abmachung   >   Orientierung *aneinander* (Produzent/Konsument)
b) reflektierte Abmachung   >   Kaufvertrag
c) Reflexion der Differenz a/b   > Wirtschaftswissenschaft, -politik …
[498] Vgl. Baecker, 2008, S. 68ff. und Simon, 2007.
[499] Mit dem Eintritt (*entry*) in eine Organisation wandelt sich George Spencer-Browns Anweisung: *Triff eine Unterscheidung* um in: Triff genau *diese* und nicht eine andere, ebenso gut mögliche, Unterscheidung. Man hat in Organisationen Entscheidungsprämissen zu akzeptieren – dies entscheidet über eine mögliche Mitgliedschaft.
[500] Führung asymmetrisiert Beziehungsrelationen (zwei freie Menschen machen zusammen einen Arbeitsvertrag – und werden so zu Chef und Untergebenem). Die Symmetrie, die diesen Vertrag ermöglicht und legitimiert, wird zumeist vergessen oder war nie bewusst geworden.

und Legitimation hierarchischer Unterordnung aus den besseren oder wichtigeren Umweltkontakten ergeben, die sich an der Spitze zentrieren lassen. Der Chef (…) transformiert Irritation in Information."[501]
Führungsstil ist damit ein wesentliches Merkmal jeder Kultur.

Für eine Kultur der Kulturen – also eine globale Kultur der Kulturbegegnung ist 2nd-Order-Kompetenz die Grundlage: als Fähigkeit, mit sich und anderen Abmachungen[502] zu treffen und hinter deren Asymmetrisierungen die grundlegende Symmetrie aller menschlichen Beziehungen zu erinnern. Wird sie vergessen, beginnt Herrschaft.[503]

11.5.1 Beratung

Beratung lebt von der Differenz *Rat/Tat* (Peter Fuchs). Und dass das Gewerbe heftig boomt, zeigt einen gesellschaftlichen Bedarf an Orientierung, der nicht mehr auf dem 1st-Order-Niveau von *Führung* organisiert werden kann. Beratung etabliert sich zunehmend als Führung der Führung. Und wenn es kompetente Beratung ist, zeigt sie alle Symptome einer systemischen Weltsicht, mit dem strikten Gebot, der impliziten Ethik jeder 2nd-Order-Orientierung zu folgen. Wie Führung, so ist auch Beratung ein autologischer Begriff, der einen Beratungs*prozess* meint, dessen Teil auch die Beratung selbst ist. Oder anders: Der Rat, der dann die Tat bestimmen soll, wird im beratenen System erzeugt. Rat meint das *Wie* des Findens eines Rates und dieses Wie, das dann das Was zu finden hat, ist selbst Konstrukt und nicht schon fertiges Produkt.

Beratung organisiert sich heute als Interface zwischen Netz und Organisation im impliziten Auftrag, den großen **Change**, den Umstieg zum autologischen Führungsprinzip, zur *Organisation der Selbstorganisation* zu managen.

Schon Friedrich Nietzsche hatte bemerkt, dass *das Schreibwerkzeug das Denken verändert*. Und Marshall McLuhan hatte das gleiche Phänomen bezüglich Computer in die Worte *the medium is the message* gefasst. Das aber ist die Basis der Herausforderung, mit der Beratung im Begriff *Chan-*

---

[501] Luhmann, 2000, S. 37.

[502] Definition: **Abmachungen** sind gemeinsam ins Bewusstsein gehobene Erwartungen und Erwartungserwartungen. Als Grundlage (Vorentscheidung der Entscheidungen) von Organisation sind sie das ausgezeichnete **Agens einer 2nd-Order-Redescription der menschlichen Evolution**.

[503] Und das ist schlimmer als ein Rückfall ins vormenschlich Tierische, denn so, wie es dem Menschen vorbehalten ist, Macht an Freiheit zu binden, so ist es ihm auch vorbehalten, Macht (einseitig) an Gewalt und Ohnmacht zu binden und zu Herrschaft verkommen zu lassen. Tiere binden Macht an Macht und ersparen sich die Differenz.

ge konfrontiert ist. Es geht um *das Verstehen* einer medial gewandelten Welt. Abbildung 56 zeigt Beratung als Form der Selbstorganisation.

11.5.2 Feedback

Feedback ist das zentrale 2nd-Order-Instrument der Kommunikation.

Wenn wir bezüglich psychischer Systeme von *Reflexion* sprechen, dann meinen wir gewöhnlich bereits 2nd-Order-Reflexion – wir denken über unser Denken nach, reflektieren unsere laufenden Reflexionen. Ohne diese Möglichkeit wären wir in unserer 1st-Order-Denke (in unseren gewohnheits-mäßigen Denkfiguren, Glaubenssätzen und tradierten Meinungen) vollständig gefangen – ohne dies auch nur bemerken zu können.

Analog zur 2nd–Order-Reflexion psychischer Systeme funktioniert *Feedback* für soziale Systeme: So wie in der Reflexion die Relation zwischen Denken und Denkinhalt bedacht und bewusst gemacht wird, so wird im Feedback die Relation zwischen Mitteilung und Verstehen als solche gespiegelt, also kommuniziert (*Verstehen* funktioniert für sich genommen schon analog als *1st-Order*-Reflexion des *Mitteilens*).

Und analog der Reflexion, die unser Denken befreit, indem sie dieses relativiert und mit neuen Möglichkeitsräumen (des Entscheidens) konfrontiert, ist der Feedbackprozess in der Lage, Kommunikation mit ihrer *Wirkung* vertraut zu machen und ihr dadurch alternative Möglichkeiten ihres Agierens (Operierens) nahezulegen.

Dass dabei immer psychische und soziale Systeme in ihrer Kopplung zu beobachten sind, ist evident: Reflexion und Feedback interpunktieren einander. Kommunikation und Bewusstsein wachsen aneinander, befinden sich im Prozess gegenseitiger Steigerung.

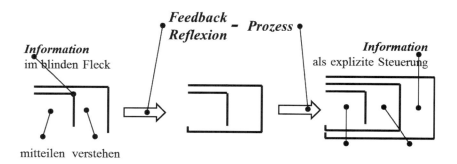

Abbildung 55

232

Die Qualität eines solchen Prozesses hängt davon ab, inwieweit es gelingt, die Teilnehmer am Prozess in ihren Feedbacks zur ausschließlichen Wieder-gabe der *Wirkung*, die eine Kommunikation auf sie hat, zu verpflichten und genau darauf zu achten, dabei keine Wertungen mit einfließen zu lassen. Und natürlich kommt es auch darauf an, die genannten Wirkungen umfassend und ehrlich – also möglichst authentisch – zu berichten. Das setzt gegenseitiges *Vertrauen* der Prozessteilnehmer voraus – Vertrauen, das als Resultat genau jenes Feedback-Reflexionsprozesses entstehen kann, für das es auch Voraussetzung ist.

Beratung heißt: solche Prozesse zu initiieren und ihre Qualität zu pflegen. Und zwar immer und von Anfang an, denn selbst ein Beratungsangebot, das ein Berater seinem Auftraggeber nach einer ersten Bestandsaufnahme der Lage erstellt, ist schon ein Feedback.

Beratung als Form der Selbstorganisation

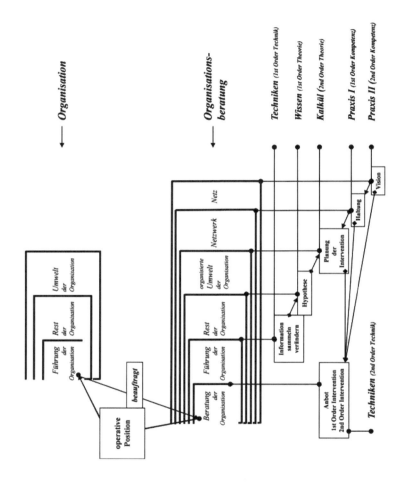

Abbildung 56

12 Mindestens Mindestsicherung?

Hier bin ich Mensch,
hier kauf ich ein.
Götz Werner

Götz Werner[504] war sicher einer der ersten unter den Zeitgenossen, die mit Nachdruck für ein Grundeinkommen[505] als Menschenrecht eintraten. Der Nachdruck dabei stammt aus der geistigen Fundierung, die Werner in seinem zentralen Argument findet. Es ist ein systemtheoretisches Argument, das funktionsanalytisch den Einbau individueller operativer Leistung in die Funktionalität des gesellschaftlichen Ganzen in dessen historischer Entwicklung prüft. Dabei wird eine operative Abfolge deutlich, in der jede Gesellschaft in ihrer Organisation jedes ihrer Individuen zuerst einmal erhalten muss, um dessen Leistungsbeitrag überhaupt zu ermöglichen. In einer Stammesgesellschaft muss in einem Stamm vom Kleinkind bis zum Häuptling jedes Individuum zuerst einmal vom Funktionsganzen, dem Stamm also, versorgt sein, damit jeder nach seinem Vermögen seinen Beitrag leisten kann. Und wer nicht kann, der wird mitversorgt. Soweit der Stamm kann.

Was wir heute in unserem globalen Stamm, im Stamm der Stämme, ein *Einkommen* nennen, ist das, was jeder Mensch braucht, um zu leben und um am gesellschaftlichen Leben teilnehmen zu können. *Einkommen* wird damit für Götz Werner zu einem *Bürgerrecht*.[506] Und weil *Vollbeschäftigung* reine Illusion ist, sind *Einkommen* und *Beschäftigung* zu trennen.[507]

---

[504] *Götz Wolfgang Werner,* Gründer und Aufsichtsratsmitglied von *dm-drogerie markt.* Bis September 2010 leitete Götz Werner das Interfakultative Institut für Entrepreneurship am Karlsruher Institut für Technologie, er ist Gründer der Initiative „Unternimm die Zukunft", Präsident des EHI Retail Institute e. V. (EHI) und Aufsichtsratsmitglied der GLS Gemeinschaftsbank. (http://de.wikipedia.org/wiki/G%C3%B6tz_Werner)

[505] Das Konzept des *bedingungslosen Grundeinkommens* sieht eine Zuwendung für jedermann vor. Es würde weder eine sozialadministrative Bedürftigkeitsprüfung erfolgen noch eine Bereitschaft zur Erwerbstätigkeit gefordert. Auf der anderen Seite entfallen alle allgemeinen steuer- und abgabenfinanzierten Sozialleistungen wie Arbeitslosengeld, Sozialhilfe oder Kindergeld und vor allem die Kosten für deren Administration. Inwieweit besondere soziale Bedürftigkeit gesondert berücksichtigt wird, ist bei den verschiedenen Modellen unterschiedlich vorgesehen. (Vgl. http://de.wikipedia.org/wiki/Bedingungsloses_Grundeinkommen)

[506] Was unter globalen Bedingungen *Menschenrecht* bedeutet.

[507] Die Finanzierung des Grundeinkommens ermöglicht sich für Götz Werner in der allmählichen Abschaffung der Einkommensteuer und der gleichzeitigen Erhöhung der

Was Götz Werner einfordert, ist eine im Grunde leicht einzusehende notwendige Korrektur der Folgen der gesellschaftlichen Differenzierung im Laufe der letzten Jahrtausende. Eine Korrektur mit dem Ziel, die Basis zwischenmenschlicher Beziehung wieder von Konkurrenz auf Freundschaft umzustellen. Jedem Menschen, das ist das Entwicklungsziel einer globalen Menschheit, ist die Teilhabe am planetaren Reichtum bedingungslos zu gewähren, und zwar als Ermöglichung seiner freiwilligen Teilnahme an den Prozessen des Erhalts und der Erneuerung dieses Reichtums. Schon Erich Fromm[508] war der Ansicht, *Grundeinkommen* sei eine uralte *Idee, deren Zeit gekommen ist.*

Keines der globalen Organisationsprobleme der Intelligenz dieses Planeten ist konstruktiv lösbar, solange das menschliche Potenzial in seinen elementaren Einheiten in überwiegender Anzahl in banalen Überlebenskämpfen gebunden bleibt und nur ein geringer Prozentsatz der Individuen die Möglichkeiten vorfindet, Freiheit und Horizont, also 2nd-Order-Kompetenz, zu entwickeln. Die Griechen (um aktuell zu sein) wurden nicht als Sklaven zu *den Griechen*, die sie einmal waren, sondern sind umgekehrt als Griechen versklavt worden.

Die vollständige Emergenz (positive Umsetzung des Potenzials) des Menschen braucht als Grundlage unverzüglich[509] die Verwirklichung eines einheitlichen globalen Wirtschaftsraumes auf Basis eines selbstverständlichen Grundeinkommens als Menschenrecht. Erst ab diesem Punkt kann das Potenzial des Menschen sich auch als dieses spezifisch menschliche Potenzial – nämlich im Möglichkeitsraum der Freiheit beziehungsweise im Freiraum seiner Möglichkeiten – voll entwickeln.

Niklas Luhmann hat nie behauptet, dass konkrete Individuen tatsächlich *unwichtig* wären für das Gesellschaftssystem, dass sie also *bloß* Umwelt des Systems wären; sie *sind* Umwelt in gleichem Sinne, wie es Neuronen für ein Bewusstsein sind. Und natürlich kann man Neuronen auf verschiedene Art und Weise verschalten und bekommt dann je komplexere oder weniger komplexe Gehirne und Gehirnleistungen, aber für den Schritt in die 2nd-Order-Kompetenz sind Gehirnleistungen nur notwendige Voraussetzung. Der Schritt als solcher funktioniert ausschließlich als sozial vermittelter Akt individueller Selbstübernahme, also nur über den Bezug auf

---

Mehrwertsteuer als *Konsumsteuer* auf 100 %. Im November 2005 gründete er dazu die Initiative *Unternimm die Zukunft*. Es gibt aber verschiedenste gangbare Wege und Modelle.

[508] Der als Philosoph, Psychoanalytiker, Sozialpsychologe und Autor gleichermaßen bekannte Erich Fromm wird in Sachen Grundeinkommen auch von Götz Werner immer wieder als Referenz genannt.

[509] D. h.: so schnell es denn gehen mag!

andere Gehirne, und ist damit gleichermaßen vom Potenzial des Bewusstseins wie auch von dem der Kommunikation abhängig.

Die Gesellschaft stellt der Gesellschaft jedenfalls gerade die medientechnischen Mittel zur Verfügung[510], die dafür sorgen, dass die Möglichkeiten individueller Freiheit (bei gleichzeitiger Steigerung gesellschaftlicher Effektivität und Möglichkeiten) neu gedacht werden können. In Wien entwickelt Manfred Füllsack beispielweise ein netzfähiges Doodle-System[511] (bekannt als *Terminkoordinationstool*), das vom Prinzip her ganz wie der CO2-Ablasshandel[512] funktioniert und das prinzipiell in der Lage scheint, Selbstorganisation in vielen Fragen medientechnisch so zu implementieren, dass *bottom up* und *bottom down* als Steuerungsbewegung in Schwingung geraten.[513] Möglicherweise braucht man mehrere Doodle-Ebenen, um dem System als Ganzem seine explizite, also bewusst

---

[510] Und genau dies bedeutet, dass sie auch zu nutzen sind, denn die Evolution ist ein fahrender Zug – wer aussteigt, ist draußen.

[511] Der *Job Sharing Doodle* ist ein Internet- und Smartphone-basiertes Koordinationsinstrument, das eine arbeitnehmerseitig organisierte Umverteilung bestehender Erwerbsarbeits- und Einkommensmöglichkeiten erlauben soll. Zum einen soll damit Personen, die aktuell über keinen Erwerbsarbeitsplatz verfügen, soziale Sicherheit in Form eines *bottom up*-organisierten Nicht-Arbeits- oder Grundeinkommens garantiert werden. Zum anderen soll es Personen, die ihr aktuelles Erwerbsarbeitspensum reduzieren möchten, Auszeiten von der Arbeit, etwa in Form sogenannter „Sabbaticals" ermöglichen. (Vgl. http://homepage.univie.ac.at/manfred.fuellsack/jsd/)

[512] Dem Verteilungsprinzip des *Job Sharing Doodles* liegt als „moralische Orientierung" – einem Vorschlag Bert Hammingas folgend – das Konzept *handelbarer Quoten* zugrunde, wie es aktuell zum Beispiel beim Handel von CO2-Emmissionsrechten im Rahmen des Kyoto-Protokolls zur Anwendung kommt.
Manfred Füllsack erprobt das System zunächst natürlich in relativ unproblematischen Feldern:
Da der Doodle allerdings primär Tauschgemeinschaften ins Auge fasst, die vergleichbare Arbeitsleistungen unter sich verteilen, fehlt diesen in der Regel die dazu nötige Größe. Der Marktpreis der Arbeitsanrechte, und damit die Höhe des Nicht-Arbeitseinkommens, bestimmt sich aus diesem Grund nicht über die *invisible hand* des Marktes, sondern über den Tâtonement-Prozess der Auktion.
Aus etwas anderer Perspektive betrachtet, fasst der Doodle sowohl Freizeit wie auch Einkommensmöglichkeiten als nachgefragte Ressourcen auf, die bei unterschiedlichen Teilen der Gesellschaft in unterschiedlichem Ausmaß vorhanden sind und gegeneinander getauscht werden. Der jeweilige Tauschwert dieser Ressourcen, also ihr Preis, bestimmt sich im Zuge der Auktion. (Vgl. http://homepage.univie.ac.at/manfred.fuellsack/jsd/an-rechtehandel/)

[513] Der Doodle Manfred Füllsacks ist ein Werkzeug der Selbstorganisation – und es könnte im Wirtschaftsleben (*Jobsharing*) die Frage auftauchen, ob hier nicht der Arbeitgeber übergangen wird, aber das übersieht, dass der *Job* bestimmt, was geteilt werden kann und was also zu tun ist. Nicht selten wird es die größere Übersicht des Chefs bezüglich solcher Möglichkeiten sein, die den Doodle einführt.

kommunizierte Selbststeuerung zu ermöglichen. Darüber muss man sich keine Sorgen machen, die technischen Entwicklungen werden sehr bald zur Verfügung stehen. Und man kann auf gleicher medientechnischer Grundlage durchaus auch über die Organisation direkter Demokratie nachdenken.

Manfred Füllsacks Doodle-Idee bietet bei genauer Betrachtung prinzipiell sogar die Möglichkeit der Selbstimplementierung der Idee eines Grundeinkommens – auch in globalem Stil.

Doch die technische Ermöglichung alleine ist nur Potenzial. Die *Verwirklichung* steht wieder vor den gleichen Fragen, die Manfred Füllsack in der Befürchtung äußert[514], dass jeder Schritt in Richtung Grundeinkommen[515] diese Idee einem Gezerre ausliefern wird, das sie verzerren muss und wird. Und das scheinen keine ganz unbegründeten Befürchtungen zu sein, bedenkt man, wie oft sich diese Idee schon zu Wort gemeldet hatte (bereits in der Bibel, und fast wäre sie Teil der US-Verfassung[516] gewor-

---

[514] Vortrag von Manfred Füllsack im Rahmen von **globart-2010.** (Vgl. http://zige.tv/wordpress/videos/work-in-progress-vortrag-von-manfred-fullsack-im-rahmen vonglobart-2010)

[515]Allerdings hat das Grundeinkommen, eben weil es auf größere Dimensionen zielt, ein grundlegendes Problem. Es unterliegt der „Alle-oder-Niemand"-Problematik: entweder erhalten es alle Mitglieder einer Gesellschaft oder niemand. (Vgl. http://homepage. univie.ac.at/manfredfuellsack/jsd/doodle-und-grundeinkommen/)

[516] Thomas Paine (1736–1809) war ein einflussreicher politischer Intellektueller, der gerne ein Grundeinkommen in die Verfassung der USA geschrieben hätte, sich aber bei den anderen Gründervätern der Vereinigten Staaten nicht ganz durchsetzen konnte. (Vgl. Historisches Lexikon der USA, 1979)

Paine formulierte seine Vorstellungen in einem Schreiben (*Agrarische Gerechtigkeit*, 1796) an das Direktorium der französischen Revolutionsregierung:

„Es ist eine unwiderlegbare Tatsache, dass die Erde in ihrer natürlichen, unkultivierten Beschaffenheit immer der gemeinsame Besitz der menschlichen Rasse war und sein wird. Wenn das Land kultiviert wird, ist es lediglich diese Wertsteigerung, die zu einem individuellen Besitz wird und nicht die Erde selbst. Jeder Besitzer sollte daher für kultiviertes Land eine Bodenpacht (ich weiß keine bessere Bezeichnung für diese Idee) entrichten für das Land, das er besitzt. Die Bodenpacht, die bei diesem Umsetzungsplan vorgeschlagen wird, fließt in einen Fonds. Aus diesem Fonds soll jedem Menschen beim Erreichen des 21. Lebensjahres die Summe von 15 Pfund Sterling ausgezahlt werden als ein Teilausgleich für den Verlust seines natürlichen Erbes durch die Einführung des Landeignersystems. Außerdem soll eine Summe von 10 Pfund Sterling pro Jahr an jede derzeit lebende Person ab fünfzig Jahren gezahlt werden und an alle anderen, ob reich oder arm, wenn sie dieses Alter erreichen. Diese Zahlungen stehen jedem Menschen zu, egal ob reich oder arm, anstelle seines natürlichen Erbes, auf das jeder Mensch ein Anrecht hat unabhängig vom Besitz, den er selbst angesammelt oder geerbt hat." (http://de.wikipedia.org/wiki/Bedingungsloses_Grundeinkommen)

den) und wo *man* – trotz alledem – heute erst mit ihr steht. Deshalb die Überschrift: Mindestens Mindestsicherung?[517]

Bedingungslose **Teilhabe** (passives Sorgeprinzip) ist ein notwendiges Geburtsrecht jedes Menschen. Und nur aus dieser Teilhabe heraus wird positive Teilnahme (aktives Sorgeprinzip) möglich. Die bedingungslose Teilhabe eines Individuums blieb in allen alten Gesellschaftsformen die selbstverständliche Grundlage ihrer Teilnahme während ihrer gesamten Lebenszeit. Schwache und Alte konnten immer sicher sein, im Rahmen der Möglichkeiten[518] ihrer Sozietät ihren *Teil zu haben*.

Moderne monetäre Verhältnisse haben diese teilhabende Basis für den überwiegenden Anteil der heute lebenden Menschen vernichtet. *Erwachsen-werden* heißt jetzt zumeist: sich Teilhabe durch Teilnahme erst einmal verdienen müssen. Das transformiert dann bisweilen sogar sinnvolle Arbeit in ungeliebte, aber eben doch notwendige Erwerbsarbeit.

---

[517] Die Menschen vertrauen einander nicht (man darf vermuten, dass auch das eine Folge des *Heimlichen Lehrplans* ist): An die 90% der Befragten gaben an, sicherlich weiterhin arbeiten zu wollen, gäbe es denn ein echtes Grundeinkommen, aber nur 20% vermuteten, dass auch andere dies tun würden. Und eben daher die immer noch breite Ablehnung (Vgl.: *Die Zeit*, 2009/06).

[518] Das hieß dann eben sehr oft auch (um hier nicht in Verdacht zu geraten, **gute alte Zeiten** beschwören zu wollen), dass man als Bedürftiger sicher sein konnte, zu jenen zu zählen, die als Erste verhungern würden.

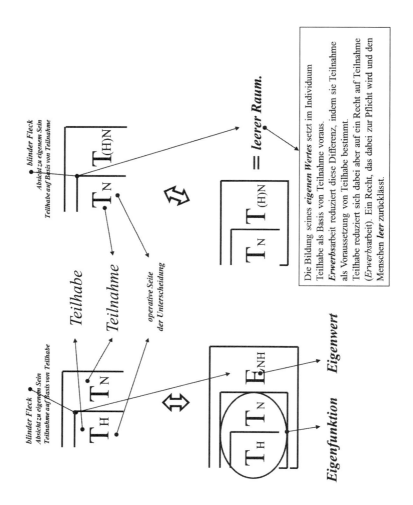

blinder Fleck
Absicht zu eigenem Sein
Teilhabe auf Basis von Teilnahme

T_N $T_{(H)N}$

Teilhabe

Teilnahme

operative Seite
der Unterscheidung

T_N $T_{(H)N}$ = *leerer Raum.*

Die Bildung seines *eigenen Wertes* setzt im Individuum Teilhabe als Basis von Teilnahme voraus. *Erwerbsarbeit* reduziert diese Differenz, indem sie Teilnahme als Voraussetzung von Teilhabe bestimmt. Teilhabe reduziert sich dabei aber auf ein Recht auf Teilnahme (*Erwerbsarbeit*). Ein Recht, das dabei zur Pflicht wird und den Menschen *leer* zurücklässt.

blinder Fleck
Absicht zu eigenem Sein
Teilnahme auf Basis von Teilhabe

T_H T_N

T_H T_N F_{NH}

Eigenfunktion   Eigenwert

Abbildung 57

240

13 Schlussbetrachtung

13.1 Ausblick

Wer die Menschen einst fliegen lehrt,
der hat alle Grenzsteine verrückt;
alle Grenzsteine selber werden ihm in die Luft fliegen,
die Erde wird er neu taufen – als ‚Die Leichte‘.
Friedrich Nietzsche

„Historisch gesehen leben wir in einer Umbruchzeit, oder anders gesagt, in einer Zeit, die erstmalig die wirklichen Konsequenzen der modernen Gesellschaft erfahren kann. Also einerseits die Konsequenzen einer monetären Wirtschaft, die alle älteren Formen von Ökonomie ruiniert, oder die ökologischen Konsequenzen der Technik, oder die Konsequenzen eines weit getriebenen Individualismus, in den Ansprüchen und Erwartungen einzelner Menschen. Das alles lässt sich, glaube ich, nicht mehr beantworten, wenn man auf älteren Theoriemustern philosophischer oder auch der älteren soziologischen Art aufbauen will. Man muss einfach die Realität, wie sie sich heute in der Gesellschaft darstellt, mit neuen Mitteln beschreiben, und dies in einer Weise, die allen Gebieten gerecht wird (…), man braucht schon eine Theorie der modernen Gesellschaft, die sehr breit angelegt ist (…), und das heißt eine, die in ihren theoretischen Grundlagen sehr abstrakt ist (…), und ich denke auch, dass man damit auf einen Orientierungsbedarf kommt.“[519] Heute, schon fast zwei Jahrzehnte, nachdem Niklas Luhmann diese Vermutung ausgesprochen hat, scheint nichts offensichtlicher als ebendies: Es gibt nicht nur Systeme, sondern auch deren Bedarf an Orientierung. Und Niklas Luhmann hat nicht nur sein Fach, die Soziologie, neu orientiert, sondern er hat darüber hinaus dem Denken insgesamt eine Fülle neuer Figuren und Formen vermittelt, die allesamt im Begreifen der operativen Grundlagen von *Orientierung* als solcher konvergieren. Den abstrakten Sammelpunkt dieser Konvergenz findet Luhmann im Kalkül Spencer-Browns, der im Zeichen des Reentrys *Selbstbezug als Selbstbeobachtung* bewusst macht und in die Kommunikation bringt.

---

[519] Niklas Luhmann in einem 1993 auf Samos im Rahmen einer Konferenz geführten Interviews, das im griechischen Fernsehen ausgestrahlt wurde. Luhmann war der Hauptredner der Konferenz, eingeladen wurde er von Dr. Panagiotis Karkatsoulis, der in den späten 80er Jahren Doktorand Luhmanns war. (Vgl. http://www.youtube.comwatch ?v=Bzq4BG9i9mA&feature=related)

Und genau in diesem Sinn ist der Mensch tatsächlich *der* Sonderfall der Evolution, das – soweit wir wissen – erste vollständig 2nd-Order-fähige Wesen auf diesem Planeten. Individuen beginnen heute sich ihrer Individualität vollständig bewusst zu werden. Ein Zeitgenosse weiß heute, dass er auf Selbstorganisation angewiesen ist, und er weiß, dass Selbstorganisation heißt, sich mit anderen zu vernetzen, um sich organisieren zu können. 2nd-Order-Kompetenz ist das Ziel der gegenseitigen Steigerung von Individuum und Gesellschaft. Es ist die historische Aufgabe der Gesellschaft, diese Kompetenzebene in jedem ihrer Elemente zu kultivieren, denn sie kann ihre eigene 2nd-Order-Kompetenz nur verwirklichen, wenn das auch eine qualifizierte Mehrheit ihrer Elemente zuwege bringt.

Was *qualifizierte Mehrheit* hier heißen könnte, lässt sich im Begriff einer **globalen Verfügbarkeit** skizzieren, so wie dieser von den Neurowissenschaften als Modell für Bewusstsein[520] erprobt wird. Regionale Rechenvorgänge im Hirn bleiben vorbewusst, nur Information, die global in einem gleichen Puls der Neuronen schwingt, wird zu Bewusstsein und macht damit dem System die eigene Steuerung zugänglich. Der Mensch trifft heute auf die Herausforderung, sich eben *das* bewusst zu machen, also bewusst zu kommunizieren, dass *er*[521], der Mensch, heute wirklich jeden einzelnen Menschen braucht – und möglichst jeden auf 2nd-Order-Niveau – anders kann er sein Ziel, sich selbst als die Selbsterkenntnis dieser Evolution zu verwirklichen, nicht erreichen.

Um das System zu befrieden, gibt es keine andere Möglichkeit, als diese Qualifikation in jedem neuen Individuum von Anfang an immer wieder und wieder zu kultivieren und zu fördern.

Das Neun-Felder-Schema kann dabei helfen, ein großes Hindernis auf diesem Weg zu beseitigen, indem es die älteste Einsicht der Soziologie bestätigt[522] und ein gewaltiges Vorurteil aus der Welt zu schaffen hilft. Denn **das System** als solches kann gar nicht anders, als das Wohl der aktuell lebenden Menschen als Basis seiner Selbstbeabsichtigung zu betreiben. Das System ist nicht *böse*, ist nicht gegen seine Elemente gerichtet. Aber auch nicht *gut* in dem Sinn, dass es sich um Einzelschicksale kümmern würde, wie einst Gott, der Herr.

---

[520] Vgl. Metzinger, 2010, CD 2.

[521] Und keine Angst, *er* weiß mittlerweile, dass er eine Differenz ist, eine produktive sogar, und dass seine beiden Seiten in einer wunderbar komplementären Relation zueinander stehen. Aus unserem Schema lässt sich auch lesen, dass das System **Führung als Paarposition** empfiehlt.

[522] Es war die Soziologie, die gleich mit ihrem Erscheinen die Relation Individuum/Gesellschaft als positives gegenseitiges Steigerungsverhältnis interpretieren wollte.

Das System will den evolutionären 2nd-Order-Flug. Wir sollen unsere Kinder aufs Fliegen vorbereiten, nicht auf *Erwerbs*arbeit. *Und alle Kinder*, sonst funktioniert der systemische Flug nicht. Und wer – so mag der (ewig gleiche) Einwand lauten – wird dann die **Drecksarbeit** erledigen? Fragen so jene, die solche Arbeit auch bisher nie getan hatten? Jedenfalls aber jene, die jedes Vertrauen in diese Menschheit verloren haben. Denn die neuen Sklaven werden natürlich unsere Maschinen sein, sie werden die genannten Arbeiten erledigen und so Erwerbsarbeit ersetzen! Wir können zwar noch nicht sicher sein, ob es gelingen wird, Bewusstsein technisch zu rekonstruieren[523], aber doch immerhin, dass unsere Maschinen uns ein solches erfolgreich vormachen werden können. Und das wird allemal reichen für jene Arbeiten.

13.2 Rückblick: Form elementarer Totalität

Physiker hatten, als sie daran gingen, aus ihrer Sicht die Welt zu berechnen, zunächst eine Vorstellung, ein Modell davon, was sie als *Substanz*[524] der Welt erkennen wollten. Sie hatten nach einer Form gesucht (Atom), in der diese Substanz denkbar (und damit vor allem auch: *rechenbar*) wird. Das war der naturwissenschaftliche Ausdruck des Übergangs von Was-Fragen bezüglich Materie zur Wie-Frage: Wie *atomt* das Atom, so dass es ein Atom *ist*? Wie errechnet es sich selbst, sodass wir wissen, wie es zu berechnen ist?

Mit einem nächsten Abstraktionsschritt kann man heute nach der elementaren **Form der Operation** als solcher fragen. Nach dem abstrakten *Wie* jeden *Wies*, das da irgendein *Was* produziert. Nach dem elementaren Tun (*Welten*) der Welt, nach dem **einfachsten Komplex**, der als operatives Strukturelement dazu dienen kann, den Aufbau des Selbstkonstruktionsprozesses der Welt (Evolution) zu verstehen. Nach der Form der **elementaren Totalität**[525] des Seins, die das operative Medium bildet, für die erscheinenden Formen des Daseins.

---

[523] Und möglicherweise werden wir nie ein anderes Prüfkriterium dafür haben als eben den berühmten Turing-Test. Aber für die sogenannte Drecksarbeit wird es auch reichen, wenn die Maschine nur so tut, als wäre sie intelligent, solange wir das nicht bemerken.

[524] Substanz – siehe Kapitel 3.3: Aus der Substanz über die Funktion zur Absicht.

[525] Wir haben mit dem Neun-Felder-Schema, das wir auch als Schaltplan selbstbezüglicher Operationalität vorgestellt hatten, nach der **Form** elementarer Totalität gefragt, nach dem einfachsten abstrakten Unterscheidungsarrangement, das die nötige Requisite Variety produziert, um seine Autopoiesis als Redundanz seines Operierens zu steuern.

Man fragt damit zugleich nach dem letzten impliziten Kontext allen Denkens und Rechnens, nach *der Form als der Errechnung einer Errechnung.*[526]

Die *Form* der elementaren Totalität versteht sich in soziologischer Perspektive primär als Antwort auf die Frage der strukturellen Kopplung (autopoietischer) (Sinn-)Systeme. Und damit auch auf die Frage nach der Bestimmung operativer Möglichkeiten, gegenseitige (existenzielle) Abhängigkeit *und* Autonomie zugleich zu entwickeln. Und das auch noch in einem Verhältnis gegenseitiger Steigerung. „In der Kybernetik und in den Kognitionswissenschaften wird dies als *linkage zwischen Schließung und Öffnung* verstanden."[527]

Akzeptiert man als Definition des *Elementaren,* es sei das *Nichts-Einschließende*[528], und des Gegenbegriffs der *Totalität,* sie sei analog das *Nichts-Ausschließende*, dann lässt sich die Vereinigung dieser beiden Operationen als *In-Begriff der Form* fassen: Form ist *elementare Totalität* als ein Nichts-Einschließendes, das als solches mit allem anderen verbunden ist.

Das Muster elementarer Totalität zeigt *Form* zunächst als Organisation eines *Mediums* durch das Mittel der Verbindung seiner *Elemente.* Und es zeigt diese *Form* in ihrer Einbindung in eine größere Form, für die sie selbst als elementare Form, also als *Element* funktioniert.

Die Struktur der operativen Verbindung dieser beiden Ebenen wird abstrakt als funktionales Diagramm zweier sich gegenseitig steuernder Prozesse darstellbar, die beide gedoppelt sowohl nach innen wie auch nach außen laufen.

In diesem Sinne zeigt sich (verdeutlicht am Beispiel *Mensch*) folgendes Bild der elementaren Totalität:

---

[526] Foerster, 1993, S. 53ff.
[527] Calm, 2004, S. 287.
[528] Ein solcher Ausdruck macht bezeichnenderweise nur in einer relativistischen Theorie Sinn: Ein *Nichts-Ein-* oder *Nichts-Ausschließendes* ist nur beobachterrelativ denkbar.

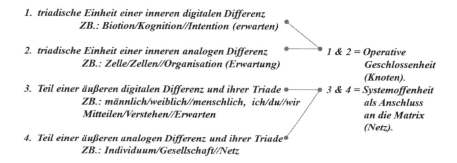

Elementare Totalität – oder:
eine operative Struktur, die als Knoten in einem Netz erscheint

1. *triadische Einheit einer inneren digitalen Differenz*
   ZB.: Biotion/Kognition//Intention (erwarten)

2. *triadische Einheit einer inneren analogen Differenz*   *1 & 2 = Operative*
   ZB.: Zelle/Zellen//Organisation (Erwartung)   *Geschlossenheit*
                                                                                        (Knoten).

3. *Teil einer äußeren digitalen Differenz und ihrer Triade* *3 & 4 = Systemoffenheit*
   ZB.: männlich/weiblich//menschlich, ich/du//wir   *als Anschluss*
   Mitteilen/Verstehen//Erwarten   *an die Matrix*
                                                                                        (Netz).

4. *Teil einer äußeren analogen Differenz und ihrer Triade*
   ZB.: Individuum/Gesellschaft//Netz

Abbildung 58

Das Schema eines menschlichen Individuums wird in Abbildung 59 als dessen erstes Feld in ein strukturisomorphes Schema der nächsthöheren Ebene (Gesellschaft) gestellt, um die vertikale Verbindung von Individuum und Gesellschaft als Operationszusammenhang (strukturelle Kopplung) zu fassen.

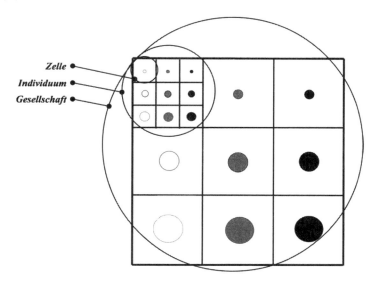

Abbildung 59

Das Schema verbindet mit diesen beiden Darstellungsebenen die elementarste menschliche Form, die Zelle, mit ihrer medialen Form, der Gesellschaft. Als Interface dient das Individuum, das Element, Form und Medium der ersten Ebene in sich vereint und so zum Element der zweiten Ebene wird.

An dieser Stelle sei nun nochmals betont, dass auch der Begriff *elementare Totalität,* so sehr er (scheinbar[529]) versucht, sich mit dem Duktus des Absoluten zu versehen, nur **beobachterrelativ** (hier aus der Perspektive des Menschen) verstanden werden kann, denn selbstverständlich könnte in einer nächsten Tiefe des Schemas, also an der Stelle, an der die einzelne Zelle residiert, ein weiteres 9er-Schema die Zelle als solche untersuchen und durchaus so weiter. Man wäre schnell wieder bei den Vakuumfluktuationen und beim Urknall. Elementare Totalität relativiert unsere schematische Sicht auf die Perspektive **eines Systems** und auf dessen systemisches Innenleben, das den Kontakt zu seiner Umwelt nur auf subsystemischer Ebene (physikalisch wäre das analog dazu *subatomar,* also nur quantenmechanisch fassbar) herstellen kann. Für die Gesellschaft ist der *subatomare* Bereich die Wahrnehmung. Und das Studium dieser Wahrnehmung, das Kontakt zur Umwelt bedeutet, gelingt im Blick auf die Elementarteilchenebene der Kommunikation, also im Blick auf das Mitteilen und Verstehen von wahrgenommener Information und ihrer Verdichtung zu einer Erwartungsstruktur, die einen erfolgreichen Umgang mit dem Rest der Welt ermöglicht. Hier treffen Individuum und Gesellschaft, aus unterschiedlichen Richtungen kommend, zusammen. Das Individuum von unten, quasi aus dem Staub der Welt, und Gesellschaft von oben, quasi vom Himmel, denn sie war aus der Sicht des Einzelnen schon da und wird da bleiben, auch wenn er schon wieder zu Staub geworden ist. Kein Wunder also, dass nach Nietzsche und Gottes Tod die Gesellschaft in Verdacht geraten war, (unter Luhmann ganz heimlich) Gottes Nachfolge angetreten zu haben. Aber man kann beruhigen, wenn das beruhigen kann: In einer relativen Welt ist nur die Relativität absolut. Oder anders: Gott ist Beziehung, ist Bezug, genau wie das Selbst des Menschen.

Wenn Gott und Mensch sich so nahekommen konnten, dass sie bisweilen kaum noch unterscheidbar scheinen, mag man sich vielleicht fragen, was das für eine mögliche Zukunft dieser Menschheit bedeuten könnte. Bisher kennen wir Bilder des Jüngsten Gerichtes, die uns in Himmel oder Hölle auf ewig fixieren, und solche, die uns irgendwann, irgendwie, in kosmischen Dimensionen gemessen aber jedenfalls schon sehr bald, in den Tiefen des evolutionären Wandels spurlos verschwinden sehen. Da ist kei-

---

[529] Tatsächlich relativiert er ein jeweils Elementares am jeweils Totalen.

nerlei Freiheit angedacht. Da schlägt die Willkür Gottes zu oder aber der Determinismus der Naturgesetze.

Freiheit, die Freiheit, die wir meinen, menschliche Freiheit, ist ein 2nd-Order-Phänomen. Sie resultiert technisch aus einer Anwendung der Naturgesetze auf diese selbst. Das wird in historisch-naher Zukunft unsere größte Unfreiheit, das Sterben-Müssen, in eine besondere Freiheit transformieren, in die Möglichkeit und Herausforderung eines frei bestimmten, positiven Freitods.

Wesentlich aber beobachtet Freiheit eigenes und fremdes Beobachten beim Beobachten. Und eben das befreit aus der Enge einer je eigenen Perspektive, weil neben dieser auch die eines jeden Gegenübers (an-)erkannt sein will. Und nur so weitet sich der Horizont zu einem globalen Wir, aus dem heraus ein neues, globales Ich sich melden kann.

Die Hoffnung des Menschen ist der Mensch.

14 Literatur

Aderhold, Jens/ Kranz, Olav (Hrsg.) (2007): Intention und Funktion. Probleme der Vermittlung psychischer und sozialer Systeme. Wiesbaden: VS Verlag für Sozialwissenschaften.

Agamben, Giorgio (2008): Das Sakrament der Sprache. Berlin: Suhrkamp.

Baecker, Dirk (Hrsg.) (1993a): Kalkül der Form. Frankfurt am Main: Suhrkamp.

Baecker, Dirk (Hrsg.) (1993b): Probleme der Form. Frankfurt am Main: Suhrkamp.

Baecker, Dirk (1997): *George Spencer-Brown und der feine Unterschied*, in: Frankfurter Allgemeine Zeitung, 14.10.1997, Nr. 238 / Seite L38.

Baecker, Dirk (1999): Organisation als System. Frankfurt am Main: Suhrkamp.

Baecker, Dirk (2001): Why Systems? Theory Culture Society. The TCS Centre, Nottingham Trent University. http://tcs.sagepub.com/cgi/content/ab-stract /18/1/59 (Download 1.2.2010).

Baecker, Dirk (2002): Wozu Systeme? Band 4. Berlin: Kulturverlag Kadmos.

Baecker, Dirk (2003): Wozu Kultur? Berlin: Kulturverlag Kadmos.

Baecker, Dirk (Hrsg.) (2005): Schlüsselwerke der Systemtheorie. Wiesbaden: VS Verlag für Sozialwissenschaften.

Baecker, Dirk (2005b): Kommunikation. Stuttgart: Reclam.

Baecker, Dirk (2007): Studien zur nächsten Gesellschaft. Frankfurt am Main: Suhrkamp.

Baecker, Dirk (2007b): Form und Formen der Kommunikation. Frankfurt am Main: Suhrkamp.

Baecker, Dirk/ Hutter, Michael/ Romano, Gaetano/ Stichweh, Rudolf (Hrsg.) (2007): Zehn Jahre danach. Niklas Luhmanns „Die Gesellschaft der Gesellschaft". Soziale Systeme. Zeitschrift für Soziologische Theorie. Jg. 13, Heft 1+2. Stuttgart: Lucius & Lucius.

Baecker, Dirk (2008): Die Sache mit der Führung. Wiener Vorlesungen. Wien: Picus Verlag.

Baecker, Dirk/ Kettner, Matthias/ Rustemeyer, Dirk (Hrsg.) (2008): Über Kultur. Theorie und Praxis der Kulturreflexion. Bielefeld: Transcript Verlag.

Baecker, Dirk (Hrsg.) (2009): Kapitalismus als Religion. Berlin: Kulturverlag Kadmos.

Baecker, Dirk/ Bolz, Norbert/ Fuchs, Peter/ Gumbrecht, Hans Ulrich/ Sloterdijk, Peter (2010): Luhmann Lektüren. Berlin: Kulturverlag Kadmos.

Baecker, Dirk (2011): Observing Networks, presented at the congresses „Self-Organization and Emergence", Vienna, November 10–13.

Baraldi, Claudio/ Corsi, Giancarlo/ Esposito, Elena (1997): GLU. Glossar zu Niklas Luhmanns Theorie sozialer Systeme. Frankfurt am Main: Suhrkamp.

Barthes, Roland (1964): Mythen des Alltags. Frankfurt am Main: Suhrkamp.

Bateson, Gregory (1985): Ökologie des Geistes. Anthropologische, psychologische, biologische und epistemologische Perspektiven. Frankfurt am Main: Suhrkamp.

Bateson, Gregory/ Holl, Hans Günter (2005): Geist und Natur. Eine notwendige Einheit. Frankfurt am Main: Suhrkamp.

Bedorf, Thomas/ Fischer, Joachim/ Lindemann, Gesa (Hrsg.) (2010): Theorien des Dritten. Innovationen in Soziologie und Sozialphilosophie. München: Fink.

Benjamin, Walter (2009): Kapitalismus als Religion. In: Baecker, Dirk (Hrsg.): Kapitalismus als Religion. Berlin: Kulturverlag Kadmos.

Blume, Ramita (2012): Ethik hat keinen Namen. Erziehung als Anthropotechnik bewusster Evolution von Individuum und Gesellschaft. Heidelberg: Carl-Auer- Systeme-Verlag.

Blumenberg, Hans (1998): Paradigmen zu einer Metaphorologie. Frankfurt am Main: Suhrkamp.

Blumenberg, Hans (2006): Arbeit am Mythos. Frankfurt am Main: Suhrkamp.

Brauns, Jörg (Hrsg.) (2002): Form und Medium. Weimar: VDG Verlag und Datenbank für Geisteswissenschaft.

Brock, Ditmar/ Junge, Matthias/ Diefenbach, Heike/ Keller, Reiner/ Villányi, Dirk (2009): Soziologische Paradigmen nach Talcott Parsons. Eine Einführung. Wiesbaden: VS Verlag für Sozialwissenschaften.

Brock, Ditmar/ Junge, Matthias/ Krähnke, Uwe (2007): Soziologische Theorien von Auguste Comte bis Talcott Parsons. München: Oldenbourg.

Büttemeyer, Wilhelm (Hrsg.) (2005): Philosophie der Mathematik. Band 16. Freiburg/München: Alber.

Burkart, Günter (Hrsg.) (2004): Luhmann und die Kulturtheorie. Frankfurt am Main: Suhrkamp.

Clam, Jean (2004): Kontingenz, Paradox, Nur-Vollzug. Konstanz: UVK Verlagsgesellschaft.

Crutzen, Paul J./ Mastrandrea, Michael D./ Schneider, Stephen H./ Sloterdijk, Peter (2011): Das Raumschiff Erde hat keinen Notausgang. Edition Unseld. Berlin: Suhrkamp.

Deleuze, Gilles/ Guattari, Félix (1976): Rhizom. Berlin: Merve Verlag.

Derrida, Jacques (1976): Die Schrift und die Differenz. Frankfurt am Main: Suhrkamp.

Derrida, Jacques (2004): Die différance. Ausgewählte Texte. Stuttgart: Reclam.

Dür, Wolfgang (2008): Gesundheitsförderung in der Schule. Empowerment als systemtheoretisches Konzept und seine empirische Umsetzung. Bern: Hans Huber.

Esslinger, Eva/ Schlechtriemen, Tobias/ Schweitzer, Doris/ Zons, Alexander (2010): Die Figur des Dritten. Ein kulturwissenschaftliches Paradigma. Berlin: Suhrkamp.

Feuerbach, Ludwig (1996): Vorläufige Thesen zur Reformation der Philosophie. In: Jaeschke, Walter (Hrsg.): Entwürfe zu einer Neuen Philosophie. Hamburg: Meiner.

Foerster, Heinz von (1981): Observing Systems. Seaside, CA: Intersystems Publications.

Foerster, Heinz von (1993): Wissen und Gewissen. Versuch einer Brücke. 3. Auflage. Frankfurt am Main: Suhrkamp.

Foerster, Heinz von (1993b): KybernEthik. Berlin: Merve Verlag.

Foerster, Heinz von (1999): Sicht und Einsicht. Versuche zu einer operativen Erkenntnistheorie. Heidelberg: Carl-Auer-Systeme-Verlag.

Foerster, Heinz von/ Glasersfeld, Ernst von (1999b): Wie wir uns erfinden. Heidelberg: Carl-Auer Systeme Verlag.

Foerster, Heinz von/ Bröcker, Monika (2002a): Teil der Welt. Fraktale einer Ethik – ein Drama in drei Akten. Heidelberg: Carl-Auer-Systeme-Verlag.

Foerster, Heinz von (2002b): Der Anfang von Himmel und Erde hat keinen Namen. Eine Selbsterschaffung in 7 Tagen. Hrsg. v. Karl H. Müller u. Albert Müller. Berlin: Kadmos.

Foerster, Heinz von/ Pörksen, Bernhard (2004): Wahrheit ist die Erfindung eines Lügners. Gespräche für Skeptiker. 6. Auflage. Heidelberg: Carl-Auer-Systeme-Verlag.

Ford, Kenneth W. (1966): Die Welt der Elementarteilchen. Heidelberg: Springer.

Fuchs, Peter (2002): Die Beobachtung der Medium/Form-Unterscheidung. In: Brauns, Jörg (Hrsg.): Form und Medium. Weimar: VDG Verlag und Datenbank für Geisteswissenschaft.

Füllsack, Manfred (2011): Gleichzeitige Ungleichzeitigkeiten. Eine Einführung in die Komplexitätsforschung. Wiesbaden: VS Verlag für Sozialwissenschaften.

Gadamer, Hans-Georg (1987): Neuere Philosophie I. Hegel, Husserl, Heidegger. Tübingen: Mohr.

Geyer, Christian (Hrsg.) (2004): Hirnforschung und Willensfreiheit. Zur Deutung der neuesten Experimente. Frankfurt am Main: Suhrkamp.

Glasersfeld, Ernst von (1997): Radikaler Konstruktivismus. Ideen, Ergebnisse, Probleme. Frankfurt am Main: Suhrkamp.

Glasersfeld, Ernst von (2005): Zwischen den Sprachen. Eine persönliche Geschichte des Radikalen Konstruktivismus. Köln: c + p supposé.

Greve, Jens/ Schnabel, Annette (Hrsg.) (2011): Emergenz. Zur Analyse und Erklärung komplexer Strukturen. Frankfurt am Main: Suhrkamp.

Günther, Gotthard (1976): Idee und Grundriss einer nicht-aristotelischen Logik. http://www.vordenker.de/downloads/grndvorw.pdf (Download am 1.1.2010).

Günther, Gotthard (1979): *Identität, Gegenidentität und Negativsprache*. Vortrag auf dem Internationalen Hegel-Kongress, Belgrad. Hegeljahrbücher 1979, S. 22–88. http://www.vordenker.de/ggphilosophy/gunther_identitaet.pdf (Download am 2.2.2012).

Günther, Gotthard (1980): Beiträge zur Grundlegung einer operationsfähigen Dialektik. Band 3. Hamburg: Meiner.

Günther, Gotthard (1980b): *Maschine, Seele und Weltgeschichte*. In: G. Günther: *Beiträge zur Grundlegung einer operationsfähigen Dialektik*. Band 3. Hamburg: Meiner, S. 211–235. http://www.vordenker.de/ggphilosophy/gg_maschine-seele-weltgeschichte.pdf (Download am 2.2.2012).

Günther, Gotthard (2000): Die Amerikanische Apokalypse. Ideen zu einer Geschichtsmetaphysik der westlichen Hemisphäre. Aus dem Nachlass herausgegeben und eingeleitet von Kurt Klagenfurt. München, Wien: Profil Verlag.

Günther, Gotthard (2002): *Erkennen und Wollen*. Eine gekürzte Fassung von *Cognition and Volition*. In: *Cybernetics Technique in Brain Research and the Educational Process*. Fall Conference of American Society for Cybernetics. Washington D.C. Dt. http://www.vordenker.de/ggphilosophy/e_und_w.pdf (Download am 3.2.2012).

Guitton, Jean/ Bogdanoff, Grichka/ Bogdanoff, Igor (1993): Gott und die Wissenschaft. München: Artemis und Winkler.

Hartmann, Nicolai (1950): Philosophie der Natur. Berlin: de Gruyter.

Hegel, Georg Wilhelm Friedrich (1986): Phänomenologie des Geistes. Werke 3. Frankfurt am Main: Suhrkamp.

Heidegger, Martin (2000): 4 Abteilungen: Gesamtausgabe. Bd. 16, Reden und andere Zeugnisse eines Lebensweges 1910–1976. Frankfurt: Klostermann.

Heidegger, Martin (2006): Sein und Zeit. Tübingen: Niemeyer.

Heidegger, Martin (2008): Identität und Differenz. Stuttgart: Klett-Cotta.

Heidegger, Martin (2009): Von der Sache des Denkens. Vorträge, Reden und Gespräche aus den Jahren 1952–1969. Audiobook. Audio-CD. Der Hörverlag.

Heinsohn, Gunnar (2008): Söhne und Weltmacht. Terror im Aufstieg und Fall der Nationen. München, Zürich: Piper.

Heisenberg, Werner (2010): Der Teil und das Ganze. Gespräche im Umkreis der Atomphysik. München, Zürich: Piper.

Hoffmann, Dirk W. (2011): Grenzen der Mathematik: Eine Reise durch die Kerngebiete der mathematischen Logik. Ulm: Spektrum Akademischer Verlag.

Holzer, Boris (2009): Theorie der Netzwerke oder Netzwerk-Theorie? Ein Call for Papers für einen Artikel. In: *Soziale Systeme*, Zeitschrift für soziologische Theorie. Luzern: Lucius & Lucius.

Holzer, Boris (2010): Netzwerke. Bielefeld: Transcript Verlag.

Horster, Detlef (1997): Niklas Luhmann. 2. Auflage. München: Beck.

Huber, Hans Dieter (1991): Interview mit Niklas Luhmann am 13.12.90 in Bielefeld. In: Texte zur Kunst, Vol. I, No.4 , S. 121–133.

Jung, Arlena (2009): Identität und Differenz. Sinnprobleme der differenzlogischen Systemtheorie. Bielefeld: Transcript Verlag.

Kaehr, Rudolf (1993): Disseminatorik: Zur Logik der „Second Order Cybernetics". Von den „Gesetzen der Form" zur Logik der Reflexionsform. In: Baecker, Dirk (Hrsg.): Kalkül der Form. Frankfurt am Main: Suhrkamp.

Kaehr, Rudolf (2004): Skizze eines Gewebes rechnender Räume in denkender Leere. Edition 2004: http://www.vordenker.de/ggphilosophy/kaehr_skizze_36-120.pdf (Download am 2.2.2011).

Kauffman, Louis H. (2005): EigenForm. In: Kybernetes, Vol. 34, No. 1/2. www.emeraldinsight.com/0368-492X.htm (Download am 8.2. 2012).

Kauffman, Louis H. (2005b): Das Prinzip der Unterscheidung. In: Baecker, Dirk (Hrsg.): Schlüsselwerke der Systemtheorie. Wiesbaden: VS Verlag für Sozialwissenschaften. S. 173–190.

Kauffman, Louis H. (2011): Eigenforms and Quantum Physics. Aufsatz zum 100. Geburtstag Heinz von Foersters. http://arxiv.org/ftp/arxiv/papers/1109/1109.1892.pdf (Download am 6. 3. 2012).

Kauffman, Stuart (1996): At Home in the Universe: The Search for the Laws of Self-Organization and Complexity. Oxford University Press.

Khinchin, A. I. (1957): Mathematical foundations of information theory. New York: Dover Publications.

Kieserling, André (1999): Kommunikation unter Anwesenden: Studien über Interaktionssysteme. Frankfurt am Main: Suhrkamp.

Kittler, Friedrich (1993). Real Time Analysis, Time Axis Manipulation. In: Draculas Vermächtnis. Leipzig: Reclam. S. 182–206.

Klagenfurt, Kurt (1995): Technologische Zivilisation und transklassische Logik. Eine Einführung in die Technikphilosophie Gotthard Günthers. Frankfurt am Main: Suhrkamp.

König, Eckhard/ Volmer, Gerda (2008): Handbuch Systemische Organsiationsberatung. Weinheim, Basel: Beltz.

Königswieser, Roswita/ Hillebrand, Martin (2011): Einführung in die systemische Organisationsberatung. Heidelberg: Carl-Auer-Verlag.

Krämer, Sybille (1998): Form als Vollzug oder: Was gewinnen wir mit Niklas Luhmanns Unterscheidung von Medium und Form? Rechtshistorisches Journal 17. S. 558–573.

Krause, Detlef (2001): Luhmann-Lexikon. 3. Auflage. Stuttgart: Lucius & Lucius.

Lau, Felix (2006): Die Form der Paradoxie. Eine Einführung in die Mathematik und Philosophie der „Laws of Form" von G. Spencer-Brown. Heidelberg: Carl-Auer-Systeme-Verlag.

Luhmann, Niklas (1983): Legitimation durch Verfahren. Frankfurt am Main: Suhrkamp.

Luhmann, Niklas (1984): Soziale Systeme. Grundriss einer allgemeinen Theorie. Frankfurt am Main: Suhrkamp.

Luhmann, Niklas (1988): Die Wirtschaft der Gesellschaft. Frankfurt am Main: Suhrkamp.

Luhmann, Niklas (1990): Die Wissenschaft der Gesellschaft. Frankfurt am Main: Suhrkamp.

Luhmann, Niklas (1990b): Paradigm lost: Über die ethische Reflexion der Moral. Rede von Niklas Luhmann anlässlich der Verleihung des Hegel-Preises 1989. Frankfurt am Main: Suhrkamp.

Luhmann, Niklas (1991): Wie lassen sich latente Strukturen beobachten? In: Watzlawick, Paul/ Krieg, Peter (Hrsg.): Das Auge des Betrachters. München: Piper. S. 61–75.

Luhmann, Niklas (1993): Gesellschaftsstruktur und Semantik. Studien zur Wissenssoziologie der modernen Gesellschaft. Band 3. Frankfurt am Main: Suhrkamp.

Luhmann, Niklas (1997): Die neuzeitlichen Wissenschaften und die Phänomenologie. Wien: Picus Verlag.

Luhmann, Niklas (1998): Die Gesellschaft der Gesellschaft. Frankfurt am Main: Suhrkamp.

Luhmann, Niklas/ Fuchs, Peter (1998): Reden und Schweigen. Frankfurt am Main: Suhrkamp.

Luhmann, Niklas (1999): Zweckbegriff und Systemrationalität. Frankfurt am Main: Suhrkamp.

Luhmann, Niklas (2000): Organisation und Entscheidung. Wiesbaden: Westdeutscher Verlag.

Luhmann, Niklas (2000b): Die Politik der Gesellschaft. Frankfurt am Main: Suhrkamp.

Luhmann, Niklas (2004): Einführung in die Systemtheorie. Heidelberg: Carl-Auer-Systeme-Verlag.

Luhmann, Niklas (2004b): Ökologische Kommunikation, Wiesbaden: Westdeutscher Verlag.

Luhmann, Niklas (2008): Soziologische Aufklärung 6. Die Soziologische Aufklärung. 3. Auflage. Wiesbaden: VS Verlag für Sozialwissenschaften.

Luhmann, Niklas (2008b): Ideenevolution. Frankfurt am Main: Suhrkamp.

Luhmann, Niklas (2009): Soziologische Aufklärung 5. Konstruktivistische Perspektiven. 4. Auflage. Wiesbaden: VS Verlag für Sozialwissenschaften.

Luhmann, Niklas (2009b): Soziologische Aufklärung 4. Beiträge zur funktionalen Differenzierung der Gesellschaft. 4. Auflage. Wiesbaden: VS Verlag für Sozialwissenschaften.

Luhmann, Niklas (2009c): Soziologische Aufklärung 1. Aufsätze zur Theorie sozialer Systeme. Wiesbaden: VS Verlag für Sozialwissenschaften.

Luhmann, Niklas (2009d): Die Realität der Massenmedien. Wiesbaden: VS Verlag für Sozialwissenschaften.

Luhmann, Niklas (2011): Macht im System. Frankfurt am Main: Suhrkamp.

Maturana, Humberto R./ Varela, Francisco (1987): Der Baum der Erkenntnis: Die biologischen Wurzeln menschlichen Erkennens. Bern, München: Scherz Verlag.

Maturana, Humberto R. (1987b): Kognition. In: Schmidt, Siegfried J. (Hrsg.): Der Diskurs des Radikalen Konstruktivismus. Frankfurt am Main: Suhrkamp.

Maturana, Humberto R. (2000): Biologie der Realität. Frankfurt am Main: Suhrkamp.

Metzinger, Thomas (Hrsg.) (2009): Grundkurs Philosophie des Geistes. Band 1: Phänomenales Bewusstsein. Paderborn: mentis Verlag.

Metzinger, Thomas (Hrsg.) (2009): Grundkurs Philosophie des Geistes. Band 2: Das Leib-Seele-Problem. Paderborn: mentis Verlag.

Metzinger, Thomas (2009b): Philosophie des Bewusstseins. DVD 1–5. Original Vorträge. Müllheim/Baden: Auditorium Netzwerk.

Metzinger, Thomas (Hrsg.) (2010): Grundkurs Philosophie des Geistes. Band 3: Intentionalität und mentale Repräsentation. Paderborn: mentis Verlag.

Metzinger, Thomas (2011): Der Ego Tunnel. Eine neue Philosophie des Selbst: Von der Hirnforschung zur Bewusstseinsethik. Berlin: BV Berlin Verlag.

Münker, Stefan/ Roesler, Alexander (Hrsg.) (2008): Was ist ein Medium? Frankfurt am Main: Suhrkamp.

Nassehi, Armin (2006): Der soziologische Diskurs der Moderne. Frankfurt am Main: Suhrkamp.

Nickel-Schwäbisch, Andrea (2004): Wo bleibt Gott? Eine theologische Auseinandersetzung mit dem Gottesbegriff der Systemtheorie Niklas Luhmanns. Münster: Lit-Verlag.

Opielka, Michael (2006): Gemeinschaft in Gesellschaft. Soziologie nach Hegel und Parsons. Heidelberg: VS Verlag für Sozialwissenschaft.

Ort, Nina (2007): Reflexionslogische Semiotik. Weilerswist: Velbrück Wissenschaft.

Parsons, Talcott (2009): Das System moderner Gesellschaften. Weinheim, München: Juventa Verlag.

Pauen, Michael/ Roth, Gerhard (2008): Freizeit, Schule und Verantwortung. Grundzüge einer naturalistischen Theorie der Willensfreiheit. Frankfurt am Main: Suhrkamp.

Pörksen, Bernhard (2002): Die Gewissheit der Ungewissheit. Gespräche zum Konstruktivismus. Heidelberg: Carl-Auer-Systeme-Verlag.

Pusch, Fred (1992): Entfaltung der sozialwissenschaftlichen Rationalität durch eine transklassische Logik. Dortmund: Projekt Verlag.

Quadflieg, Dirk (2007): Differenz und Raum. Zwischen Hegel, Wittgenstein und Derrida. Bielefeld: Transcript Verlag.

Quine, Willard V. O. (1969): Grundzüge der Logik. Frankfurt am Main: Suhrkamp.

Ramacher, Ulrich/ Malsburg, Christoph von der (2009): Zur Konstruktion künstlicher Gehirne. Heidelberg: Springer.

Ramharter, Esther/ Rieckh, Georg (2006): Die Principia Mathematica auf den Punkt gebracht. Kurzfassung und Erläuterungen. Wien: öbvhpt Verlag.

Resag, Jörg (2010): Die Entdeckung des Unteilbaren. Quanten, Quarks und der LHC. Heidelberg: Spektrum Verlag.

Rosa, Hartmut (2005): Beschleunigung. Die Veränderung der Zeitstrukturen in der Moderne. Frankfurt am Main: Suhrkamp.

Roth, Gerhard (1987): Erkenntnis und Realität: Das reale Gehirn und seine Wirklichkeit. In: Schmidt, Siegfried (Hrsg.): Der Diskurs des Radikalen Konstruktivismus. Frankfurt am Main: Suhrkamp. S. 229–255.

Roth, Gerhard (1992a): Kognition. Die Entstehung von Bedeutung im Gehirn. In: Krohn, Wolfgang/ Küppers Günter (Hrsg.): Emergenz. Die Entstehung von Ordnung, Organisation und Bedeutung. Frankfurt am Main: Suhrkamp. S. 104–133.

Roth, Gerhard (1992b): Das konstruktive Gehirn: Neurobiologische Grundlagen von Wahrnehmung und Erkenntnis. In: Schmidt, Siegfried J. (Hrsg.): Kognition und Gesellschaft. Der Diskurs des Radikalen Konstruktivismus. Frankfurt am Main: Suhrkamp. S. 277–336.

Roth, Gerhard (2001): Fühlen, Denken, Handeln. Frankfurt: Suhrkamp.

Safranski, Rüdiger (2000): Nietzsche. Biografie seines Denkens. München: Hanser.

Saphiro, Stewart (2005): Mathematik und ihre Philosophie. In: Büttemeyer, Wilhelm (Hrsg.): Philosophie der Mathematik. Band 16. Freiburg/München: Alber.

Schönwälder-Kuntze, Tatjana/ Wille, Karin/ Hölscher, Thomas (2009): George Spencer-Brown. Eine Einführung in die „Laws of Form". 2. Auflage. Wiesbaden: VS Verlag für Sozialwissenschaften.

Schönwälder-Kuntze, Tatjana (2010): Freiheit als Norm? Moderne Theoriebildung und der Effekt Kantischer Moralphilosophie. Bielefeld: Transcript-Verlag.

Schmidt, Siegfried J. (1987): Der Diskurs des Radikalen Konstruktivismus. Frankfurt am Main: Suhrkamp.

Schmidt, Siegfried J. (2005): Lernen, Wissen, Kompetenz, Kultur. Vorschläge zur Bestimmung von vier Unbekannten. Heidelberg: C. Auer.

Schroer, Markus (2001): Das Individuum der Gesellschaft. Frankfurt am Main: Suhrkamp.

Schrödinger, Erwin (1989): Was ist Leben? Die lebende Zelle mit den Augen des Physikers betrachtet. München, Zürich: Piper.

Schützeichel, Rainer (2003): Sinn als Grundbegriff bei Niklas Luhmann. Frankfurt am Main: Campus Verlag.

Seemann, Silke (2010): Organisationales Spielen in Form gebracht. Denkhilfen für dynamische Situationen in hyperkomplexen Umwelten. Berlin: Kadmos.

Seiffert, Helmut (2001): Einführung in die Wissenschaftstheorie 3: Handlungstheorie, Modallogik, Ethik, Systemtheorie: BD 3. München: Beck.

Senge, Peter (1996): Die fünfte Disziplin. Kunst und Praxis der lernenden Organisation. Stuttgart: Klett-Cotta.

Simmel, Georg (1992): Soziologie. Untersuchungen über die Formen der Vergesellschaftung. Gesamtausgabe, Band 11. Hrsg. v. Otthein Rammstedt. Frankfurt am Main: Suhrkamp.

Simon, Fritz (2007): Einführung in die systemische Organisationstheorie. Heidelberg: Carl-Auer-Verlag.

Singer, Wolf (2004): Hirnforschung und Willensfreiheit. Zur Deutung der neuesten Experimente. Verschaltungen legen uns fest. Frankfurt am Main: Suhrkamp.

Sloterdijk, Peter (1993): Weltfremdheit. Frankfurt am Main: Suhrkamp.

Sloterdijk, Peter (1998): Sphären I. Blasen. Frankfurt am Main: Suhrkamp.

Sloterdijk, Peter (1999): Sphären II. Globen. Frankfurt am Main: Suhrkamp.

Sloterdijk, Peter (2001): Das Menschentreibhaus. Stichworte zur historischen und prophetischen Anthropologie. Kromsdorf/Weimar: VDG-Verlag.

Sloterdijk, Peter (2006a): Zorn und Zeit. Frankfurt am Main: Suhrkamp.

Sloterdijk, Peter/ Heinrichs, Hans-Jürgen (2006b): Die Sonne und der Tod. Frankfurt am Main: Suhrkamp.

Sloterdijk, Peter (2009): Du musst dein Leben ändern. Frankfurt am Main: Suhrkamp.

Sloterdijk, Peter (2010): Scheintod im Denken. Von Philosophie und Wissenschaft als Übung. Berlin: Suhrkamp.

Spencer-Brown, George (1994a): Laws of form. Gesetze der Form. 2. Auflage. Lübeck: Bohmeier.

Spencer-Brown, George (1994b): Dieses Spiel geht nur zu zweit. Lübeck: Bohmeier.

Spencer-Brown, Georg (1995): A Lions Teeth. Löwenzähne. Lübeck: Bohmeier.

Spitzer, Manfred (2000): Geist im Netz. Modelle für Lernen, Denken und Handeln. Ulm: Spektrum Akademischer Verlag.

Stäheli, Urs (2000): Sinnzusammenbrüche. Eine dekonstruktive Lektüre von Niklas Luhmanns Systemtheorie. Weilerswist: Velbrück Wissenschaft.

Taraba, Sylvia (2005): Das Spiel, das nur zu zweit geht. Die Seltsame Schleife von Sex und Logik. Band 1: Logik. Eine Logologik der „Gesetze der Form" von George Spencer-Brown. Heidelberg: Carl-Auer-Systeme-Verlag.

Teubner, Günther (1987): Hyperzyklus in Recht und Organisation. Zum Verhältnis von Selbstbeobachtung, Selbstkonstruktion und Autopoiese, in: Haferkamp, Hans/ Schmidt, Michael (Hrsg.): Sinn, Kommunikation und soziale Differenzierung. Beiträge zu Luhmanns Theorie. Frankfurt am Main: Suhrkamp.

Tipler, Paul/ Mosca, Gene (Hrsg.) (2009): Physik für Wissenschaftler und Ingenieure. Heidelberg: Spektrum.

Uchtenhagen, Ambros/ Zieglgänsberger, Walter (Hrsg.) (2000): Suchtmedizin. Konzepte, Strategien und therapeutisches Management. München, Jena: Urban & Fischer.

Varela, Francisco J./ Thompson, Evan/ Rosch, Eleanor (1992): Der Mittlere Weg der Erkenntnis. Der Brückenschlag zwischen wissenschaftlicher Theorie und menschlicher Erfahrung. München, Bern, Wien: Scherz – Neue Wissenschaft.

Varga von Kibéd/ Matzka, Rudolf (1993): Motive und Grundgedanken der „Gesetze der Form". In: Baecker, Dirk (Hrsg.): Kalkül der Form. Frankfurt am Main: Suhrkamp.

Varga von Kibéd/ Simon, Fritz B. (2007): Wieslocher Dialog. Tetralemma, Konstruktivismus und Strukturaufstellungen. DVD. Aachen: Ferrari Media.

Watzlawick, Paul/ Weakland, John H./ Fisch, Richard (2009): Lösungen. Zur Theorie und Praxis menschlichen Wandels. Bern: Hans Huber.

Weick, Karl E. (1995): Der Prozeß des Organisierens. Frankfurt am Main: Suhrkamp.

Weyer, Johannes (Hrsg.) (2011): Soziale Netzwerke. Konzepte und Methoden der sozialwissenschaftlichen Netzwerkforschung. München: Oldenbourg.

Wiener, Norbert (1999): Cybernetics: or Control and Communication in the Animal and the Machine. Cambridge, Massachusetts: The MIT Press.

Wilden, Anthony (2005): Auf der Spur der Double Binds. In: Baecker, Dirk (Hrsg.): Schlüsselwerke der Systemtheorie. Wiesbaden: VS Verlag für Sozialwissenschaften.

Wittgenstein, Ludwig (2003): Tractatus logico-philosophicus. Logisch-philosophische Abhandlung. Frankfurt am Main: Suhrkamp.

Ziemke, Axel/ Kaehr, Rudolf (Hrsg.) (1995): Selbstorganisation. Jahrbuch für Komplexität in den Natur-, Sozial- und Geisteswissenschaften. Band 6. Realitäten und Rationalitäten. Berlin: Duncker & Humblot.

Zoglauer, Thomas (2005): Einführung in die formale Logik für Philosophen. Stuttgart: Vandenhoeck & Ruprecht.

Zweigart, Michael (2008): Diktatur der Vernunft und Demokratie des Lebens: Lebensphilosophische Elemente (Georg Simmel) in den Henri-Quatre-Romanen Heinrich Manns. Frankfurt: Lang.